LEITFADEN
FREIES LEKTORAT

10., völlig neu bearbeitete
und erweiterte Auflage

v
f
l
l

Verband der
Freien Lektorinnen
und Lektoren e.V.

www.vfll.de

Seite	Inhaltsverzeichnis
6	Editorial
8	**1 Berufsfeld Freies Lektorat**
9	Das Freie Lektorat	*Sybil Volks*
10	— Freie Lektorinnen und Lektoren
12	**2 Arbeitsfelder vom Lektor bis zur Producerin**
13	Das Lektorat im Verlagsbereich	*Birgit Scholz*
14	— Das klassische Buchlektorat	*Sybil Volks / Berit Lina Barth*
26	— Übersetzungslektorat	*Alfons Winkelmann*
28	— Zeitschriftenlektorat und -schlussredaktion	*Katja Rasmus*
30	— Kurzfassungen	*Susanne Zeyse*
32	— E-Books	*Felix Wolf*
38	Arbeitsfelder jenseits der Verlagsbranche	*Günther Frosch*
40	— Unternehmenskommunikation	*Kerstin Schuster*
46	— Werbelektorat	*Antje Winkler*
52	— Wissenschaftliche Arbeiten und Publikationen	*Sibylle Strobel*
58	— Audiovisuelle Medien	*Annette Koschmieder*
60	— Digitale Publikationen	*Ursula Welsch*
66	— Self-Publishing	*Friederike Schmitz*
70	Arbeitsfelder rund um die Publikation	*Silke Behling*
71	— Alles aus einer Hand – Producing	*Rainer Schöttle*
74	— Autorenakquise	*Momo Evers*
76	— Autorenberatung	*Lothar Strüh*
78	— Bildredaktion, -beschaffung, -rechte	*Thirza Albert / Jutta Krautscheid*
80	— Textrechte klären und verhandeln	*Thirza Albert / Jutta Krautscheid*
82	— Recherche	*Birgit Scholz*
84	— Texten	*Elke Homburg*
86	— Ghostwriting	*Anja Sieber*
88	— Überzeugen statt überreden: PR-Arbeit	*Maike Frie*
90	— Social-Media-Management	*Inga Beißwänger*

| 92 | — Registererstellung/Indexing | *Jochen Fassbender* |
| 94 | — Content Management | *Walter Greulich* |

96	**3 Freies Lektorat als Dienstleistung**
97	Marketing und Kommunikation	*Corina Retzlaff/Traudl Kupfer*
98	— Marketing, Werbung, Akquise	*Bettina Liebler*
102	— Kundenkontakte pflegen	*Bettina Liebler*
104	— Eigen-PR und Selbstmarketing	*Inga Beißwänger*
106	— Netzwerken	*Gesa Füßle*

114	Von der Anfrage bis zur Rechnung	*Corina Retzlaff/Wanda Löwe*
115	— Das professionelle Angebot	*Elisabeth Dorner*
118	— Honorare – ein viel diskutiertes Thema	*Herwig Frenzel*
126	— Aufträge bearbeiten – Qualität sichern	*Claudia Boss-Teichmann*
132	— Rechnungen stellen	*Christian Kühn*

136	Die Selbstständigkeit	*Corina Retzlaff/Birgit Scholz*
137	— Was Sie beachten müssen	*Carola Brinkers*
138	— Buchhaltung	*Carola Brinkers*
142	— Steuern	*Carola Brinkers*
146	— Vertragsrecht und Haftungsfragen	*Christian Kühn*
154	— Kooperationsformen	*Dörte Fuchs/Jutta Orth*
161	— Künstlersozialkasse	*Gisela Hack-Molitor*
163	— Mutterschaftsgeld für KSK-Versicherte	*Angela Stangl*
164	— Weitere Versicherungen	*Marina Burwitz/Marianne Rudolph*
167	— Freiberuflich arbeiten: Chancen und Risiken	*Marion Voigt*

176	**4 Tipps und Tricks für das Freie Lektorat**
177	Hilfsmittel für den Berufsalltag	*Monika Kopyczinski*
178	— Ausstattung	*Monika Kopyczinski*
183	— Buchhaltungsprogramme	*Thirza Albert*
184	— Zeiterfassung	*Monika Kopyczinski*
185	— Controlling	*Olaf Kahl*
188	— Korrigieren und Kommentieren im PDF	*Walter Greulich*
189	— Mobiles Arbeiten mit Cloud Computing	*Silke Buttgereit*
192	— Wikis und Datenbanken	*Walter Greulich/Ulrich Kilian*

196 **5 Fortbildung – fit fürs Freie Lektorat**
197 Berufsbild im Wandel | *Joachim Fries*
198 — Viele Wege, ein Ziel – Freies Lektorat
202 — Von der Handlungssituation zur Lernsituation
204 — Kompetenzen im Freien Lektorat
207 — Qualität in der Weiterbildung
208 — Das Fortbildungsangebot des VFLL
210 — Bildungsanbieter und Kooperationspartner

214 **6 Der Verband der Freien Lektorinnen und Lektoren (VFLL)**
215 Berufsverband, Interessenvertretung, Netzwerk | *Inga Beißwänger*
216 — Der VFLL im Überblick
218 — Verhaltenskodex für Lektorinnen und Lektoren im VFLL

Anhang
220 — Link- und Literaturliste
230 — Verzeichnis der Autorinnen und Autoren
238 — Register
248 — Impressum

Editorial

Freies Lektorat – Beruf oder Berufung?

Rechtsanwälte sind Organe der Rechtspflege. Bezeichnete man freie Lektorinnen und Lektoren als Anwälte der Sprache, wären sie dann so etwas wie Organe der Sprachpflege? Vielleicht. Aber sie kümmern sich nicht nur um die korrekte Anwendung von Rechtschreibregeln und Grammatik, sondern achten auch auf Stil, Wortwahl, Satzmelodie, Logik und Argumentation, auf Spannung, Verständlichkeit und Aufbau von Texten, auf die fachliche Richtigkeit und vieles mehr.

Das traditionelle Betätigungsfeld für freie Lektorinnen und Lektoren ist der Buchmarkt, der für Freie schon immer ein ökonomisch schwieriger war. Aber wer die Entwicklung der letzten Jahre aufmerksam verfolgt hat, stellt fest, dass die Bedingungen sich noch einmal deutlich verschärft haben. Der Beruf wird für freie Lektorinnen und Lektoren zunehmend zur Berufung, weil er ihnen kein angemessenes Auskommen mehr sichert.

Nicht wenige machen sich deshalb auf die Suche nach Kunden in anderen Zielgruppen – und finden sie: in der klassischen Werbung, im Corporate Publishing, in den PR- oder Marketingabteilungen von Unternehmen, unter Privatpersonen und Übersetzern ebenso wie in Verbänden und Verwaltungen.

Dieser Leitfaden bietet eine Menge Anregungen von Kollegen für Kollegen. Allen, die an diesem Gemeinschaftsprojekt mitgewirkt haben, sei an dieser Stelle herzlich gedankt.

Das Handbuch richtet sich gleichermaßen an neue Akteure wie an „alte Hasen". Nicht nur die Text- und Sprachexpertise gehören zum Handwerkszeug von freien Lektorinnen und Lektoren. Als Unternehmer müssen sie ihr Ein- und Auskommen eigenständig erwirtschaften und die dafür erforderlichen Honorare selbstständig kalkulieren. Das unterscheidet sie ganz wesentlich von Festangestellten.

Der Leitfaden möchte einen Beitrag dazu leisten, dass freie Lektorinnen und Lektoren sich im harten Marktgeschehen behaupten können. In diesem Sinne wünschen wir eine lohnende, anregende und abwechslungsreiche Lektüre.

Berlin, August 2014

Herwig Frenzel
Erster Vorsitzender des VFLL

1 Berufsfeld Freies Lektorat

Das Freie Lektorat

1.1 Der Wandel in der Verlagsbranche hat ein neues Berufsbild hervorgebracht: das der freiberuflichen Lektorin, des freiberuflichen Lektors. Zwar gab es auch früher schon Einzelne, die als freie Mitarbeiter auf Honorarbasis Lektoratsarbeiten für Verlage übernahmen, inzwischen hat sich im Bereich Freies Lektorat jedoch ein ganzer Berufsstand etabliert, dessen Tätigkeitsfelder und Dienstleistungen sich kontinuierlich ausweiten.

1.2 Denn in den Verlagen haben sich die Schwerpunkte der Lektoratsarbeit verlagert: Oft stehen hier nicht mehr Autorenbetreuung und Manuskriptbearbeitung im Mittelpunkt, sondern Programmmanagement und Marketing. Mit der Redaktion der Manuskripte, die Zeit und Ruhe erfordert, beauftragen die Verlage daher zunehmend externe Dienstleister: freie Lektorinnen und Lektoren. In manchen Bereichen kehrt sich dieser Trend inzwischen allerdings schon wieder um; einige Buchverlage kehren dahin zurück, Manuskripte ganz oder weitgehend inhouse zu lektorieren.

Freie Lektorinnen und Lektoren

1.3 Freie Lektorinnen/Lektoren decken als externe Mitarbeiter nur einen Teil des gesamten Arbeitsgebietes ab, das innerhalb der Verlage zum Lektorat gehört. Sie sind in der Regel nicht an der Programmgestaltung, der Budgetierung der Projekte und der Koordination von Herstellung, Vertrieb und Marketing beteiligt. Viele Verlage geben aber die Abwicklung ganzer Buchprojekte, vom Konzept bis zum Druck, an Producer, die dann Teilaufträge an freie Lektorinnen und Herstellerinnen weitergeben.

Klassische Tätigkeiten

1.4 Eine der klassischen Tätigkeiten freier Lektorinnen und Lektoren ist die Redaktion von Texten: Vom Verlag bekommen sie das Manuskript eines zur Veröffentlichung vorgesehenen Buches, das stilistisch und inhaltlich geprüft und überarbeitet werden soll. Die Textredaktion umfasst mehrere Ebenen: Aufbau/Struktur, Inhalt, Sprache/Stil, Formales. Der Schwerpunkt der Bearbeitung unterscheidet sich je nach Genre (Sachbuch, Fachbuch, Belletristik) und Art des Buches (Originalausgabe, Übersetzung).

Weitere Tätigkeitsbereiche

1.5 Nicht nur Bücher, sondern auch Zeitschriften, Werbetexte oder Firmenbroschüren werden von freien Lektorinnen/Lektoren redigiert. Da die Honorare in der Buchbranche traditionell nicht sonderlich hoch sind, arbeiten viele Freie gelegentlich oder auch überwiegend für Zeitschriftenverlage (Schlussredaktion), Werbe- und PR-Agenturen (Korrekturlesen und Texten), Verbände und Institutionen sowie Firmen unterschiedlichster Branchen (Geschäftsberichte, Kunden-, Mitglieder- und Mitarbeiterzeitschriften, sonstige Publikationen).

1.6 Auch Privatkunden geben ihre Texte zur Begutachtung, Überarbeitung und Korrektur an freie Lektorinnen/Lektoren. Die Redaktion von Dissertationen und wissenschaftlichen Texten setzt Fachkenntnisse und eine Vertrautheit mit den Regeln wissenschaftlichen Publizierens voraus und wird meist von spezialisierten Wissenschaftslektorinnen/-lektoren angeboten. Die Schulbuchredaktion erfordert zusätzlich zu den jeweiligen Fachkenntnissen didaktische Fertigkeiten, Vertrautheit mit den Lehrplänen und ein umfassendes Projektmanagement. Hobbyautoren, die Romane, Lebens- und Familiengeschichten verfassen, stellen wiederum andere Ansprüche. Außer einer professionellen Bearbeitung ihrer Texte wünschen sich die Verfasser häufig Rat und Unterstützung bei der Suche nach einem Verlag oder beim Self-Publishing.

Neue Medien

1.7 Viele freie Lektorinnen/Lektoren redigieren nicht nur Bücher, sie übersetzen, geben Bücher heraus oder schreiben sie – durchaus nicht immer nur „schwarz auf weiß": Neue Medien haben die Märkte erobert und verändern sie weiter, neue Tätigkeiten und Techniken sind gefragt. Auch Dreh- und Hörbücher, CDs, Websites und E-Books enthalten Texte, die geschrieben, redigiert und korrigiert werden wollen. Um etwa Textbeiträge zu multimedialen CDs oder DVDs zu verfassen, recherchieren Lektorinnen/Lektoren im Internet, schreiben Audio- und Videotexte, die sich gut sprechen lassen und als Hörtexte verständlich sind. Oder sie entwickeln Websites in Zusammenarbeit mit Programmiererinnen und Webdesignern, schreiben, übersetzen, redigieren und aktualisieren die Texte der Websites, die besondere Eigenschaften erfüllen müssen, da am Bildschirm anders gelesen wird als auf Papier.

Vielseitige Arbeitsmöglichkeiten

1.8 Das Freie Lektorat bietet ein breites Spektrum an Arbeitsfeldern und Dienstleistungen für Buch- und Zeitschriftenverlage, für Privatkunden, für Medienunternehmen und Werbeagenturen. Jede freie Lektorin, jeder freie Lektor setzt hier mit ihren/seinen speziellen Leistungsangeboten eigene Schwerpunkte. Während der eine wochenlang dicke Romane am Schreibtisch redigiert, liest die andere auf Abruf Werbetexte Korrektur und schickt sie eine Stunde später per E-Mail zum Kunden. Oder ein freier Lektor redigiert eine ganze Sachbuchreihe am Bildschirm und liefert der Producerin satzfertige Vorlagen. Die Producerin selbst akquiriert die Aufträge, konzipiert in Abstimmung mit dem Verlag die Projekte und koordiniert den gesamten Ablauf. Auch sie gehört zum Kreis der freien Lektorinnen, nimmt jedoch als Dienstleisterin einerseits und Auftraggeberin andererseits eine Sonderstellung ein. Manche Lektorinnen/Lektoren sind auf ein Fachgebiet spezialisiert, andere bieten eine breite Palette von Dienstleistungen, vom Konzept bis zur Herstellung.

2 Arbeitsfelder vom Lektor bis zur Producerin

Das Lektorat im Verlagsbereich

2.1 Sich mit den geliebten Büchern beschäftigen zu dürfen und davon leben zu können – der Traum vieler Lektorinnen und Lektoren –, mag vor 30 Jahren realistisch gewesen sein, aber gilt das noch heute?
Die Verlagsbranche ist im Umbruch. Im digitalen Zeitalter kämpfen viele Buchverlage um ihre Existenz, bauen Stellen ab und vergeben große Teile ihrer Produktion außer Haus, um Kosten zu sparen. Angestellte und freie Lektorinnen und Lektoren leiden unter dieser Situation: die angestellten unter der Unsicherheit ihres Arbeitsplatzes, die freien unter sinkenden Honoraren und beide unter steigender Arbeitsbelastung.
Die Budgets für Projekte werden immer starrer auf den Gewinn ausgerichtet, immer seltener wird der zu erwartende Arbeitsaufwand berücksichtigt. Manchmal wird das Lektorat sogar ganz gestrichen.
Die Aufgabe, Budget und Arbeitsaufwand in Einklang zu bringen – bei gleichbleibend hoher Qualität der Leistung –, bleibt den freien Mitarbeiterinnen und Mitarbeitern überlassen. Häufig ist Selbstausbeutung die Folge. Zu den sinkenden Honoraren kommt in den letzten Jahren eine massive Arbeitsverdichtung. Die Produktionszyklen werden immer kürzer und die Termine enger und unflexibler. Viele Aufgaben, die früher Fachleute in den Verlagen übernahmen, müssen heute freie Lektorinnen und Lektoren im Rahmen ihres Pauschalhonorars miterledigen.
Es mag sie auch heute noch geben – Verleger, die ein Lektorat zu schätzen wissen und sich leisten können, es entsprechend zu vergüten.
Für die Zukunft bleibt zu hoffen, dass sich die Verlage mithilfe neuer Produkte wie E-Books konsolidieren können und dass dann auch Lektorinnen und Lektoren in diesem Arbeitsfeld wieder bessere Chancen haben.

Das klassische Buchlektorat

2.2 Freie Lektorinnen und Lektoren decken als externe Mitarbeiter nur einen Teil des gesamten Arbeitsgebietes ab, das in Buchverlagen zum Lektorat gehört *(s. S. 15)*. So sind sie in der Regel nicht an der Programmgestaltung, der Budgetierung der Projekte und der Koordination mit Herstellung, Vertrieb und Marketing beteiligt. Dennoch ist die Palette der von Freien angebotenen Dienstleistungen für Verlage vielseitig. Zudem ist eine Tendenz zu beobachten, dass Verlage immer mehr Lektoratsarbeiten an freie Dienstleister auslagern. Sogenannte Producer übernehmen teilweise das komplette Projektmanagement *(s. S. 71 ff.)*.

2.3 Die Darstellung auf der nächsten Seite zeigt die typischen Arbeitsabläufe in einem Verlagslektorat in stark vereinfachter und generalisierter Weise. Je nach Art und Größe eines Verlags und des jeweiligen Buchprojekts können einzelne Schritte entfallen oder hinzukommen.

Lektorat und Redaktion

2.4 Eine der wichtigsten Tätigkeiten freier Lektorinnen und Lektoren ist die Redaktion von Texten: Vom Verlag bekommen sie das Manuskript eines zur Veröffentlichung vorgesehenen Buches, das noch stilistisch und inhaltlich geprüft und überarbeitet werden soll.
Die Begriffe „Lektorat" und „Redaktion" bezeichnen dabei beide diese klassische Arbeit am Text, zu der in unterschiedlichem Umfang auch Recherchen gehören können sowie das Überprüfen von Zitaten und Querverweisen.

Die Bearbeitung, das Redigieren, gestaltet sich unterschiedlich, je nachdem ob es sich um eine Übersetzung oder eine Originalausgabe handelt und welchem Genre das Buch zuzurechnen ist: Belletristik, Sach- und Fachbuch oder Schulbuch.

2.5 Buchprojekt entwickeln/kreieren
Überlegungen zu Zielgruppe und grundlegender Gestaltung
(Format, Umfang, Ausstattung)

Manuskriptsichtung
angeforderte Manuskripte, Exposés, bereits verlegte Bücher, unaufgefordert eingesandte Manuskripte

Autorensuche
Autoren, die schon im Verlag publiziert haben; Empfehlungen; Autoren, die durch Publikationen positiv aufgefallen sind

Manuskriptbegutachtung
Passt es ins Verlagsprogramm? Passt es in bestehende Buchreihen/Programmsparten? Lässt sich eine Marktlücke besetzen? Wie aufwendig wird Bearbeitung/Herstellung?

Autorenkontakte pflegen
Betreuung während Entstehung des Buches; Begleitung zu Lesungen; Planung zukünftiger Projekte

Vertragsverhandlungen
(z. T. in Zusammenarbeit mit Lizenzabteilung) mit Autor/Autorin, mit anderen Lizenzgebern (Verlagen), z. B. für deutsche Ausgabe Taschenbuch

Kalkulation/Prüfung auf Rentabilität
voraussichtliche Auflage, Ausstattung des Buches, Ladenpreis, Honorar (für Autorin/Autor, freie Dienstleister), Herstellungspreis

Programmplanung
Festlegen der Gestaltung des Buches, Erscheinungstermin, Auflagenhöhe

Textarbeit und Redaktion
inhaltliche und stilistische Überarbeitung in Absprache mit Autorin/Autor bzw. Übersetzerin/Übersetzer, Imprimatur

Zusammenarbeit mit

Herstellung
Umbruch- und Satzkorrekturen, Rechtschreibkorrektorat (mehrere Durchgänge)

Marketing (+Presseabteilung)
Texte für Vertreterkonferenz, Umschlaggestaltung, Verlagsvorschau, Anzeigen, Kontakt zur Presse, Lesungen

Vertrieb
Vermittlung des Buches an Buchhandel sowie Leserinnen/Leser

(Grafik: Sylvia Jakuscheit)

Arbeitsabläufe im Verlagslektorat – schematische Darstellung

Belletristiklektorat

2.6 In der Belletristik handelt es sich bei den extern vergebenen Lektoraten meistens um eine Übersetzung, zu über 70 Prozent aus dem Englischen, seltener aus dem Französischen, Spanischen oder einer anderen Sprache. Die Kenntnis der Originalsprache ist Voraussetzung für eine gute Redaktion, denn im Zweifelsfall muss die Übersetzung mit der entsprechenden Stelle in der Originalausgabe verglichen werden. Auch ist ein gutes Sprachgefühl wichtig, um die Qualität der Übersetzung beurteilen zu können und zu entscheiden, wie stark in diese eingegriffen werden darf und muss. Gravierende Eingriffe in den Text sollten allerdings nur nach Rücksprache mit den Übersetzerinnen und Übersetzern vorgenommen werden, denn diese besitzen ein eigenes Urheberrecht an den von ihnen geschaffenen deutschen Texten. Zudem sind sie diejenigen, die sich am ausführlichsten mit dem Original auseinandergesetzt haben. Das gemeinsame Ziel der Zusammenarbeit zwischen Übersetzerinnen und Lektoren: Am Ende der langen Bearbeitungskette merken die Leserinnen und Leser gar nicht, dass es sich um eine Übersetzung handelt, weil sie flüssiges, zeitgemäßes und nuanciertes Deutsch vor sich haben.

2.7 Eine deutschsprachige Originalausgabe stellt andere Anforderungen. Hier entfällt der Vergleich mit der Übersetzung, dafür erfordert die Redaktion oft umfangreiche Eingriffe in den Text und viel Fingerspitzengefühl. Denn das Manuskript wurde noch nicht lektoriert – bei einer Übersetzung wurde die Originalausgabe in der Regel bereits bearbeitet – und ist genauestens auf inhaltliche Stimmigkeit, Erzählperspektive, Entwicklung des Plots und der Charaktere zu prüfen. Oft sind Kürzungen oder umfangreiche Änderungen notwendig, die natürlich mit den Autorinnen und Autoren abgesprochen werden wollen. Für diese sind solche Änderungen oft schwerer zu verkraften als für Übersetzerinnen und Übersetzer, da sie sich viel stärker mit ihrem Werk identifizieren. Umso wichtiger ist es, die eigenen Eingriffe in den Text schlüssig begründen zu können. Die freie Lektorin oder der freie Lektor nimmt eine Vermittlerposition zwischen Autorinnen und Autoren und Verlag wahr, die Kommunikationsfähigkeit, Sensibilität und Souveränität erfordert.

Lektorat von Sach- und Fachbüchern

2.8 Bei der Redaktion von Sach- und Fachbüchern, all jenen Büchern, die in der Verlagswelt auch gern als Non-Fiction bezeichnet werden, liegt der Schwerpunkt weniger auf Sprache und Stil, wenngleich auch hier Verständlichkeit und Lesbarkeit wesentlich sind. Ziel des Buches ist jedoch in erster Linie die Vermittlung von Informationen; das gilt für populäre Ratgeber ebenso wie für hochspezialisierte Fachbücher. Es geht um Gliederung und Aufbau, Richtigkeit und verständliche Vermittlung der Inhalte. Sachbuchlektorinnen und -lektoren müssen also genügend Fachkenntnisse besitzen, um zu verstehen, wovon die Rede ist, und um mögliche Fehler oder Ungenauigkeiten zu erkennen. Insbesondere bei populären Sachbüchern sollten sie den Text zugleich aus der Perspektive eines breiten Publikums lesen, das ohne große Vorkenntnisse Gewinn aus der Lektüre ziehen möchte. Während wissenschaftliche Werke und Fachbücher in der Regel von entsprechenden Fachlektorinnen und -lektoren bearbeitet werden *(s. S. 52 ff.)*, setzt das populäre Sachbuch vor allem eine gute Allgemeinbildung und Know-how in der Recherche voraus. Handelt es sich um eine Übersetzung, muss außerdem darauf geachtet werden, dass die Informationen aus dem Original auch für das deutsche Lesepublikum zutreffen, interessant und verständlich sind.

Schulbuchredaktion

2.9 Schulbuchredaktionen erfordern zusätzlich zu den jeweiligen Fachkenntnissen didaktische Fertigkeiten und eine Vertrautheit mit den Lehrplänen. Die Redaktion von Lehrmaterial für Schulen beinhaltet meistens eine umfassende Koordination des gesamten Projekts – von der Autorenkonferenz über Redaktion, Bild- und Rechtebeschaffung bis zur Terminüberwachung aller Arbeitsschritte.

Die Arbeit am Text

2.10 Was genau durch die Lektorin oder den Lektor zu prüfen und zu korrigieren ist, sollte unbedingt mit dem Auftraggeber festgelegt werden. Manchmal ist auch ein Abstimmen mit der Autorin oder dem Übersetzer sinnvoll. Im Folgenden wird aufgeführt, auf welche Kriterien zu achten ist, natürlich jeweils nur exemplarisch.

2.11 *Inhaltlich:* Ist bei einem Romanmanuskript die Entwicklung von Handlung und Personen stimmig? Sind in einem Sachbuch die Daten und Fakten korrekt? Grundsätzlich ist zwar die Autorin/der Autor für die inhaltliche Richtigkeit des Manuskripts verantwortlich. Trotzdem sollte die Lektorin/der Lektor den Text auf Schlüssigkeit überprüfen.

2.12 *Stilistisch:* Lässt sich das Manuskript gut lesen? Gibt es zu lange Sätze, Wiederholungen, Ungereimtheiten? Stimmen Metaphern, Vergleiche, Idiome? Passt der Sprachstil zum Inhalt bzw. zum Genre? Stimmt bei Romandialogen der Redefluss?

Grammatisch: Stimmt der Satzbau, sind die Satzbezüge eindeutig? Stimmen die Zeitformen und die Verbformen (Kongruenz)? Wird der Konjunktiv richtig verwendet?

2.13 *Orthografie und Interpunktion:* Rechtschreib- und Zeichensetzungsfehler, die bei der Textbearbeitung gesehen werden, werden natürlich korrigiert. Das eigentliche Korrekturlesen kann dies jedoch ebenso wenig ersetzen wie der Einsatz von Programmen zur Rechtschreibprüfung.

2.14 *Korrekturlesen* sollte in einem gesonderten Arbeitsgang erfolgen und am besten von einem Korrektor erledigt werden oder von einer Lektorin, die darauf spezialisiert ist.

Das Abstimmen von Eingriffen ins Manuskript

2.15 Unabhängig von der Art der Redaktion liegt es in der Verantwortung der freien Lektorin/des freien Lektors, auftretende Fragen und Probleme so weit wie möglich selbst zu klären – ob durch Recherche, Nachfragen im Kollegenkreis oder Absprache mit dem Autor oder der Übersetzerin. Der Auftraggeber im Verlag hat das Manuskript schließlich hinausgegeben, um sich nicht mehr als notwendig damit beschäftigen zu müssen. Bei grundsätzlichen Fragen und größeren Eingriffen sollten die Ansprechpartner im Verlag jedoch über das Problem informiert werden. Am besten schlägt man ihnen bereits eine Lösung vor, zu der man sie dann um ihre Meinung bittet.

2.16 Umfangreichere Eingriffe, die Inhalt, Struktur und Stil des Manuskripts betreffen, sind auf jeden Fall mit der Autorin oder dem Übersetzer abzusprechen. Autorin/Autor bzw. Übersetzerin/Übersetzer sind Urheber des Textes und müssen deshalb auch über die Ausführung von Korrekturen entscheiden.

Redigieren am Bildschirm

2.17 Das früher übliche Redigieren auf Papier ist zur Ausnahme geworden. Heute werden in der Regel sämtliche Eingriffe direkt in einer Datei vorgenommen. In Absprache mit dem Auftraggeber werden die Änderungen mit oder ohne Korrekturmodus in eine Formatvorlage eingearbeitet. Vor allem wenn das Layout eine entscheidende Rolle spielt, zum Beispiel bei Bildbänden und Reiseführern, oder wenn die Länge eines Textes bis auf eine genaue Zeichen- oder Zeilenzahl vorgegeben ist, wird der Text schon bei der Bearbeitung in der Datei in das vorgegebene Layout eingepasst, sodass eine satzfertige Vorlage entsteht.
Da Inhalte zunehmend auch als E-Books oder Apps publiziert werden, spielt die medienneutrale Datenhaltung eine immer größere Rolle, was dann auch bei der Bearbeitung berücksichtigt werden muss *(s. S. 33 ff.)*. Prinzipiell sind für die Lektorentätigkeit gute PC-Kenntnisse, vor allem im Umgang mit der entsprechenden Software erforderlich.

Gutachten schreiben

2.18 Für viele freie Lektorinnen und Lektoren – sofern sie nicht aus einem Verlag kommen und entsprechende Kontakte mitbringen – beginnt die Laufbahn mit dem Schreiben von Gutachten. Das gibt ihnen die Chance, ihre Fähigkeiten zu beweisen, und dem Verlag die Möglichkeit, ohne großes Risiko eine erste Zusammenarbeit mit ihnen zu testen. Die Redaktion aus den Händen zu geben, ist vor allem Vertrauenssache. Eine Kontrolle der geleisteten Arbeit erfolgt allenfalls stichprobenartig und würde bei negativem Ergebnis sämtliche Zeitpläne über den Haufen werfen. Zudem ist die Begutachtung von Büchern und Manuskripten – überwiegend englischsprachige Originale, bei denen der Verlag erwägt, die Lizenz einzukaufen – eine Gelegenheit für freie Mitarbeiter, sich mit dem Verlagsprogramm vertraut zu machen. Denn bei einer Empfehlung oder Ablehnung geht es nicht nur um Qualitätskriterien, sondern ebenso sehr um die Frage, ob das betreffende Werk in das Programm passt. Ein Buch, das sich in der populären Fantasy-Reihe eines Publikumsverlags gut verkaufen könnte, muss nicht unbedingt zu einem literarisch ambitionierten Kleinverlag passen und umgekehrt. Das Schreiben von Gutachten setzt voraus, dass man Wesentliches prägnant zusammenfassen und Qualitätskriterien benennen kann. Darüber hinaus muss man in der Lage sein, nicht den eigenen Geschmack, sondern das Profil des Verlags zum Maßstab zu nehmen. Auch sind Branchenkenntnisse und ein Gespür für Trends nützlich. Insgesamt handelt es sich also um eine anspruchsvolle Tätigkeit, was sich aber selten in der Bezahlung niederschlägt. Das ist auch der Grund, warum das Verfassen von Gutachten eher zu den Einstiegstätigkeiten zählt und später allenfalls in geringer Dosierung zur Mischkalkulation beitragen kann.

Ein Gutachten umfasst normalerweise eine Inhaltsangabe sowie eine kurze Gesamteinschätzung und Begründung der Empfehlung oder Ablehnung. Wichtige Themen und Thesen sollten genannt werden, wenn möglich auch die Zielgruppe des Buches. Die Gesamtlänge eines Gutachtens sollte circa ein bis maximal zwei DIN-A4-Seiten umfassen.

Folgende Kriterien sollten bei der Begutachtung eines Buches oder Manuskripts berücksichtigt werden:

— Passt das Buch/Manuskript ins Verlagsprogramm, in eine bestimmte Reihe oder Programmsparte, zu einem Genre- oder Länderschwerpunkt?
— Bietet es etwas Neues, lässt sich damit eine Marktlücke besetzen?
— Wie stark muss es inhaltlich oder stilistisch überarbeitet werden?
— Enthält es Passagen, die voraussichtlich gekürzt werden müssen?
— Wie aufwendig dürfte die Übersetzung werden (beispielsweise weil der Text viele Jargonausdrücke enthält)?
— Gibt es Besonderheiten für den Druck zu berücksichtigen (Bilder, Fotos, Karten)?
— Bei Sach- und Fachbüchern: Sind die Sachverhalte, Daten und Fakten noch aktuell? Sind sie auf die Situation im deutschsprachigen Raum übertragbar?

Weitere Tätigkeiten unter dem Oberbegriff „Lektorat"

2.19 Neben den Autorinnen bzw. den Übersetzern kennen Lektorinnen/Lektoren das Manuskript am besten. Deshalb übernehmen sie häufig auch folgende Aufgaben:

— das Manuskript in Abschnitte, Kapitel, Unterkapitel einteilen
— Kapitelüberschriften und Zwischenüberschriften verfassen
— Kolumnentitel einfügen
— Inhaltsverzeichnis erstellen
— Vorschläge für Bilder, Illustrationen und Grafiken machen
— Bilder, Illustrationen und Grafiken auswählen
— Bildunterschriften verfassen
— Marginalien festlegen
— Register erstellen *(s. S. 92 f.)*
— Klappentexte schreiben *(s. S. 84 f.)*
— Kurzbiografie der Autorin oder des Autors schreiben
— Umbruchkorrektur
— Kollationieren

Das Imprimatur

2.20 Sind alle Arbeiten am Manuskript abgeschlossen, belegt der Vermerk „Imprimatur" (lat. für „Es werde gedruckt"), dass das Manuskript für die Belichtung bzw. den Druck freigegeben wird. Meistens wird das Imprimatur vom Lektorat, manchmal auch von der Herstellung erteilt und fällt damit in die Zuständigkeit des Verlags.
Die freie Lektorin bereitet es mit ihrer Arbeit jedoch vor.

Für die Genehmigung zur Verwendung von Textauszügen aus den Beiträgen von Sybil Volks in „Michael Schickerling, Birgit Menche: Bücher machen, 3., aktualisierte und erweiterte Auflage 2012" (ISBN: 978-3-934054-52-3) danken wir dem Bramann Verlag.

ZUSAMMENARBEIT MIT VERLAGEN

2.21 Das wünschen sich fest angestellte Lektorinnen/Lektoren von freien: *Erfahrung und Fachkompetenz:* Dazu zählen neben fachlichen und sprachlichen Fähigkeiten auch Kenntnisse über die Arbeitsabläufe im Verlag. Gefragt sind vor allem Dienstleister mit Erfahrung, die souverän auf die Wünsche ihrer Auftraggeber eingehen.

2.22 *Eigenständigkeit und Entscheidungsstärke:* Verlage wünschen sich in erster Linie eine reibungslose Zusammenarbeit mit Dienstleistern. Wichtig ist dabei das rechte Augenmaß: Allzu große Detailverliebtheit bei der Redaktion eines Manuskripts nützt nichts, wenn sie vom Verlag gar nicht erwartet und bezahlt wird; gleichzeitig sollte nicht großzügig über offensichtliche Schwächen hinweggesehen werden. Das heißt auch, eigene fachliche Grenzen zu kennen und mögliche Schwierigkeiten rechtzeitig offen anzusprechen – wenn ein Projekt beispielsweise mehr Arbeit erfordert, als ursprünglich geplant und als das Honorar hergibt.

2.23 *Fingerspitzengefühl und Kommunikationsstärke:* Beim direkten Austausch mit Autorinnen oder Übersetzern wird in besonderem Maß Kommunikationstalent erwartet, zumal die freie Lektorin/der freie Lektor zwar im Auftrag des Verlags arbeitet, aber nur über eingeschränkte Entscheidungsbefugnisse verfügt.

2.24 *Termintreue:* Die Zeitpläne sind in den Verlagen oft sehr eng. Sollten Termine nicht eingehalten werden können, ist es wichtig, den Ansprechpartner frühzeitig darüber zu informieren. Auf keinen Fall dürfen vereinbarte Termine ohne Vorwarnung verstreichen.

PRAXISTIPP
Praktikum in einem Verlag machen

2.25 Will man für Verlage arbeiten, ist man im Vorteil, wenn man die typischen Arbeitsabläufe in einem Verlag kennt. Für freie Lektorinnen und Lektoren, die keine Verlagserfahrung besitzen, ist es daher empfehlenswert, ein Praktikum oder ein Volontariat in einem Verlag zu machen.

ERFAHRUNGSBERICHT
Belletristik

2.26 Mein Traum war schon immer, „Bücher" zu machen, und so habe ich als Belletristiklektorin mit Genres wie Krimi, Frauenunterhaltung, humorvollen Texten oder historischen Romanen zu tun. Unabdingbar sind fremdsprachliche Kenntnisse und die Beschäftigung mit der Zielsprache, dem Deutschen. Auch privat lese ich viel. Die Manuskripte kommen als Word-Datei auf meinen Schreibtisch, und ich arbeite immer mit der Funktion „Änderungen verfolgen" direkt in der Datei. Während beim Übersetzungslektorat das Augenmerk auf Stilistik und Übersetzungstreue liegt (Orthografie versteht sich von selbst), habe ich bei deutschsprachigen Autoren auch Projekte, die über die Textredaktion hinausgehen und eine inhaltliche Weiterentwicklung (Plot, Figuren etc.) beinhalten. Im Unterschied zu anderen Betätigungsfeldern im Bereich Freies Lektorat wird in der Belletristik im Regelfall nach Seite und nicht nach Stunden oder pauschal bezahlt. Man braucht eine große Portion Idealismus und viel Durchhaltevermögen, um sich in dieser Branche zu behaupten. Auch als freie Lektorin/freier Lektor sollte man wie andere Selbstständige immer wieder den Wert seiner Leistungen hinterfragen und Honorarverhandlungen nicht scheuen. Schon bestehende Kontakte zu Verlagen sind von Vorteil, ansonsten ist es sehr wichtig, sich mit anderen Lektorinnen/Lektoren und Übersetzerinnen/Übersetzern auszutauschen, die einen wiederum bei Verlagen empfehlen können.
Die Akquise ist oft mühsam, weil der Kontakt größtenteils über persönliche Beziehung entsteht und weniger über das Internet. Eine Website zur Präsentation der eigenen Tätigkeit und als Informationsquelle für Auftraggeber ist jedoch nicht verkehrt. Vor allem am Anfang muss man hartnäckig bleiben; aber auch danach ist es notwendig, bestehende Kontakte zu pflegen und auszubauen. Deshalb besuche ich jedes Jahr die Verlage, mit denen ich am engsten zusammenarbeite. Der Traum vom Literaturberuf trifft auf eine harte Realität und eine Arbeit, die großen Spaß, aber nicht reich macht.

— *Friederike Arnold*

ERFAHRUNGSBERICHT
Lektorat von Ausstellungskatalogen

2.27 Ausstellungen und Ausstellungskataloge werden heute meist in sehr kurzer Zeit realisiert. Ein Jahr von der Planung bis zur Eröffnung ist da schon viel. Zur Eröffnung muss der Katalog vorliegen, koste es, was es wolle (was leider selten die adäquate Honorierung des Lektorats meint). Die Lektorin oder der Lektor darf sich also auf einiges gefasst machen.

Bei der Auftragsvergabe sind meist noch viele Fragen offen: Häufig steht weder der endgültige Umfang fest noch die Gestaltung. Und selbst wenn die Planungen schon sehr konkret sind, halten sich die Autoren oft nicht an den vorgegebenen Umfang. Da die Lektorin/der Lektor meist pauschal honoriert wird, sollte das Angebot auf jeden Fall eine Klausel enthalten, die festlegt, wie mit Mehrumfang und Mehraufwand zu verfahren ist. Meist hat man es mit einer Vielzahl von Autorinnen und Autoren zu tun. Da gibt es einiges „auf Linie" zu bringen. Das besondere Augenmerk gilt deswegen neben dem Textlektorat den Formalia: Schreibweisen und Katalogeinträge vereinheitlichen, Angaben zu Leihgebern abgleichen – und ständig darauf gefasst sein, dass sich in letzter Minute noch etwas ändert, weil dieser Beitrag entfällt, jener zu lang ist, diese Leihgabe nicht kommt, jene nachträglich zugesagt wird etc.

Je näher die Ausstellung rückt, desto mehr sind die Kuratoren zeitgleich für drei Baustellen zuständig: Leihverkehr, Katalog und Aufbau. Dann sind sie froh, wenn die Lektorin/der Lektor die gesamte Koordination der Arbeit am Katalog übernimmt, auch die Kontakte zu den Autoren und zu den Grafikern. Neben dem Lektorat ist also ganz wesentlich Projektmanagement gefordert. Das Museum hat natürlich immer ein Mitspracherecht. Auch das Kollationieren ist oft mühsam: Ein Korrekturexemplar aus vier oder mehr „Autoren"-Korrekturen zusammenzustellen ist keine Seltenheit. Und warum tut man sich diesen Stress überhaupt an? Vielleicht, weil sich bei der Eröffnung alle freuen, dass der Katalog tatsächlich vorliegt.

— *Wanda Löwe*

ERFAHRUNGSBERICHT
Schulbuchlektorat

2.28 Bei „Schulbuch" denkt wohl jeder an sein altes Englisch- oder Mathebuch und an mehr oder weniger Spaß beim Lernen in der Schule. Bei „Schulbuchlektorat" denke ich an die Umsetzung von Konzeptionen, Autorentagungen und Telefonkonferenzen, an Ringen um Lösungen und Konsense, an zahlreiche Entwürfe für Lektionen, an Bildsuche, Zeichnungsspezifikationen und Umbruchkorrekturen, und schließlich an die Freude, das fertige Buch endlich in Händen zu halten (oder gar selbst damit zu unterrichten). Wer ein Schulbuch macht, braucht einen langen Atem. In Anbetracht der Vielfalt der Projekte habe ich den Begriff „Schulbuchlektorat" aus meinem Vokabular gestrichen. Ich lektoriere Bildungsmedien, vom klassischen Schulbuch bis zur Sprachlernsoftware.
Was mir gefällt: Oft gibt es am Anfang nur eine Konzeption und eine Liste mit den Namen der Autorinnen und Autoren. Gemeinsam erarbeitet man Lektion für Lektion die Inhalte. Unabhängig vom Medium kommt jede Übung, jeder Inhalt auf den Prüfstand: Wird das so (beim Unterrichten, beim Lernen) funktionieren? Eines ist klar: Wer nie unterrichtet hat, kann kein Schulbuch lektorieren. Nicht zuletzt, da es ihm oder ihr an Argumentationskraft gegenüber den Autorinnen und Autoren, überwiegend Lehrerinnen und Lehrern, fehlt.
Die Erscheinungstermine richten sich nach Schuljahresbeginn, Einreichungsterminen beim jeweiligen Kultusministerium und nach Bildungsmessen.
Neben dem Tagesgeschäft beschäftige ich mich mit Trends und Entwicklungen in der Fremdsprachendidaktik und zukünftigen Lernformen. Die entscheidende Frage wird sein: Wie lernen die Menschen in 10, 20 oder 40 Jahren?
Wie lange wird es das klassische Schulbuch noch geben? Mit Spannung beobachte ich die Digitalisierung des Lernens und die Entwicklung des virtuellen Klassenzimmers.
In einem Punkt bin ich mir sicher: Gelernt wird immer!

— *Edda Vorrath-Wiesenthal*

Übersetzungslektorat

2.29 Beim Übersetzungslektorat geht es, wie der Name schon nahelegt, um das Lektorat übersetzter Texte aus den verschiedensten Sprachen. Das können belletristische Werke sein (Romane, Theaterstücke, Erzählungen) oder Sachtexte. Angesichts der Tatsache, dass über 10 000 Werke pro Jahr übersetzt werden (Börsenblatt.net vom 1.8.2013), ist der potenzielle Markt für freie Lektorinnen/Lektoren daher ziemlich groß. Ob er auch rentabel ist, dazu einige Bemerkungen am Schluss.

Lektorat belletristischer Werke

2.30 Das Lektorat von Übersetzungen unterscheidet sich vom Lektorat deutschsprachiger Texte insofern, als eine Lektorin/ein Lektor keine Möglichkeit mehr hat, gestalterisch in den Text einzugreifen – Handlung und Personen stehen bereits fest. Im Wesentlichen geht es also darum, einen Text „herzustellen", der sich so liest, als ob ihn eine deutschsprachige Autorin/ein deutschsprachiger Autor verfasst hätte.

Was sich einfach anhören mag, erweist sich in der Praxis häufig als ziemlich schwierig oder aufwendig. Vor allem in der Unterhaltungsliteratur (Krimis, Thriller, Liebesromane oder Fantasy) hat man es oft mit Vorlagen zu tun, die nicht deutsch, sondern „translatorisch", „übersetzt" klingen. Das hat mehrere Gründe. Zum einen werden (auch) Übersetzungen im Bereich der Belletristik relativ schlecht bezahlt und zum anderen setzen Auftraggeber, also fast immer Verlage, häufig sehr enge Termingrenzen. Beides leistet flüchtigem und ungenauem Arbeiten Vorschub. Die erste Aufgabe eines Lektorats ist es daher, grobe Schnitzer wie Übersetzungsfehler, falsch oder nicht verstandene Idiome, schräge Bilder etc. aufzuspüren und zu korrigieren; dann erst geht es an den Feinschliff, das heißt die Arbeit an der Sprache, also an die eigentliche Aufgabe eines Lektors oder einer Lektorin. Ulrich Blumenbach, Übersetzer von David Foster Wallace („Ein unendlicher Spaß"), schreibt dazu: „Er [der Lektor/die Lektorin] soll eine hohe Sprachkompetenz im Englischen und im Deutschen mitbringen, er soll die Literaturen beider Sprachräume in Vergangenheit und Gegenwart kennen, er soll mit meinem Autor und seinem Werk intim vertraut sein, und er soll mir Paroli bieten können. Der letzte Aspekt ist vielleicht der wichtigste …", denn: „Ich wünsche mir von einem idealen Lektor also Anregungen, um mal über den Tellerrand meines wie bei jedem Menschen zwangsläufig begrenzten Literaturverständnisses hinauszublicken." (Was hier fürs Englische gesagt wird, gilt natürlich auch für jede andere Sprache.) Im Unterhaltungsbereich lässt sich das nicht immer hundertprozentig umsetzen, aber etwas davon kann nie schaden. Das schönste Lob, das an Übersetzerinnen/Übersetzer und damit auch an Lektorinnen/Lektoren gehen kann, ist: „Man merkt gar nicht, dass es eine Übersetzung ist."

Lektorat von Sachtextübersetzungen

2.31 Selbstverständlich ist auch bei Sachbüchern das Ziel, einen „deutschen" Text herzustellen. Allerdings spielen hierbei noch andere Aspekte eine Rolle: Noch viel mehr als bei belletristischen Texten ist es unerlässlich, dass sämtliche Fakten recherchiert sind. Gerade im angelsächsischen Bereich sind Autoren in dieser Hinsicht manchmal sehr großzügig. Bei übersetzten Texten kommt hinzu, dass ein Übersetzer auch nicht immer zu 100 Prozent zuverlässig ist. Zu fragen ist daher: Beherrscht der Übersetzer die Fachsprache? Weiß er also genau, wovon er redet? Hat er darauf geachtet, dass manche Fakten an deutsche Verhältnisse anzupassen sind (Maße, Gewichte; gesetzliche Bestimmung u. v. m.)? Erst danach kann man an die rein sprachliche Arbeit gehen, wobei man im Fall von Sachbüchern den Stil des Autors nicht unbedingt 1:1 übernehmen muss, denn Sachbücher sind im Deutschen häufig sehr viel „sachlicher" als zum Beispiel im Englischen. Letztlich gilt aber auch für sie das, was bei der Belletristik gesagt wurde: Es muss so klingen, als sei es ein deutscher Text.

Fazit

2.32 Wie eingangs erwähnt ist der Markt für das Lektorat von Übersetzungen offenbar recht groß. Aber besonders lukrativ ist er nicht. Die großen Publikumsverlage sind bei der Honorierung ihrer Außenlektorinnen und -lektoren, also ihrer freien Mitarbeiter, recht knauserig. Daher muss man auch als freie Lektorin/freier Lektor recht schnell arbeiten, um finanziell auf einen halbwegs akzeptablen Schnitt zu kommen. Recht schnell heißt: im Schnitt sechs bis acht Seiten pro Stunde. Dass die Qualität lektorierter Texte nicht allzu sehr unter dieser Arbeitsweise leidet, ist wiederum das Verdienst guter Lektorinnen und Lektoren.

Zeitschriftenlektorat und -schlussredaktion

2.33 In letzter Minute wurde noch eine Überschrift ausgetauscht: Und schon prangen „Modere Zeiten" in großen Lettern über der Lifestyle-Reportage. In einer Automobil-Hochglanzbroschüre wird mit „Posche Design" geworben – und ein Anzeigenkunde wäre deshalb beinahe arg verprellt. Vielleicht weniger dramatisch, aber genauso ein Fall für die Zeitschriftenschlusskorrektur: hier noch ein Zoll- anstelle eines Anführungszeichens, dort die Lammkeule, die nur ½ Stunde schmoren würde, weil eine 3 im Rezept verloren ging; hier zwei Texte mit zu ähnlicher Überschrift; dort die Kopfzeile, die zehnmal richtig ist, aber auf der letzten Seite doch aus dem Schinken einen Schniken macht. Manche Fehler schleichen sich erst spät im Produktionsprozess ein. Daher gilt: Eine gründliche Schlussredaktion ist unerlässlich!

2.34 Es sind meist eher die kleinen Zeitschriftenverlage, die über die letzte Qualitätssicherung hinaus ein Stillektorat beauftragen. Dies kann beispielsweise notwendig werden, wenn Verlage auf Autorinnen und Autoren zurückgreifen, die zwar Fachwissen, aber kaum journalistische Erfahrung mitbringen. Der spezialisierte Magazinmarkt kann Fachlektorinnen und -lektoren interessante Nischen bieten, wenn etwa ein IT-Magazin, eine Zeitschrift für Eisenbahner oder ein philosophisches Periodikum einen letzten fachkundigen Schliff benötigt. Einige Verlage übertragen auch die redaktionelle Verantwortung. Dann gehören knackige Überschriften, Einleitungstexte, Bildunterschriften und Begriffserklärungen ebenfalls zum Aufgabenspektrum der freien Lektorinnen und Lektoren. Der weitaus häufigere Auftrag in puncto Zeitschriften lautet aber: Übernehmen Sie bitte die Schlussredaktion. Die Gründe dafür sind vielfältig: sei es, dass die Schlussredaktion dauerhaft ausgelagert wird, Extrahefte produziert werden oder durch Urlaub bzw. Krankheit ein Engpass entstanden ist, den Freie flexibel auffangen können.

Qualitätssicherung: die Schlussredaktion

2.35 Die Autorinnen/Autoren haben ihre Texte abgeliefert, die Redaktion lässt die Artikel in das Zeitschriftenlayout einfließen und redigiert insbesondere hinsichtlich Verständlichkeit und Textlänge. Erst dann tritt die Schlussredakteurin oder der Schlussredakteur auf den Plan. Teilweise werden die letzten Korrekturen in PDF-Dateien eingetragen, häufiger direkt in Layoutdateien umgesetzt. Die Schlussredaktion ist deshalb das ideale Feld für alle, die den Umgang mit Schriften, Layoutprogrammen (meist InDesign, seltener QuarkXPress), gegebenenfalls Texteditoren (wie InCopy) oder Redaktionssystemen nicht scheuen und bereit sind, sich das notwendige Equipment anzuschaffen. Belohnt werden Investitionen in Ausstattung und Know-how mit kontinuierlichen Aufträgen und der damit verbundenen Sicherheit. Für Urlaubs- und Krankheitstage müssen Freie entsprechend gut vorsorgen; oft arbeiten sie im Team oder im Verbund größerer Redaktionsbüros.

Das Aufgabenspektrum in der Schlussredaktion

2.36 Die Schlussredaktion nimmt jeden Artikel inklusive aller grafischen und typografischen Elemente unter die Lupe. Geprüft werden:

— Orthografie, Grammatik, Interpunktion, Silbentrennung
— einheitliche Schreibungen und Formalia gemäß Verlagsrichtlinien
— Faktencheck: Überprüfung von Namen, Webadressen, Daten etc., Plausibilität inhaltlicher Zusammenhänge
— Umbrüche (korrekte und gut lesbare Silbentrennung, keine sogenannten Hurenkinder, Schusterjungen, kein Fliegenschiss)
— Absatz- und Zeichenformate, Typografie und Paginierung
— Zuordnung von Text, Bild und Bildnachweis, Verweise
— Ist die Zeitschrift ein Stück aus einem Guss? Gibt es zu starke Überschneidungen bei Überschriften, Fotos oder Inhalten?

2.37 Der Zeitschriftenmarkt ist temporeich und schnelllebig: Für ein zweiwöchig erscheinendes Fachmagazin, das in wenigen Tagen produziert wird, müssen die sukzessive eintreffenden Dateien unverzüglich bearbeitet werden. Bei einem zweimal im Jahr erscheinenden Lifestyle-Magazin ist die Produktion weniger hektisch, aber auch hier treffen Last-Minute-Artikel ein. Ein effizienter Workflow ist daher das Argument, mit dem externe Schlussredakteurinnen und Schlussredakteure punkten können – erst recht seit Titelflut, sinkende Werbeeinnahmen und digitale Konkurrenz Verlagen das Leben schwer machen.

Kurzfassungen

2.38 Ein weniger bekannter Aufgabenbereich für das Lektorat ist das Kürzen von erzählenden Texten. Zum Lektorat eines Manuskripts für einen Originalverlag gehört das Kürzen – manchmal auch in erheblichem Umfang. Es gibt darüber hinaus einen Aufgabenbereich, in dem gezielt Kurzfassungen von bereits erschienenen Texten erstellt werden. Im Printbereich ist es vor allem der Direktvermarkter Reader's Digest, der gekürzte Romane und Non-Fiction-Titel veröffentlicht. Viele der inzwischen über 400 Hörbuchverlage im deutschsprachigen Raum bieten ebenfalls gekürzte Texte an, die dann mit dem Vermerk „gekürzte Lesung" auf den Markt kommen.

Der Auftrag ans Lektorat: Erstellung einer Kurzfassung

2.39 Der Verlag gibt dem Lektorat genau vor, welche Länge der Text nach der Kürzung haben soll. Im Printbereich hängt das genaue Ausmaß der Kürzung vom Satzspiegel (Schrifttyp, Zeilenzahl pro Seite und Anschläge pro Zeile) ab. In analogen Zeiten zählte man von Hand die Zeilen aus, ermittelte den Durchschnitt der Zeichen pro Seite, rückte dem Text mit Bleistift und Radiergummi zu Leibe und musste immer wieder überschlagen, wie viel man schon gekürzt hatte.

2.40 Heute geht das durch die Word-Funktion „Zeichen mit Leerzeichen zählen" sehr viel schneller und genauer. Doch die absolute Zahl der Zeichen für das gedruckte Buch gibt nur die ungefähre Länge des Textes an – das liegt bei Romanen mit viel Dialogtext an den kurzen Zeilen und es liegt auch am Zeilenfall. Darum ist es auf jeden Fall sinnvoll, den Text in der Formatierung der geplanten Druckseite zu kürzen. Ist das nicht möglich, muss nach dem Einlesen der Datei in das richtige Format meist nachgebessert werden.

2.41 Etwas einfacher zu kontrollieren und zu berechnen ist das Kürzen für ein Hörbuch. Die vom Verlag vorgegebene Länge wird daran bemessen, wie viel gesprochener Text auf eine CD passt und auf wie vielen CDs der Verlag das von den Sprechern zu lesende Buch veröffentlichen möchte. Der Zeilenfall des Manuskripts ist beim Hörbuch für die Sprecher vollkommen unwichtig, es zählt die reine Textlänge. Grundlage für die Berechnung der für die Produktion passenden Textlänge ist entweder

„Zeichen pro gesprochene Minute" oder „Zeichen pro CD-Länge".
Die Methode ist sehr präzise und es muss in der Regel nicht mehr vom
Lektorat nachgekürzt werden. Es kann allerdings passieren, dass ein
Sprecher zu langsam spricht und der Platz auf der CD nicht ausreicht.
Aber das ist dann nicht mehr Aufgabe des Lektorats, sondern wird
von der Hörbuchregie im Tonstudio aufgefangen.

Arbeit am Text

2.42 Kürzen ist ein starker Eingriff in einen Text, der nur mit dem Einverständnis der Autoren erfolgt. Da jede Geschichte entweder lang und ausführlich oder kurz und zügig erzählt werden kann, gilt: Eine gut strukturierte Geschichte lässt sich auch gut kürzen. Um im Sinne des Autors/der Autorin zu kürzen, muss man die Kerngeschichte herausfiltern: Was ist am wichtigsten, wo hat die Autorin ihr ganzes Können, der Autor sein ganzes Herzblut hineingelegt, was ist eher schmückendes Beiwerk? Genauer gesagt: Welche Textteile bleiben, was lässt sich streichen?

2.43 Was beim Kürzen früher Bleistift und Radiergummi waren, ist heute meistens das Textverarbeitungsprogramm Word im Modus „Änderungen verfolgen". Die Änderungen zu dokumentieren ist wichtig, weil es während der Textarbeit immer wieder vorkommt, dass eine Streichung rückgängig gemacht werden muss. Möglicherweise ist ein Detail entfallen, das sich dann doch als wichtig erweist, oder eine Szene braucht mehr Atmosphärisches als zunächst gedacht. Außerdem muss der gekürzte Text meist dem Autor/der Autorin zur Freigabe vorgelegt werden. Wenn ganze Handlungsstränge oder einzelne Personen entfallen können, kürzt man möglichst ganze Absätze, bei manchen Verlagen auch *block cuts* genannt. Gearbeitet wird aber auch kleinteilig mit sogenannten *line cuts*, indem einzelne Wörter oder Sätze gestrichen werden. Das ist vor allem dann erforderlich, wenn ein Absatz oder ein Dialog inhaltlich wichtig ist, aber auch kürzer erzählt werden kann.

Von Antoine de Saint-Exupéry stammt der Satz: „Ein Text ist nicht dann vollkommen, wenn man nichts mehr hinzufügen kann, sondern dann, wenn man nichts mehr weglassen kann." Die beste Kurzfassung ist die, bei der die Autorin/der Autor nicht gleich erkennt, was entfernt wurde, weil das Wichtigste erhalten geblieben ist: die Kerngeschichte.

E-Books

2.44 Der Trend zum digitalen Medienkonsum eröffnet zahlreiche neue Möglichkeiten des Lesens. Neben E-Books in ihrem typischen Format für E-Ink-Lesegeräte – um die es in diesem Beitrag in erster Linie gehen soll *(s. S. 36)* – können wir Texte zum Beispiel auch als enhanced E-Books, Apps für Smartphones bzw. Tablet-Computer oder im Internet lesen, ganz zu schweigen von möglichen zukünftigen Formaten *(s. S. 60–64)*.

2.45 Die Buchverlage stellt diese Entwicklung vor zwei Herausforderungen: Zum einen müssen sie den unterschiedlichen Medien konzeptionell gerecht werden und ansprechende Angebote für jede Lesesituation entwickeln. Zum anderen müssen sie ihre Inhalte für alle Medienformate – gedruckte wie digitale – verfügbar machen und dabei weiterhin wirtschaftlich arbeiten. Eine Umstellung der Produktionsabläufe ist hierfür unumgänglich. Dabei verändern sich auch die Aufgabenbereiche freier Lektorinnen und Lektoren.

2.46 Da die Branche von einem einheitlichen Entwicklungsstand aber weit entfernt ist, kann auch von einem klar definierbaren Tätigkeitsbereich „E-Book-Lektorat" derzeit noch keine Rede sein. Aktuell entstehen digitale Veröffentlichungen meist als Zweitverwertung gedruckter Inhalte. Entsprechend werden viele Lektorinnen und Lektoren weiterhin vorwiegend für den Printbereich arbeiten und kaum mit den Besonderheiten digitaler Produkte konfrontiert sein. Dieser Beitrag will daher nur eine Auswahl möglicher Tätigkeitsbereiche aufzeigen, die sich in Zukunft weiter ausdifferenzieren werden.

2.47 Freie Lektorinnen und Lektoren sollten deshalb die Entwicklung des Buchmarkts beobachten, ihren Kunden gut zuhören und ihre Dienstleistungen entsprechend erweitern. Unabhängig davon aber können sie sich zwei grundlegende Kompetenzen aneignen, um die Weichen für dieses Arbeitsfeld zu stellen: zum einen Formatkompetenz, also das Wissen um die spezifischen Eigenschaften und Möglichkeiten digitaler Medien, z. B. durch persönliche Nutzungserfahrung; zum anderen Technologiekompetenz, also Grundwissen (und nicht mehr als das!) zur technischen Seite des digitalen Publizierens *(vgl. das Fortbildungsangebot des VFLL)*.

Workflows in den Verlagen

2.48 Mit welchen Prozessen Verlage in der Produktion digitaler Medien arbeiten, hängt von den Ausgangsdaten und den gewünschten Ausgabeformaten ab. Bei der Produktion aus einem medienneutralen Datenbestand werden sämtliche Veröffentlichungen, ob gedruckt oder digital, aus einer einzigen Datenquelle erzeugt. Die Entwicklung eines solchen Workflows ist allerdings sehr aufwendig. Zwei Prinzipien liegen dabei zugrunde:

2.49 — Trennung von Inhalt und Form: Der Datenbestand enthält nur die reinen Textinhalte. Die Informationen, wie diese jeweils im Layout eines gedruckten Buches, E-Books, einer App oder Website dargestellt werden sollen, werden separat vorgehalten.
— Strukturierung der Inhalte: Damit Inhalte und Formatierungsinformationen automatisiert zusammengeführt werden können, müssen die Inhalte maschinenlesbar strukturiert sein, das heißt, die einzelnen Strukturelemente einer Publikation, wie Überschriftenebenen, Absätze, Hervorhebungen etc., müssen durchgehend in einer Auszeichnungssprache wie XML markiert sein.

Sind diese zwei Voraussetzungen erfüllt, kann quasi auf Knopfdruck aus ein und derselben Datenquelle eine Printpublikation, ein E-Book oder ein App-Inhalt entstehen. Für Verlage, die mit großen Datenmengen arbeiten, ist es sinnvoll, die medienneutralen Inhalte in einem Content-Management-System zu verwalten *(s. S. 94–95)*.

2.50 Weniger aufwendig und deshalb weiter verbreitet sind Workflows, die von Desktop-Publishing(DTP)-Software wie InDesign oder von Word ausgehen. Auch hierbei ist eine strenge Strukturierung der Inhalte eine Grundvoraussetzung für eine effiziente Produktion. Das heißt, dass Absatz- und Zeichenformat- bzw. Dokumentvorlagen konsequent angewendet werden, um die Strukturelemente eines Textes zu kennzeichnen. Aus InDesign kann dann zum Beispiel direkt ein E-Book erzeugt werden, oder es werden medienneutrale Daten für die Weiterverarbeitung exportiert. Liegt ein strukturiertes Word-Dokument vor, können die Daten zur Weiterverarbeitung in DTP-Software übernommen oder direkt in ein medienneutrales Format umgewandelt werden.

2.51 Die einfachste Möglichkeit zur E-Book-Erstellung sind sogenannte One-Stop-Tools wie die kostenlosen Programme Calibre und Sigil. Sie wurden in erster Linie für Privatanwender und Self-Publisher entwickelt, finden teilweise aber auch in Verlagen Anwendung. Damit lassen sich zum Beispiel aus gängigen Textdateiformaten E-Books erstellen. Die Qualität des Ergebnisses hängt sehr stark davon ab, wie gut die Ausgangsdaten strukturiert sind. Oft sind Kenntnisse in der Auszeichnungssprache XHTML *(s. S. 36)* oder der Gestaltungssprache CSS erforderlich, um die E-Book-Dateien nachzubearbeiten.

Aufgaben für freie Lektorinnen und Lektoren
Die Kompetenzen freier Lektorinnen und Lektoren sind bei allen Schritten der Entstehung digitaler Medien gefordert, von der Entwicklung der Inhalte bis zur abschließenden Qualitätskontrolle.

2.52 Bei der *Konzeption* von E-Books und anderen digitalen Medien ist es unerlässlich, die Eigenschaften des Formats und die Unterschiede zum gedruckten Buch zu kennen, um die Inhalte mediengerecht aufbereiten zu können. Unter anderem sind folgende Aspekte zu berücksichtigen:

2.53 — Paginierung: E-Books haben keine festen Seiten, da der Umbruch durch die Größen- und Schriftarteinstellungen des Lesers verändert werden kann. Das hat z. B. Auswirkungen auf die Zitierfähigkeit.

2.54 — Abbildungen/Tabellen: Die Darstellung auf den kleinen Schwarz-Weiß-Displays vieler Lesegeräte lässt bei farbigen Abbildungen und mehrspaltigen Tabellen oft zu wünschen übrig. Kreativität ist gefragt, um die vorhandenen Möglichkeiten auszuschöpfen.

2.55 — Hyperlinks: Verlinkungen sind ein Mehrwert digitaler Texte, den Leser aus dem Internet kennen und auch im E-Book erwarten. Interne und externe Verweise, Verzeichnisse und Register sowie Endnoten sollten sinnvoll verlinkt und ggf. rückverlinkt sein.

2.56 — Multimedia-Elemente: Video- und Audioeinspielungen können das Leseerlebnis bereichern, wenn sie maß- und sinnvoll eingesetzt werden. Da aber nicht alle E-Book-Formate und -Geräte solche Erweiterungen anzeigen können, werden sogenannte Fallbacks benötigt, also alternative Inhalte wie z. B. Bilder.

2.57 Eine konsequente *Datenstrukturierung* ist eine Voraussetzung für die effiziente Produktion digitaler Medien. Da Lektorinnen und Lektoren die Struktur eines Textes mitbestimmen, sind sie für diese Aufgabe prädestiniert. In der Manuskriptbearbeitung mit Word oder DTP-Software wenden sie Dokument- und Formatvorlagen an; bei der Redaktion von Texten in medienneutralen Datensätzen kennzeichnen sie die Strukturelemente mit XML-Auszeichnungen. Erleichtert wird diese Arbeit durch benutzerfreundliche XML-Editoren, die auch Bestandteil von Content-Management-Systemen sein können *(s. S. 94–95)*.

2.58 Die *E-Book-Erstellung* wird meist in den Verlagen selbst vorgenommen bzw. externen technischen Dienstleistern übertragen, weswegen dieser Bereich eher als Dienstleistung für Self-Publisher relevant ist *(s. S. 66–68)*. Freie Lektorinnen und Lektoren, die das Komplettproducing digitaler Medien für Verlage übernehmen, werden sich aber damit auseinandersetzen und benötigen deshalb XML- bzw. HTML-Kenntnisse.

2.59 Im Zuge des Producings kann auch die *Qualitätskontrolle* bzw. das *Testing* fertiger E-Books auf verschiedenen Lesegeräten hinzukommen. Dabei geht es zum Beispiel um folgende Punkte:

— Sind alle Inhalte vorhanden?
— Stimmt das Layout?
— Gibt es Artefakte aus Druckdaten, die als Ausgangsformat gedient haben (etwa Trennstriche mitten im Text, falsche Umbrüche)?
— Stehen Abbildungen und Tabellen an der richtigen Stelle und haben sie die gewünschte Größe und Qualität?
— Funktionieren Verlinkungen?
— Funktionieren Multimedia-Elemente bzw. deren Fallbacks?

Das E-Book sollte mit einem Tool wie dem EPUB-Checker auf technische Fehler getestet werden. Die Übereinstimmung mit den Qualitätsrichtlinien der großen Vertriebsplattformen wie Amazon oder Apple ist zu prüfen. Fehler, die in der Qualitätskontrolle auftreten, muss die Lektorin/der Lektor mithilfe von Editoren wie Sigil, epcEdit oder XMLSpy beheben und benötigt dafür XHTML-Kenntnisse.

WAS IST EIN E-BOOK?

2.60 Der Begriff E-Book kann viele Formen digitaler Publikationen bezeichnen, ein PDF-Dokument ebenso wie eine Kinderbuch-App. Im engeren Sinn wird er aber für die sogenannten reflowable E-Books verwendet. Ihr wesentliches Merkmal ist der variable Textumbruch, der sich mit der Bildschirmgröße und den Einstellungen für Schriftart und -grad verändert. Für diese Dateien wurden E-Ink-Lesegeräte entwickelt, die ein dem gedruckten Buch ähnliches Leseerlebnis bieten sollen. Reflowable E-Books können aber auch auf Smartphones, Tablet-, Laptop- oder Desktop-Computern gelesen werden.

2.61 Als Dateityp hat sich das EPUB-Format weitgehend durchgesetzt. Vereinfacht gesagt handelt es sich bei einer EPUB-Datei um eine komprimierte Website. Der EPUB-Container enthält die Publikationstexte sowie Abbildungen und weitere Medientypen als separate Dateien. Die Struktur der Textinhalte, also zum Beispiel Überschriftenebenen, Absätze, Hervorhebungen, ist durch maschinenlesbare Auszeichnungen (auch Markups oder Tags genannt) markiert. Sie sind in XHTML formuliert, einer Weiterentwicklung der Internet-Standardsprache HTML, die den strengeren Strukturregeln des Standards XML folgt.

2.62 Grob vereinfacht sieht ein in XHTML ausgezeichneter Text so aus:
```
<body>
<h1>Erstes Kapitel</h1>
<p>Es war einmal ein Text. …</p>
<p>…</p>
…
</body>
```

Das Element *body* kennzeichnet den gesamten Textkörper, h1 eine Überschrift (*heading*) der Ebene 1 und p einen Absatz (*paragraph*).
Das EPUB-Format folgt streng dem Prinzip der Trennung von Inhalt und Form. Deshalb sind sämtliche Informationen darüber, wie die Strukturelemente im E-Book-Layout aussehen sollen, in einer weiteren separaten Datei im Container abgelegt, dem CSS-Stylesheet.

ERFAHRUNGSBERICHT
E-Books

2.63 Ein E-Book entwickeln und redigieren? Oh, ja gern! Und wie vorgehen? Erst einmal wie bei anderen Publikationen auch! Zum Beispiel schon in der Konzeption – bei „meinem" E-Book ging es um ein Handbuch, eine Art Bedienungsanleitung – an die Besonderheiten des Mediums denken, beispielsweise die Inhalte tief strukturieren, in kleine Einheiten teilen und mit relativ vielen Überschriften versehen. Denn man weiß aus Studien, dass E-Book-Leser die Schrift gern groß einstellen.

2.64 Dann die Frage: Word-Dokument oder nicht? Weil mir der Umgang mit Editoren durchaus vertraut ist und ich weiß, dass Word-Dokumente normalerweise bei der Weiterverarbeitung Probleme machen, entscheide ich mich für die direkte Bearbeitung von HTML-Daten im Editor, und zwar in Sigil (der mittlerweile allerdings nicht mehr weiterentwickelt wird). Im Editor wird der Inhalt redigiert (wobei ich grundsätzlich auf einem Papierausdruck lese – der Qualität wegen). Im Prinzip redigiere ich wie üblich, wenn ich auch etwas kürzere Sequenzen anstrebe, und zwar sowohl auf Satz- als auch auf Absatzebene.

2.65 Elementar ist die saubere Auszeichnung: Natürlich müssen die Formatierungen stimmen und alle Textsorten (Überschriften, Fließtext, Bildunterschriften usw.) konsequent und korrekt getaggt werden. Wie die verschiedenen Reader die gestalterischen Vorgaben dazu allerdings umsetzen, das ist noch etwas willkürlich und erinnert an die Frühzeit der Browser, als ein und dieselbe Website in verschiedenen Browsern unterschiedlich dargestellt wurde. Nervig auch, dass mein Text noch x-mal zurückkam. Die Prüfprogramme der Onlineshops fanden deshalb so viele Fehler, weil sie selbst fehlerhaft liefen. Das soll aber schon besser sein.

2.66 Wie bei anderen Publikationen vorgehen, das heißt aber vor allem: weder Arbeits- noch Prüfgänge, die sonst Routine sind, gedankenlos entfallen lassen. Auch ein E-Book braucht außer der Redaktion bzw. dem Lektorat ein Korrektorat, ein Layout, eine Herstellung. Nur das Drucken, das ist wirklich überflüssig.

— *Hildegard Hogen*

Arbeitsfelder jenseits der Verlagsbranche

2.67 Umfassender Textbedarf, lukrative Aufträge und üppige Honorare – wie sieht es damit jenseits der Verlagswelt aus? Auf jeden Fall wird auch dort all das gebraucht, was Lektorinnen und Lektoren zu bieten haben: Textverständnis, Sprachvermögen und Stilsicherheit. Wer aber nur auf üppige Honorare aus ist, wird schnell merken, dass er oder sie doch nur vom Lockruf des Goldes verführt wurde.

Sicher: Alle Unternehmen und Non-Profit-Organisationen benötigen Textunterstützung. Neben Broschüren, Websites, Geschäftsberichten, Mitarbeiter- und Kundenzeitschriften braucht es auch Texte für Produktpräsentationen, Seminarunterlagen, für den Auftritt in sozialen Netzwerken, auf PR-Plattformen …

Dennoch verlaufen die Akquisitionsanstrengungen vieler Lektorinnen und Lektoren noch zu oft im Sande. Selbstmarketing und Akquisition sind für viele Lektorinnen und Lektoren eine besondere Herausforderung. Ein wirkungsvoller Auftritt am Markt, der auch entsprechend honoriert wird, erfordert ein klares Profil und eine deutliche Positionierung. Einige Stichworte dazu:

2.68 *Stichwort „Markterschließung":* Damit Markterschließung erfolgreich wird, braucht es erstens gute Kenntnisse über den Zielmarkt und zweitens Referenzen. Es lohnt sich also, Marktforschung zu betreiben und der neuen Zielgruppe zu erläutern, welchen Nutzen die eigene Tätigkeit bringt. Damit verbunden sind Fragen wie: „Wie tickt meine Zielgruppe, welche Herausforderungen haben meine Ansprechpartner, welche Verbindungen habe ich zur Branche – zum Beispiel aus meinem Lebenslauf, aus meiner Begeisterung für ein Thema?" Und: „Wie begründe ich, dass ich die/der Richtige bin, welche Projekte aus der Verlagswelt kann ich als Referenzen anführen, wie präsentiere ich mich als Experte?"

Wer für eine Branche zur Expertin oder zum Experten wird, kann aus dem Preiskampf weitgehend aussteigen.

2.69 *Stichwort „Lektorat":* Mit diesem Begriff verbinden viele Auftraggeber jenseits der Verlagswelt vor allem die Suche nach Tippfehlern und die Anpassung der Rechtschreibung, denken also eher an „Korrektorat". Und dafür sind die Honorare wahrlich nicht üppig. Es lohnt sich also, den Wert der eigenen Leistung durch neue Begrifflichkeiten zu steigern. Eine kurze Recherche zeigt, dass die Lektoratstätigkeit jenseits der Verlage eher als „Beratung für Unternehmenskommunikation", „Coaching", „Textconsulting" oder „Textsupport" firmiert.

2.70 *Stichwort „Text":* Lektorinnen und Lektoren verkaufen gern den „guten Text" als Ergebnis ihres Einsatzes. Anders als bei Verlags- und Büchermenschen ist ein guter Text für Kundinnen und Kunden jenseits der Buchbranche meist lediglich ein Mittel zum Zweck – zum Beispiel um Kundinnen zu binden, Patienten zu erreichen, Konsumentinnen das neue Müsli schmackhaft zu machen, Stakeholder einzubinden, Besucher auf die Website zu locken. Es lohnt sich also, die Nutzenargumente für die Kundinnen und Kunden zu kennen.

2.71 *Stichwort „Produktpolitik":* Textunterstützung war schon immer mehr als Textüberarbeitung. Es macht sich daher bezahlt, die Bandbreite des eigenen Angebots zu definieren und sie eventuell auszubauen. Geht es eher um klassisches Lektorat, verpackt als „Textcheck"? Oder passen auch andere Produkte in das eigene Portfolio? Zum Beispiel Textcoaching on the job für Führungskräfte, Textseminare für Mitarbeiterinnen und Mitarbeiter, Producing von Mitarbeiterzeitschriften.

2.72 Und dann ist da noch die Frage der Wertschätzung: Natürlich ist es legitim, wenn das eigene Herz für Bücher schlägt. Für eine erfolgreiche Arbeit ist es aber förderlich, Kunden jenseits der Verlagsbranche nicht lediglich als ungeliebte zweite Wahl oder als Cash-Cow – „Verlage zahlen halt so schlecht" – zu betrachten. Wertschätzung lohnt sich, garantiert!

Unternehmenskommunikation

2.73 Fragt mich jemand, was ich beruflich mache, und ich sage: „Ich bin Lektorin für Unternehmenskommunikation", ist mit großer Wahrscheinlichkeit die nächste Frage: „Und in welchem Verlag arbeiten Sie?" Das ist nicht überraschend. Denn zum einen können sich nur wenige Menschen Genaueres unter dem Begriff Unternehmenskommunikation vorstellen. Zum anderen sind Lektorinnen und Lektoren traditionell im Buchbereich beheimatet. Daher sind die beiden zentralen Fragen dieses Kapitels: Was ist Unternehmenskommunikation? Und: Was hat eine Lektorin oder ein Lektor dort zu suchen?

Was ist Unternehmenskommunikation?

2.74 Auf den ersten Blick erscheint die Antwort einfach. Unternehmen sind auf Gewinn ausgerichtete Organisationen und kommunizieren als solche ständig. Bei genauerem Hinsehen und insbesondere bei dem Versuch, Unternehmenskommunikation abzugrenzen und weiter zu untergliedern, wird es schwierig. Zahlreiche Definitionsversuche aus verschiedenen Wissenschaftsdisziplinen erschweren den Durchblick ebenso wie die Überschneidungen ihrer Teilbereiche. Die folgende Einordnung ist daher als eine unter mehreren möglichen zu verstehen.

Nach einer gängigen Definition von Ansgar Zerfaß zählen zur Unternehmenskommunikation „alle Kommunikationsprozesse, mit denen ein Beitrag zur Aufgabendefinition und -erfüllung in gewinnorientierten Wirtschaftseinheiten geleistet wird und die insbesondere zur internen und externen Handlungskommunikation sowie Interessenklärung zwischen Unternehmen und ihren Bezugsgruppen (Stakeholdern) beitragen" *(in: Piwinger/Zerfaß 2007, S. 23)*.

2.75 Neben der Ausrichtung an Aufgaben und der Konzentration auf die geplante und damit formelle Kommunikation ist also die Orientierung an den Bezugsgruppen eines Unternehmens wichtig. Zerfaß spricht übrigens bewusst von Bezugs- statt von Zielgruppen, um den zunehmend dialogischen Charakter der Unternehmenskommunikation zu betonen. Unternehmen agieren in verschiedenen Umwelten und haben somit zahlreiche Bezugsgruppen, die sich teilweise überschneiden: Mitarbeiter,

Lieferanten, Konkurrenten, Kapitalgeber, Medien, Behörden, Gerichte, Regierungen, verschiedenste Interessengruppen und Organisationen, Gewerkschaften, Anrainer, Wissenschaftler u. v. m. Als zentrale Bezugsgruppen, anhand derer die Unternehmenskommunikation üblicherweise unterteilt wird, gelten Mitarbeiter, Markt oder Kunden und Medien. Einige Autoren, etwa Claudia Mast 2013, ergänzen diese Bezugsgruppen durch die Kapitalgeber. Angesichts der wirtschaftlichen Bedeutung und der Besonderheiten der Kapitalmarktkommunikation ist das durchaus vertretbar.

2.76 Im Hinblick auf die Kommunikationsrichtung wird grundsätzlich unterschieden zwischen interner Unternehmenskommunikation, die innerhalb eines Unternehmens erfolgt, und externer Unternehmenskommunikation, die sich an die Außenwelt richtet, wie Kundenkommunikation, Finanzmarktkommunikation und PR.

Mitarbeiterkommunikation

2.77 Die Mitarbeiterkommunikation oder interne Unternehmenskommunikation umfasst die Kommunikationsprozesse innerhalb eines Unternehmens. Sie soll organisatorische Abläufe optimieren, die Mitarbeiterinnen und Mitarbeiter zum Dialog anregen, diese informieren, motivieren und ans Unternehmen binden. Typische Medien der Mitarbeiterkommunikation sind Intranet, Newsletter und Mitarbeiterzeitschriften.

Kundenkommunikation

2.78 Mit der Kundenkommunikation richtet sich ein Unternehmen an Bestandskunden und potenzielle Kunden mit dem Ziel, diese für die eigenen Produkte und Dienstleistungen zu begeistern und eine möglichst langfristige Beziehung aufzubauen. Dafür stehen verschiedene Maßnahmen und Instrumente zur Verfügung: Neben PR (hier in Form von Produkt- bzw. Kunden-PR) werden als Marketinginstrumente Werbung, Verkaufsförderung und Direktmarketing, Sponsoring, Messen und persönliche Kommunikation eingesetzt. Der Teilbereich der Kundenkommunikation, der Kundinnen und Kunden über bezahlten Raum in den Medien beeinflussen möchte, gilt als Werbung *(s. S. 46–49)*. Typische Textsorten der Kundenkommunikation sind Kundenzeitschriften, Newsletter, Akquise- und Kundenbriefe sowie alle unter Werbelektorat, Corporate Publishing und PR angeführten Textsorten.

Corporate Publishing

2.79 Als Corporate Publishing (CP) wird die redaktionell geprägte und periodische Unternehmenskommunikation mit selbst publizierten Medien bezeichnet. Je nach Medium kann – mit fließenden Übergängen – weiter in Corporate Print (Kunden-, Mitarbeiter- und Mitgliederzeitschriften, Newsletter, Geschäftsberichte), Corporate Book (selbst herausgegebene Bücher), Corporate TV (Fernsehproduktionen) und Corporate Audio (Audiodateien) untergliedert werden. Für nahezu ein Drittel des Branchenumsatzes sorgen daneben digitale Medien wie Corporate Blogs, E-Mail-Newsletter oder online lesbare Kundenzeitschriften. Vergleicht man CP mit Werbung, kann CP gleich mehrfach punkten: Der Streuverlust ist geringer und redaktionell aufbereitete Inhalte wirken in der Regel glaubwürdiger. Schließlich ist es günstiger, eine Kundin zu halten, als eine neue zu gewinnen. So ist es nicht verwunderlich, dass der Markt für CP kontinuierlich wächst. Bereits heute nutzen 97 Prozent aller Unternehmen mit mehr als 250 Mitarbeiterinnen und Mitarbeitern selbst produzierte Magazine zur Kundenbindung.

Finanzkommunikation

2.80 Der Kommunikation mit den Kapitalgebern widmet sich die Kapitalmarktkommunikation, Finanzkommunikation oder auch Investor Relations (IR). Sie informiert – stark vereinfacht – über die wirtschaftliche Situation des Unternehmens und bedient sich dazu unter anderem folgender Instrumente: Geschäftsberichte, Halbjahres- und Quartalsberichte, Nachhaltigkeits- und CSR-Berichte sowie Ad-hoc-Mitteilungen.

Public Relations

2.81 Auch die Public Relations (PR) zählen zur externen Unternehmenskommunikation. Die Kommunikation mit den Medien wird auch als Presse- oder Öffentlichkeitsarbeit bezeichnet. Sie hat zum Ziel, den Bekanntheitsgrad eines Unternehmens zu steigern und ein möglichst gutes Bild des Unternehmens (Image) in der Öffentlichkeit zu zeichnen. PR soll über das Lancieren redaktionell aufbereiteter Informationen in den Medien langfristig Spielräume sichern, Vertrauen aufbauen und Glaubwürdigkeit kommunizieren. Typische schriftliche Instrumente der PR sind Pressemitteilungen und Presseinformationen.

2.82   Wie in der Kommunikation allgemein zeichnet sich auch in allen Bereichen der Unternehmenskommunikation die Entwicklung hin zur Kommunikation 2.0/3.0 ab: Neben den traditionellen Printmedien gewinnen digitale und mobile Medien und damit auch die Tendenz zum Dialog statt des üblichen Monologs immer stärker an Bedeutung.

Was macht eine Lektorin/ein Lektor in der Unternehmenskommunikation?
2.83   Das weit verbreitete Bild des Lektors als Fehlersucher wird auch in der Unternehmenskommunikation dem Aufgabenfeld nicht gerecht. Vielmehr ist eine Lektorin externe Expertin für verschiedenste Texte und wird bei den unterschiedlichsten Projekten hinzugezogen.
Das macht den Arbeitsalltag vielfältig und spannend, erfordert aber auch Einfühlungsvermögen, Kenntnis der Abläufe in Unternehmen und Agenturen, Hintergrundwissen zu Textsorten sowie medien- und bezugsgruppenadäquater Textgestaltung. Denn je nach Textsorte, Anforderungen des Kunden und Zeitpunkt im Projektablauf kommen auf den Lektor/die Lektorin verschiedenste Aufgaben zu. Diese reichen vom Korrektorat einer bildlastigen Anzeige *(s. Werbelektorat S. 46–49)* über das Lektorat einer im Unternehmen verfassten Pressemitteilung *(s. PR-Arbeit S. 88–89)* bis zum stilistischen Feinschliff und anschließender Schlussredaktion für ein Kundenmagazin *(s. Zeitschriftenlektorat S. 28–29)*, von der Optimierung einer Unternehmensdarstellung für ein Xing-Profil *(s. Social-Media-Management S. 90–91)*, der Anpassung von Kundenbriefen an einen modernen, kundenfreundlichen Sprachgebrauch bis hin zur Redaktion eines 200 Seiten starken Geschäftsberichts.

Gerade das letzte Beispiel zeigt, dass eine Lektorin/ein Lektor in der Unternehmenskommunikation für bestimmte Aufgaben solides Fachwissen im Gepäck haben sollte. Daher kann eine Spezialisierung sinnvoll sein. Darüber hinaus wird deutlich, dass sich die Lektorin und der Lektor häufig auf einem schmalen Grat bewegen: Greifen sie noch optimierend in einen Text ein oder texten sie bereits neu? Als Folge entdecken nicht wenige Lektorinnen und Lektoren im Lauf ihrer Tätigkeit das Texten als zweites Standbein *(s. S. 84–85)*.

2.84　Was Aufgaben und Arbeitsweise von Lektorinnen/Lektoren in der Unternehmenskommunikation betrifft, ist das meiste bereits in den Kapiteln Zeitschriftenlektorat *(s. S. 28–29)* und Werbelektorat *(s. S. 46–49)* angeführt. Darüber hinaus sollten Lektorinnen/Lektoren in der Unternehmenskommunikation wissen, was einen Text verständlich macht und welche Kenntnisse man beim Leser voraussetzen kann. Gerade wenn sie tiefer in einen Text eingreifen, sollten sie abschätzen können, welcher sprachliche Stil zu Textsorte und Zielgruppe passt, mit welchen Elementen der Text ansprechend gestaltet werden kann und wie es gelingt, den Leser oder die Leserin emotional zu berühren.

Aber auch ihre Rolle als Qualitätssichernde in der Unternehmenskommunikation darf nicht unterschätzt werden. So kann ihnen die Aufgabe zuteil werden, den sprachlich einheitlichen Auftritt eines Unternehmens – etwa über Schreibweisenlisten oder ein Corporate Wording – sicherzustellen oder zu unterstützen. Und das nicht erst seit Auftauchen der integrierten Unternehmenskommunikation, die über das Zusammenführen und das zentrale Management der verschiedenen Perspektiven und Wege der Kommunikation ein einheitliches Bild eines Unternehmens in der Öffentlichkeit schaffen möchte. Bei allem Bemühen um Einheitlichkeit ist es wichtig, dass sie die richtige Balance finden: zwischen Eigenverständnis als Lektorin/Lektor und unverrückbaren sprachlichen Regeln auf der einen Seite sowie den Zielen, Erfordernissen und Abstimmungsprozessen im Unternehmen auf der anderen. So kann ein aus Lektorenperspektive unverzichtbarer Bindestrich aus Unternehmenssicht schlicht irrelevant sein.

Lektorinnen/Lektoren können nur versuchen, ihr Wissen einzubringen. Die Entscheidung, was davon übernommen wird, liegt beim Unternehmen. Schließlich kennt das Unternehmen seine Kunden und die (sprachlichen) Eigenheiten der Branche am besten.

2.85 Der Zeitdruck ist in der Unternehmenskommunikation in der Regel nicht so groß wie im Werbelektorat. Aber auch „Schnellschüsse" gehören zum Geschäft. Daher sollten Lektorinnen/Lektoren zeitlich flexibel sein und mit Terminverschiebungen, Planänderungen oder parallelen Projekten jonglieren können.

2.86 Die zeitliche Flexibilität und die Positionierung als Expertin/Experte darf eine Lektorin/ein Lektor in der Unternehmenskommunikation auch über das Honorar ausdrücken. Wie im Werbelektorat ist es in der Unternehmenskommunikation gut möglich, vernünftige Preise durchzusetzen. Was als „vernünftig" zu betrachten ist, variiert dabei je nach Erfahrung, Branche, Positionierung und eigenen Vorstellungen.

Wie kommt eine Lektorin/ein Lektor an Aufträge aus der Unternehmenskommunikation?

2.87 Wer beauftragt Lektorinnen und Lektoren mit einer Überprüfung oder Überarbeitung von Texten aus der Unternehmenskommunikation? Zum einen sind es die Unternehmen selbst, die die Hilfe externer Sprachkünstler suchen. Bei größeren Unternehmen ist es die Marketing-, PR- oder IR-Abteilung, bei kleineren kann es auch mal der Chef selbst sein. Zum anderen vergeben auch Agenturen, die sich um die Unternehmenskommunikation eines Unternehmens kümmern, Aufträge an Externe.

2.88 Um als Lektorin/Lektor in der Unternehmenskommunikation auf sich aufmerksam zu machen, gelten dieselben Regeln wie in allen anderen Arbeitsbereichen: Es kann nicht schaden, eine eigene Website und Social-Media-Profile zu haben, sich in einschlägige Verzeichnisse einzutragen, soziale Kontakte zu pflegen (real wie online) und sich über Veröffentlichungen – etwa auf dem eigenen Blog – als Expertin/Experte in Sachen Sprache, Unternehmenskommunikation und eventuell eigenes Spezialgebiet zu positionieren.

Werbelektorat

2.89 Werbung soll aufhalten, verführen, gar verleiten. Sie soll die öffentliche Wahrnehmung von Unternehmen und deren Produkten oder Angeboten stärken und erhöhen. Dazu braucht es eine zielgruppenorientierte, prägnante Sprache mit einer klaren Gedankenführung des Lesers beispielsweise hin zum beworbenen neuen Artikel in der Produktpalette eines Unternehmens oder zum erweiterten Angebot eines Dienstleisters. Ein Werbelektorat optimiert diese Texte mittels sprachlicher Gestaltung so, dass ein stimmiges und vor allem einheitliches Gesamtbild entsteht, welches die Botschaft des werbenden Unternehmens stützt.

Standardaufgaben

2.90 Zu den Standardaufgaben im Werbelektorat gehört es, neben Orthografie, Grammatik, Interpunktion und Einhaltung der Zeitformen einen Text stilistisch zu überprüfen und – angepasst an die Tonalität des Unternehmens und die beworbenen Produktcharakteristika – sensibel sprachliche Änderungen vorzunehmen. Das Augenmerk liegt hier auf einem gut strukturierten und vor allem logischen Satzbau, der Schachtelsätze und Wortwiederholungen vermeidet und dabei kundeninterne Terminologien nicht außer Acht lässt.

Werbung lebt von klaren und verständlichen Botschaften in Wort und Bild. Deshalb gehört es ebenso zu den Aufgaben im Werbelektorat, falsche Text- oder Bildbezüge zu erkennen und zu ändern. Das heißt, dass nicht nur der Text, sondern das gesamte Layout sowie die Typografie in das Werbelektorat miteinbezogen und überprüft werden.

2.91 Ebenso wird mit einem Werbelektorat die Mikrotypografie überprüft; sie umfasst die Schriftart, die Laufweite der Schrift (Buchstaben- und Zeichenabstände), die Wortabstände sowie die korrekte Anwendung der Satzzeichen (zum Beispiel Binde- statt Gedankenstriche oder falsche bzw. uneinheitliche An- und Abführungszeichen).

2.92 Zu einem umfassenden und gründlichen Werbelektorat gehört auch die Überprüfung der formalen Richtigkeit des Textes nach DIN oder internationalen Standards, der Paginierung und gegebenenfalls der

Überschriftenhierarchien. Des Weiteren werden alle aufgeführten Zitate sowie angegebene Adressen und Termine geprüft. Außerdem gehören zu den unvermeidlichen zu überprüfenden Formalia der Abgleich der Einheitlichkeit von Produkt- und Unternehmensnamen (versale oder gemischte Schreibweise), die Vereinheitlichung von Preisangaben (ausgeschriebene Währung, Dreilettercodes oder als Zeichen), die einheitliche Schreibweise von Summenangaben (mit oder ohne Kommastellen resp. Kommastellen mit Ziffern oder Strich nach dem Komma), die einheitliche Darstellung von Datumsangaben (Monatsnamen ausschreiben oder Datum in Ziffern darstellen), die Beachtung von Produktnamen mit Markenzeichen ® (Registered) oder ™ (Trademark) und die Durchsetzung einer einheitlichen Schreibweise von Maßeinheiten.

Flexibilität ist gefragt

2.93 Das Werbelektorat ist ein Genre, in dem es um Schnelligkeit und kurze Reaktionszeiten geht; die meist äußerst knappen Bearbeitungszeiträume setzen hier eine hohe Stressresistenz voraus. Wer Werbelektorate übernimmt, kann oft nicht weit vorausplanen bzw. sollte sich die berühmten Zeitfenster für kurzfristig angekündigte und dringend zurückbenötigte Texte freihalten, um entsprechend reagieren zu können.
Werbelektorat ist oft kleinteilig und umfasst nur wenige Stunden oder noch geringere Zeiteinheiten, wird dafür aber regelmäßig angefragt und entsprechend honoriert. Die ständige Bereitschaft und Flexibilität im Bereich Werbelektorat werden von Agenturen und Unternehmen gern mit überdurchschnittlichen Stundensätzen zuzüglich entsprechender Zuschläge für Wochenendarbeit bezahlt. Übernimmt man für mehrere Agenturen oder Endkunden das Werbelektorat, kann man durchaus von einem abwechslungs- und ertragreichen Lektorenalltag sprechen.

Arbeitsweise und Arbeitsmittel

2.94 Da wie bereits beschrieben das Werbelektorat meist ad hoc ausgeführt werden muss, ist es eher unüblich, weil zu zeitintensiv, ausgedruckte Seiten für die Bearbeitung zu versenden. In den meisten Fällen werden die Texte als Mailanhänge verschickt und ebenso dem Kunden wieder zugeführt. Einige Agenturen übermitteln ihre Daten hierbei auch in einer Cloud oder hinterlegen sie auf einem FTP-Server. Das für die Bearbeitung am häufigsten verwendete Dateiformat ist das PDF; gebräuchlich sind außerdem Word-Dokumente, InDesign-, Excel- und OpenOffice-Dateien sowie PowerPoint-Präsentationen und Screenshots von Websites. Häufig werden Dokumente aufgrund ihrer Größe auch gepackt als WinZIP- oder WinRAR-Datei versendet und dann auf dem Rechner im entsprechenden Programm geöffnet und bearbeitet.

2.95 Gerade im Bereich der Kunden- und Mitarbeitermagazine bzw. in der gesamten Finanz- und Unternehmenskommunikation ist es oft üblich, die reinen Texte erst im Word-Dokument mit „Änderungen verfolgen" lektorieren zu lassen, dann im fertigen PDF das Gesamtdokument noch einmal zu bearbeiten und dabei auch auf stilistische, typografische sowie letzte orthografische Unsauberkeiten zu prüfen.

Hilfsmittel Schreibweisenliste

2.96 Um ein Werbelektorat so rasch und gründlich wie möglich vornehmen zu können, ist es hilfreich, bei häufig wiederkehrenden Unternehmens- und Produktnamen auf eine Wordingliste zurückgreifen zu können, die die festgelegte Schreibweise aller sich wiederholenden Angaben enthält und regelmäßig ergänzt und erweitert wird. Bei einem Erstkontakt bekommt man meist bereits eine kleine, schon im Unternehmen angelegte Wordingliste mitgeschickt; oft folgt dann allerdings die Bitte, diese Liste in Abstimmung mit der Rechts- und der Marketingabteilung des Unternehmens zu ergänzen, zu erweitern und so möglichst zu vervollständigen.

Standardkonforme Änderungen

2.97 Damit Anmerkungen und Änderungsvorschläge für den Kunden nachvollziehbar und nachschlagbar sind, bietet es sich an, im Werbelektorat dudenkonform zu arbeiten, das heißt, die Empfehlungen im allseits bekannten Rechtschreib-Duden zu präferieren, sofern es sich bei abweichenden Schreibweisen nicht um hausinterne Vorgaben der Wordingliste oder produktspezifische Bezeichnungen handelt. Es erleichtert ganz einfach die Kommunikation mit dem Kunden, wenn man sich auf Regeln berufen kann, die für jedermann nachvollziehbar im bekanntesten

Rechtschreibratgeber der deutschen Sprache stehen, auch wenn gerade Lektorinnen und Lektoren vielen Regelungen dort eher skeptisch oder gar ablehnend gegenüberstehen.

Textarten

2.98 Das Werbelektorat umfasst Printprodukte vielfältigster Art wie Kataloge, Plakate, Produkt- und Imagebroschüren, allgemeine Geschäftsbedingungen, Flyer, Newsletter, Pressemitteilungen, Mailings, Wurfsendungen, Präsentationen, Fragebögen, Geschäftspapiere, Beipackzettel, Covertexte, Einladungen, Speisekarten, Veranstaltungs- und Programmflyer, Anschreiben und Antwortfaxe, aber auch Webtexte, Facebook- und Google-Anzeigen sowie Mitarbeiter- und Kundenmagazine, die allerdings schon zur Unternehmenskommunikation *(s. S. 40–45)* zählen. Hier gibt es Überschneidungen, da sich beispielsweise Kundenmagazine und Newsletter vorwiegend an Bestandskunden richten, Werbung aber ebenso auf die Gewinnung von Neukunden ausgerichtet ist.

Kundenstruktur

2.99 Wer bucht nun ein Werbelektorat? Meist sind es die klassischen Werbe-, Branding- und PR-Agenturen oder die Marketingabteilungen großer Unternehmen, aber auch Vereine und Verbände, Kommunen, Satzbüros, Druckereien, freie Grafikerinnen und Grafiker, Kommunikationsdesigner, Illustratorinnen und Illustratoren, Werbetexterinnen und Werbetexter sowie private Auftraggeberinnen und Auftraggeber.

ERFAHRUNGSBERICHT
Lektorat – im Auftrag von Kommunikationsagenturen

2.100 Ganz klipp und klar: Würde ich mich als lektorierender Einzelkämpfer noch einmal selbstständig machen, ich würde vermutlich wieder ins Agenturgeschäft einsteigen – in die Welt der Werbung, der Public Relations und des Corporate Publishings. Schon aus wirtschaftlichen Gründen, denn die Honorierung im Kommunikationssektor ist in der Regel besser als in der Buchbranche – auch wenn Agenturen nur einen Teil dessen bezahlen, was sie dem Endkunden für meine Leistung letztlich in Rechnung stellen. Aber von dieser Differenz unter anderem leben Agenturen nun einmal. Wer als Lektorin, als Lektor im Kommunikationsgeschäft mitmischen will, sollte nicht zu sehr von der „Liebe zur Sprache" geleitet sein. Für Kreativität ist wenig Raum, denn es geht im Wesentlichen um die abschließende Qualitätssicherung von Texten – und das ist ein staubtrockener, humorlos zu erledigender professioneller Job. Man kann beinahe sagen: ein Akkordjob – und allemal anspruchsvoller als ein einfaches Korrektorat.
Der Zeitdruck und der Anspruch an die Qualität sind sehr hoch, null Fehler werden in aller Regel erwartet, auch wenn keine Lektorin, kein Lektor dieser Welt die Erfüllung dieses Anspruchs garantieren kann.

2.101 Ich konnte im Laufe der Jahre eine ganze Reihe von Agenturkunden an mich binden, die mich regelmäßig und kalkulierbar beauftragen. Das minimiert den Aufwand für Akquisitionen, was ich ebenso sehr schätzen gelernt habe wie den Umstand, dass ich mich in Ruhe auf meinen Job konzentrieren kann, da ich als Agenturdienstleister mit „schwierigen" Endkunden zumeist nichts zu tun habe.

2.102 Auch im Agenturgeschäft ist es alles andere als einfach, Honorare durchzusetzen, die einen angemessenen Lebensstandard garantieren. Wenn man es aber erreicht, bei den Kunden mit Leistung und Verlässlichkeit zu punkten und Vertrauen zu schaffen, spielt bei ihnen der Preis zwar immer noch eine wichtige Rolle, aber nicht mehr unbedingt die absolute Hauptrolle.

— *Herwig Frenzel*

Wissenschaftliche Arbeiten und Publikationen

2.103 Eines vorab: Wissenschaftslektorat ist mehr, als überforderten Studierenden für wenig Geld in die Schuhe zu helfen! Zumindest kann es mehr sein, wenn die Lektorin oder der Lektor sich von Beginn an klar positioniert und sich überlegt, wohin es letztlich gehen soll. Da Wissenschaftlerinnen und Wissenschaftler gezwungen sind zu publizieren, wird es immer einen Markt geben – wenngleich er sich gerade in Zeiten der Digitalisierung stark wandelt, was auch von uns Lektorinnen und Lektoren Veränderung und Weiterentwicklung verlangt.

2.104 Die Auflagen sind klein, entsprechend wenige Dienstleistungen kann ein Verlag der Autorin/dem Autor kostenfrei anbieten. So handelt es sich weitgehend um einen Privatkundenmarkt: Die meisten Autorinnen und Autoren geben ein Lektorat selbst in Auftrag. Das betrifft nicht nur unveröffentlichte Abschlussarbeiten, sondern geht bis zur publizierten Habilitation.

2.105 Ausnahmen sind zum Beispiel drittmittelgeförderte Sammelbände und Forschungsberichte und schließlich das populäre Fachbuch, das aber im engeren Sinn gar keine wissenschaftliche Publikation ist. Letztere werden von Wissenschaftlerinnen/Wissenschaftlern für Wissenschaftlerinnen/Wissenschaftler geschrieben; das populäre Fachbuch spricht hingegen eine breitere Leserschaft an, selbst wenn es – eine weitere Besonderheit, mit der Lektorinnen und Lektoren vertraut sein müssen – einen wissenschaftlichen Apparat enthält.

Unpublizierte studentische Arbeiten: Möglichkeiten und Grenzen

2.106 Für viele Neulinge im Lektorat erscheint der Einstieg über die Korrektur von Abschlussarbeiten naheliegend – immerhin hat man oft selbst studiert und befindet sich auf vertrautem Gelände. Selbst wenn nur ein Bruchteil der etwa 180 000 Bachelor- und 60 000 Masterarbeiten, die nach Angaben des Wissenschaftsrates an deutschen Hochschulen jährlich entstehen, auf dem Tisch des ambitionierten Neulektors landet, ist das immerhin schon einmal ein Anfang.

2.107 Das Coaching, die produktionsbegleitende Betreuung, ist ein weiteres mögliches Angebot. Die Gefahren sind offensichtlich: Studierende sind zumeist weder professionelle Geschäftspartner noch potenzielle Stammkunden. Und sie haben oft falsche finanzielle Vorstellungen. Sich als

Ein-Euro-Shop mit Zwang zur ständigen Neuakquise eine vernünftige Existenz aufzubauen, wird niemals gelingen. Außerdem ist die Qualität der Texte, die man zur Korrektur bekommt, schwer einzuschätzen.

Regel 1: Vorab immer eine repräsentative Textprobe verlangen

2.108 Auf Basis eines Probekapitels lässt sich einschätzen, was zu welchem Preis machbar ist und was nicht. Und genau diese Einschätzung muss dann sehr klar kommuniziert werden. Erfahrungsgemäß wird man jede Menge Absagen bekommen („zu teuer"). Aber jeder Auftrag, den eine Lektorin für ein zu geringes Honorar erledigt, zwingt sie in das Hamsterrad des Hochgeschwindigkeitslektorats, das ihr keine Zeit lässt, nach lukrativen Aufträgen Ausschau zu halten.

Regel 2: Die Grenze zum Ghostwriting klären

2.109 Da stößt man beim Lektorat auf einige unverständliche Sätze, weiß aber eigentlich, was die oder der Studierende oder Promovierende sagen will. Es ist oft einfacher und kundenfreundlicher, solche Textstellen kurz zu verbessern, als einen Kommentar mit Hinweis auf die unklare Formulierung anzubringen … Aber sobald die Textprobe zeigt, dass ein Text mehr Input verlangt, muss die Autorin oder der Autor nochmals selbst am Text arbeiten.

Gegen Korrekturen und ein maßvolles sprachliches Lektorat haben Universitätsinstitute in der Regel nichts einzuwenden. So manche Universitätsprofessorin/mancher Universitätsprofessor regt ein Außenlektorat sogar an. Das A und O ist hier wie immer: Kundenbedarf und möglicher Service müssen im Vorfeld gut abgesprochen sein. Will der Kunde ersichtlich selbst nichts mehr an seiner wissenschaftlichen Arbeit tun, dann gilt: Finger weg vom Auftrag!

Wissenschaftliche Publikationen

2.110 Attraktiver wird das Wissenschaftslektorat sicher auf einer höheren Stufe, bei den publizierten Werken:
— Monografien einschließlich Dissertationen
— Aufsätze
— Sammelbände
— Forschungsberichte

2.111   Die Vielfalt ist enorm. Bei Monografien kann es sich um ein soziologisches Standardwerk, eine Bleiwüste mit einem riesigen Fußnotenapparat, handeln, aber auch um eine gerade einmal 100 Seiten umfassende geologische Dissertation mit vielen Abbildungen. Je nach Disziplin kommen unterschiedliche Formalia und Zitierweisen zum Tragen. Das gilt in besonderem Maße für Aufsätze in Zeitschriften, die allerdings eher im Peer Review landen als im Außenlektorat. Sammelbände und Forschungsberichte mehrerer Wissenschaftler sind meist mit dem Problem verbunden, dass massiv vereinheitlicht werden muss.

2.112   Forschungsinstitutionen und natürlich Verlage erweitern den Kundenkreis über die Privatkunden hinaus, was der Lektorin/dem Lektor auf Dauer erspart, ständig neu zu akquirieren. Das Feld ist breit: Zwar sind technische Fächer, Medizin und Jura besser bei Lektorinnen/Lektoren mit dem entsprechenden fachlichen Hintergrund aufgehoben und man sollte sich hüten, auf allen Hochzeiten zu tanzen. Doch generell ist das Bereichernde am Wissenschaftslektorat, dass man sich immer wieder mit neuen Themen aus diversen Fachbereichen befasst. Selten geht es nur um die Korrektur, der Reiz besteht im Mitdenken. Oft muss vom Hinweis auf Widersprüche oder Redundanzen bis zum Verbessern von Kommafehlern in den Fußnoten alles in einem Durchgang gemacht werden. Dass hier Perfektion kaum möglich ist, wissen zwar die Partner in den Verlagen, aber die Autorinnen/Autoren nicht unbedingt.

2.113   Wieder gilt es, zu kommunizieren und nichts zu versprechen, was zum vereinbarten Preis nicht machbar ist. Denn auch im wissenschaftlichen Publikationswesen sind die Gelder knapp. Die Kosten für ein Lektorat werden bei Forschungsanträgen vergessen oder unterschätzt – oder man geht sowieso davon aus, dass intern gegengelesen wird.

Alles „e" oder was? Trends im akademischen Publizieren

2.114   Der tiefgreifende Wandel, gar die „digitale Revolution" des Publizierens wird natürlich auch in der Wissenschaft beschworen. Die Zukunft des Peer Reviews, Qualitätssicherung, Open Access und der Anspruch, dass öffentlich geförderte Wissenschaft auch kostenfrei öffentlich zugänglich sein müsse, sind momentan heiß diskutierte Themen.

Die etablierten Wissenschaftlerinnen und Wissenschaftler selbst zweifeln (wohl oft zu Recht) an der inhaltlichen und technischen Qualität von Aufsätzen, die bei einem Open-Source-Dienstleister einfach als PDF ins Netz gestellt werden *(s. www.scienceopen.com)*. Hier können wir Lektorinnen und Lektoren ins Spiel kommen, wenn wir uns als (auch) technisch versierte Dienstleister begreifen. Auf der Konferenz Academic Publishing in Europe (APE) im Januar 2014 wurde schon am ersten Tag die Forderung nach mehr Technikaffinität aller am Publikationsprozess Beteiligten laut *(s. www.ape2014.eu)*.

Überschätzen sollte man den Trend zum digitalen Publizieren in der Wissenschaft allerdings nicht. Print wird nicht aussterben, denn gedruckte Daten und Ergebnisse sind wie der Fels in der Brandung: Wenn heute Informationen im Netz publiziert werden, sind sie morgen vielleicht schon nicht mehr zu finden, an einem anderen Ort gespeichert oder wurden verändert. Wissenschaft verlangt aber nach einer gewissen Unveränderlichkeit, nach Daten, auf die man sich dauerhaft berufen kann und die auffindbar sind.

Die Möglichkeiten des semantischen Publizierens und die sinnvolle Nutzung wandelbarer, ständig aktualisierbarer und sich allen Lesegeräten im Layout anpassender Formate stehen der Wissenschaft (noch) nicht ohne Weiteres offen. Teils wieder aus finanziellen Erwägungen heraus, aber nicht nur: Die Wissenschaft ist auf zitierfähige Publikationen angewiesen. Das bedeutet, dass die fließenden Layouts und sich ständig ändernden Inhalte in den neuen Medien problematisch sind.

Die elektronische Veröffentlichung wird angesichts der Kleinstauflagen, in denen wissenschaftliche Literatur publiziert wird, trotzdem weiter an Bedeutung gewinnen. Wir Lektorinnen und Lektoren müssen also auf dem Laufenden bleiben und unsere Kenntnisse erweitern *(s. Fortbildungsangebot des VFLL)*!

2.115 Auf meinem Tisch landete übrigens schon 2005 ein E-Learning-Projekt, das im Rahmen einer Diplomarbeit entstand. Das Lektorat erfolgte in HTML und lief in enger Zusammenarbeit mit dem Studierenden ab; bezahlt wurde es mit Projektmitteln des Fachbereichs. Alles ganz offiziell also und natürlich mit Nennung der Lektorin!

BESONDERE ANFORDERUNGEN IM WISSENSCHAFTSLEKTORAT

2.116 Wissenschaftliche Texte können an eine Lektorin bzw. an einen Lektor besondere Anforderungen stellen, die weit über ein sprachliches Lektorat hinausgehen, zum Beispiel:

— Vereinheitlichung von Zitierweisen, Fußnoten und Literaturangaben
— Hinweise auf lückenhafte Literaturangaben
— Aufzeigen von Widersprüchen und Redundanzen
— Aufzeigen von Lücken in der Argumentation oder in den Belegen
— Prüfung von Statistiken, Grafiken, Karten etc. auf Stimmigkeit
— Umgang mit fremdsprachlichen Begriffen und Zitaten

Ein kluger Kostenvoranschlag, der Zusatzleistungen hervorhebt, kann einen höheren Preis begründen. Entscheidend ist das gerade bei drittmittelfinanzierten Publikationen, wenn der Kunde/die Kundin drei Angebote einholen muss.

PRAXISTIPP
Textprobe einfordern

2.117 Nur auf Basis eines Probekapitels lässt sich einschätzen, was zu welchem Preis machbar ist und was nicht. Und genau diese Einschätzung muss dann dem Kunden sehr klar kommuniziert werden.

PRAXISTIPP
Ghostwriting in Qualifizierungsarbeiten vermeiden

2.118 Auch wenn es manchmal schneller geht: Statt unverständliche Textstellen selbst zu verbessern, muss sich die Lektorin/der Lektor darauf beschränken, der Autorin/dem Autor in einem Kommentar die Schwachstelle aufzuzeigen und zum Überdenken anzuregen.

ERFAHRUNGSBERICHT
Wissenschaftslektorat

2.119 Als Wissenschaftslektorin lektoriere ich vor allem geistes- und sozialwissenschaftliche Qualifikationsarbeiten. Die Themen sind vielfältig: Grounded Theory als Forschungsstil, Tahiti als literarischer Mythos, Unterstützung von Managementprozessen durch BI-Architekturen oder die Rezeption europäischer Wirtschaftstheorie in Japan während der Meiji-Ära.

2.120 Auch die Studierenden und Promovenden, mit denen ich zu tun habe, sind unterschiedlich. Aber zwei Gruppen sind erkennbar: zum einen Promovierende, die berufstätig sind und ihre vor vielen Jahren begonnene Dissertation endlich abschließen wollen. Sie sind lebenserfahren, wissen ein gutes Lektorat zu schätzen und können es bezahlen. Zum anderen Studierende, die Angst haben. Aus der Angst heraus geschriebene Qualifikationsarbeiten sind wie Festungen. Oft kennen die Studierenden ihre Gutachter kaum, können sie nicht einschätzen und verbarrikadieren ihren Text geradezu. Hier kann die Wissenschaftslektorin als Geburtshelferin und Sparringspartner fungieren. Nicht weniger und nicht mehr. Bei einem Wissenschaftslektorat ist in besonderer Weise darauf zu achten, dass die originäre intellektuelle Leistung unangetastet bleibt. Überlegungen zu Begriffen, zum Satzgefüge, gar zur Argumentation gehören in den Kommentar.

2.121 Bei der Überprüfung von Schreibweisen bin ich auch schon auf gleichlautende Passagen in der im Internet recherchierbaren Forschungsliteratur gestoßen, ohne dass diese Passagen in der mir vorliegenden Arbeit als Zitate gekennzeichnet waren. Kalkül oder Nachlässigkeit? Ich habe die Studentin schriftlich davor gewarnt zu plagiieren und sie gebeten, argumentative Anleihen zu überprüfen und Zitate sorgfältig nachzuweisen.

2.122 Ich schätze die inhaltliche Vielfalt dieser Aufträge und den oft mit ihnen einhergehenden intensiven Austausch. Langjährige Geschäftsbeziehungen entstehen aus dem Lektorat wissenschaftlicher Qualifikationsarbeiten kaum: Im besten Fall wird damit eine Prüfung erfolgreich absolviert.

— *Andrea Wicke*

Audiovisuelle Medien

2.123 Lektorate für audiovisuelle Filmwerke werden überwiegend im Rahmen der Stoffentwicklung (englisch: development) und der Finanzierungsphase (englisch: packaging) erstellt. Darüber hinaus können auch Lektorate nach der Herstellung des Filmwerkes, etwa zur Beurteilung von Marktchancen, in Auftrag gegeben werden.

Berufsbild

Das Berufsbild der Lektorin/des Lektors für audiovisuelle Medien umfasst üblicherweise keine Arbeit am Text wie beim Lektorat im Verlagswesen. Lektorate für audiovisuelle Medien – also Kinofilme, Fernsehfilme und heute auch Filme für Onlineplattformen – sind schriftliche dramaturgische und marktorientierte Analysen und Einschätzungen einer Stoffvorlage (in Form von Ideenpapier, Exposé, Treatment, Drehbuch oder Konzept) sowie fertiger Filmwerke. Das Lektorat umfasst meist zwei bis fünf Seiten und enthält allgemeine Angaben, eine Logline, eine Inhaltsangabe (Synopsis), eine dramaturgische Analyse und Bewertung von Figuren, Struktur, Handlung, Genre, Thema und Dialogen sowie eine Überprüfung des Marktpotenzials, vorrangig unter den Aspekten Marktsegmente und audiovisuelle Zielgruppen. Die allgemeinen Angaben wie Autor, Produktionsfirma, Titel oder Arbeitstitel, Projektstatus (etwa in Entwicklung), Informationen zur Länge und zum Datum der vorgelegten Stoffvorlage sowie die Nennung von Spielort und Spielzeit werden von der Lektorin/dem Lektor aus der Vorlage übernommen.

Kernaufgabe: Bewertung des Stoffes

2.124 Die Lektorin/der Lektor ist aufgefordert, die Stoffvorlage/das (geplante) audiovisuelle Werk einem Genre zuzuordnen, das als „emotionales Wegzeichen" auch Hinweise auf eine mögliche Zielgruppe geben kann.
Die Logline vermittelt die Handlung der Stoffvorlage/des Filmwerkes in optimal verkürzter Form, meist in einem, maximal zwei Sätzen. Sie enthält die wichtigsten Elemente der Geschichte: Hauptfigur(en), Handlungsziel, Konflikt, Ergebnis und Veränderung, die durch die Handlung hervorgerufen wird. Als Extrakt der Geschichte dient sie der Übersichtlichkeit für alle an der Stoffentwicklung und/oder am Marketing Beteiligten.

2.125 Ausführlicher wird die Handlung in der Synopsis beschrieben, wobei Kurzsynopsen (die Handlung in wenigen Sätzen) sowie ausführlichere Inhaltsangaben von etwa einer Seite gewünscht sein können. Die dramaturgische Analyse der wichtigsten dramaturgischen Aspekte der Vorlage wird ausführlicher, meist über ein bis eineinhalb Seiten ausgeführt. Sie mündet in einer Beurteilung der Vorlage oder des audiovisuellen Werks, in die sowohl diese dramaturgischen Reflexionen als auch marktspezifische Faktoren einfließen. Die Lektorin/der Lektor wird schließlich eine Bewertung über Stoff und Autor formulieren, die in einer Empfehlung (empfohlen/nicht empfohlen) zusammengefasst wird.

Erforderliche Kenntnisse

2.126 Lektorinnen und Lektoren für den audiovisuellen Markt sollten über folgende Kenntnisse verfügen:

— Kenntnisse über den audiovisuellen Markt und die unterschiedlichen Marktsegmente sowie die entsprechenden Zielgruppen
— Kenntnisse über angrenzende Märkte (Buchmarkt, Hörbuchmarkt, interaktive audiovisuelle Medien)
— Kenntnisse über die audiovisuellen Wirkungsprinzipien, spezifisches dramaturgisches Wissen
— aktuelle Kenntnisse über die beteiligten Marktteilnehmer

Frei oder fest angestellt?
Lektorinnen und Lektoren sind für den audiovisuellen Markt überwiegend freiberuflich tätig. Nur wenige arbeiten fest angestellt für Firmen, Sender oder Verleiher.

Digitale Publikationen

2.127 Die Digitalisierung rüttelt nicht nur die Verlagsbranche gehörig durcheinander, sie bringt auch neue Player und damit auch neue Arbeitsfelder auf den Plan. Gerade bei den digitalen Produktformen verwischen sich Grenzen:

2.128 — Im Content Marketing gehen zum Beispiel (kostenpflichtige) Informationsangebote in (kostenfreie) Werbeangebote anderer Branchen über, wie ein Artikel über eine Schriftstellerin in der Kundenzeitschrift eines Drogeriemarkts.

2.129 — In Multimedia-Produkten wird nun gebündelt, was bis dato in verschiedenen Medien rezipiert wurde – und dabei ist es (technisch gesehen) egal, ob Verlagsinhalte angereichert oder ob AV-Medien um verlagstypische Informationen ergänzt werden (Stichwort „Medienkonvergenz").

2.130 — Bei Apps kann man vom Lesen einer Information sogleich in die aktive Ausführung wechseln, wenn beispielsweise in einem Notfall-Ratgeber eine Telefonnummer angegeben ist, die auf dem Smartphone aus der App heraus angewählt werden kann.

2.131 — Mit Augmented Reality wird die Wirklichkeit mit digitalen Informationen angereichert, zum Beispiel die Anzeige eines Stadtplanausschnitts in Google Glasses, während man sich realiter in der angezeigten Straße befindet.

Es gäbe noch viele Beispiele. Aber was hat das alles mit der Arbeit von freien Lektorinnen und Lektoren zu tun? Auf den ersten Blick erst einmal nichts.

2.132 Aber kombiniert damit, dass auch die klassische Arbeitsteilung zwischen Inhalten und Technik – respektive Lektorat und Herstellung – mit der Digitalisierung Stück für Stück verloren geht, wird vielleicht ein Schuh daraus. Denn wohin verschiebt sich die Grenze? Ist die Bearbeitung eines Word-Dokuments bereits „Technik" oder beginnt das erst bei einem XML-Dokument? Oder ist die Konzeption eines digitalen Produkts Herstellungssache, nur weil dabei als „technisch" empfundene Eigenschaften mit zu bedenken sind?

Was die digitalen Produkte anbelangt, so finden die meisten Entwicklungen außerhalb des Verlagswesens statt, wo die Adaptionsgeschwindigkeiten digitaler Prozesse und Produkte deutlich rascher sind.

Digitale Produktformen

2.133 Bereits heute gibt es eine breite Palette an digitalen Produktformen – allerdings noch ohne verbindliche Nomenklatur. Die folgenden Ausführungen sind insofern eher als Erläuterungen bzw. Definitionsversuche zu verstehen.

E-Books sind die am häufigsten vorkommende digitale Produktart, wenn auch nicht die umsatzstärkste. Immer mehr E-Books haben keine Print-Vorbilder mehr und sind somit „digital only".

Die digitalen Produkte des Zeitschriftenmarkts – *E-Journals, E-Zines, E-Paper* – sind ebenso unterschiedlich wie ihre Print-Entsprechungen:

2.134 — E-Journals sind in der Regel wissenschaftliche Zeitschriften, die online erscheinen – mal mit und mal ohne Print-Vorbild („online first"), oft artikelweise als HTML-Seiten, manchmal auch als Heft oder als Einzelbeitrag in E-Book-Form, gern auch noch im PDF-Format, seltener im EPUB-Format.

2.135 — E-Zines beruhen in aller Regel auf publikumsnahen Special-Interest-Zeitschriften und gehören in der digitalen Welt zum Tablet-Publishing oder auch Mobile Publishing. Sie werden gern mit InDesign produziert, das Funktionen für die Anlage von hoch- und querformatigen Layouts und für die Einbindung von multimedialen Objekten bereitstellt. Als Produkt bestehen sie aus zwei Teilen: einer sogenannten Kiosk-App, die die Grundfunktionen beinhaltet und kostenlos verteilt wird, und den jeweiligen Zeitschriftenheften, die als sogenannte In-App-Käufe erworben werden können.

2.136 — E-Paper sind vor allem Zeitungen, das heißt die blätterbaren Versionen der Zeitung, die in aller Regel auf Basis des Druck-PDFs produziert werden und oft die Möglichkeit enthalten, einzelne Artikel größer zu zoomen, um sie angenehmer lesen zu können.

2.137   Der *E-Learning-Markt* gehört zu den umsatzstärkeren unter den E-Publikationsformen. Der größte Teil davon wird allerdings nicht im Verlagswesen umgesetzt, sondern in der unternehmenseigenen Weiterbildung, die gerade bei großen Firmen wie den Autoherstellern oder der Deutschen Bahn über das Intranet abgewickelt wird.
Die Anwendungen werden von spezialisierten E-Learning-Anbietern erstellt und gepflegt. Technisch gesehen gibt es dafür spezifische (digitale) Erstellungsumgebungen, die exakt auf die erwünschten Seiteninhalte und -umfänge hin eingerichtet werden.

2.138   *Apps* sind Applikationen, also selbstausführbare Programme, die keine spezifische Software benötigen, um ihre Inhalte anzuzeigen. Apps sind in der Regel komplett an ihren Funktionen ausgerichtet, etwa Peakfinder für das Identifizieren von Berggipfeln mithilfe der Kamerafunktion. Aber sie enthalten auch Erläuterungen und/oder Informationen.

2.139   *Websites* sind Publikationen im World Wide Web, von eher werblich bis rein informativ oder auch mit spezifischen Funktionen ausgestattet. Inhaltlich gesehen haben wir es hier sowohl mit Marketing zu tun, wie bei Unternehmens- oder Autoren-Websites, als auch mit „echten" Produktangeboten wie Web-Portalen, Web-Datenbanken oder Web-Anwendungen. Für alle Websites gilt: Sie müssen sehr genau auf den Bedarf ihrer Nutzer hin abgestimmt werden.

2.140   Ein Bereich, der in diesem Leitfaden leider nicht mit einem eigenen Abschnitt versehen ist, ist die *Technische Dokumentation/Online-Hilfen*, die durchaus auch ein Arbeitsfeld für freie Lektorinnen/Lektoren sein kann. Die Aufgabe der TD ist es, die technischen Produkte in ihrer Entwicklung und Produktion zu dokumentieren und Benutzungsanleitungen zur Verfügung zu stellen. Dafür gibt es – je nachdem ob es sich um eine Küchenmaschine, militärisches Gerät oder Software handelt – unterschiedliche gesetzliche Vorschriften, die beachtet werden müssen. Die bevorzugten Datenformate sind hierbei PDF und die Windows-Hilfe (*.chm). Hin und wieder wird auch schon das EPUB-Format dafür benutzt.

2.141 Der Bereich der *Spiele* ist der umsatzstärkste aller digitalen Produktformen. Ob als App oder Online-Spiel, ob für einen oder mehrere Spieler, ob als Strategie- oder als Geschicklichkeitsspiel – Spiele erfreuen sich bei fast allen Altersgruppen großer Beliebtheit. Sie sind aber auch aufwendig in der Entwicklung – mit Drehbüchern, ausgefeiltem Layout und unterschiedlichen Spielverläufen, die vorgeplant werden müssen.

Produktionsweisen

2.142 Bei allen aufgeführten digitalen Produkten müssen die Inhalte („Content" = Text und andere mediale Formen) von kompetenten Autorinnen oder Redakteuren erstellt werden. Oftmals jedoch, etwa in der Technischen Dokumentation oder in der Online-Redaktion, gibt es die Trennung zwischen Autorin und (inhaltlich bzw. formal nachbearbeitendem) Lektor nicht, sodass dort eher die „Allrounderin" gefragt ist.

2.143 In der technischen Produktion wird intensiv darauf geachtet, Medienbrüche im Workflow zu vermeiden; alle Beteiligten arbeiten ausschließlich digital. In etlichen Bereichen werden die Tätigkeiten nicht mehr auf dem lokalen PC ausgeführt, sondern nur noch online, mittels eines Web-Interfaces direkt in einer Datenbank oder einem Wiki.
Die Herausforderung für die Autorin bzw. den Redakteur ist, dass beim Erstellen der Inhalte in aller Regel nur der Abschnitt sichtbar ist, der gerade in Arbeit ist, nicht aber das ganze Produkt und auch nicht seine Gestaltung, die der Kunde später sehen wird. Diese Arbeitsweise stellt mitunter hohe Anforderungen an die Abstraktionsfähigkeit und an die Fähigkeit, den Überblick zu behalten.

2.144 Neben der Content-Erstellung und -Pflege fallen eventuell weitere Tätigkeiten an: Metadaten ausfüllen, Verlinkungen einbringen oder auch zielgruppenspezifische Textvarianten erstellen. Im crossmedialen Umfeld ist dies eine weitere Herausforderung, der man sich stellen muss: beim Erarbeiten von Inhalten bereits die verschiedenen inhaltlichen (zum Beispiel zielgruppenspezifischen) Varianten und technischen Produktformen mit ihren Anzeigemöglichkeiten zu bedenken (Displaygröße und -art, dynamische Zusammenstellung der Seiteninhalte etc.).

Markup-Sprachen und XML

2.145 Gerade wenn es um Textinhalte geht, die nicht mehr nur für eine einmalige Publikation benutzt werden sollen, sondern mehrfach, und die gegebenenfalls laufend fortgeschrieben und aktualisiert werden, führt kein Weg mehr an der Auszeichnung der Inhalte mit einer deskriptiven Markup-Sprache vorbei. Codierungen, die zum Beispiel eine Überschrift vom Fließtext oder von einer Aufzählung unterscheiden, werden so als Text direkt in die Textdatei hineingeschrieben. Die konkrete Gestaltung bleibt außen vor, denn sie wird an das jeweilige Publikationssystem delegiert – eine Notwendigkeit, wenn die Inhalte ein medienoptimiertes Layout erhalten sollen („Trennung von Struktur und Form").

2.146 Die im Web verwendete Sprache ist HTML, in E-Books ist es XHTML bzw. HTML5. Für Verlagsinhalte werden häufig beispielsweise NLM (National Library of Medicine) und DocBook eingesetzt, während in der Wissenschaft die TEI-Struktur (Text Encoding Initiative) vorherrscht.

2.147 Die Beherrschung von HTML und/oder XML als Auszeichnungsstandards für mehrfach verwendete Inhalte gehört – neben der konzeptionellen Begleitung digitaler Produkte – ganz sicher zu den notwendigsten Desideraten für eine qualifizierte Lektoratsarbeit in der Zukunft der digitalen Produkte.

Beispiele deskriptiver Auszeichnungen in Markup-Sprachen

2.148 HTML: <h1>Überschrift 1. Ebene</h1>
NLM-XML: <sec><title>Überschrift 1. Ebene</title></sec>
DocBook-XML: <chapter><title>Überschrift 1. Ebene</title></chapter>
TEI-XML: <div1><head>Überschrift 1. Ebene</head></div1>

Das »Must-have« für AutorInnen

Federwelt – die Fachzeitschrift für Textprofis und solche, die es werden wollen, aus dem Uschtrin Verlag.
Artikel, Interviews und Branchennews rund ums Schreiben und Veröffentlichen.
Im Internet auf:
www.autorenwelt.de/magazin/aktuelles-heft

Einzelhefte oder ein Abonnement können Sie direkt beim Uschtrin Verlag bestellen:
Leitenberg 8, 82266 Inning, service@uschtrin.de, Telefon 0 81 43/36 69-700
Im Internet ist die Federwelt auch im Shop der »Autorenwelt« erhältlich: www.autorenwelt.de
Einzelheft: 6,90 Euro (zzgl. Versand), Abonnement: 6 Hefte im Jahr, 39 Euro (Inland, inkl. Versand)

Besuchen Sie die Federwelt auf www.facebook.com/federwelt.zeitschrift

Self-Publishing

2.149 Seit PC und Laptop zur Grundausstattung in Sachen Kommunikation gehören, schreiben immer mehr Menschen: ihre Lebenserinnerungen, einen Roman, ein Kinderbuch, schräge Storys. Weder quantitativ noch qualitativ würden all diese Manuskripte durch das Nadelöhr Verlagslektorat passen.

2.150 Sie müssen es auch nicht. Immer mehr Schreibende veröffentlichen in Eigenregie über eine der vielen Self-Publishing-Plattformen (Datenbankadministratoren/Dienstleister für Digitalmedienproduktion). Diese versehen die vom Autor hochgeladene Druckvorlage mit einer ISBN und halten die Daten vor; erst bei einer Bestellung wird gedruckt und ausgeliefert. Das Etikett „keinen Verlag gefunden" ist inzwischen selbstbewusst ersetzt durch die Bezeichnung „Indie-Autor".

Buchdruck (Print)

2.151 Printing-on-Demand begann in Deutschland 2001, gründlich vorbereitet und professionell umgesetzt von Books on Demand (BoD), der Tochter des Buchgroßhändlers Libri. Der Internetversandhändler Amazon ging einige Jahre später mit seiner Tochter Createspace an den Start und hat Umfragen zufolge derzeit etwa gleichgezogen (das Unternehmen gibt keine Zahlen bekannt). Zwei Vorteile bietet Createspace für Autorinnen/Autoren: Hier wird ein deutlich höheres Honorar als bei der Konkurrenz gezahlt, weil keine Kosten für Grossisten und Buchhandel anfallen und weil Amazon seinen Firmensitz steueroptimiert in Luxemburg hat. Aus nämlichen Gründen ist der Verkaufspreis auch für veritable Wälzer vergleichsweise niedrig – oder überhaupt erst bezahlbar. Der Nachteil: Die Bücher sind in aller Regel ausschließlich online bei Amazon zu bestellen – und nur mit ziemlichen Mühen über den Buchhandel.

Hybrid: Print- plus E-Book

2.152 2005 kamen die ersten E-Book-Reader auf den Markt; wer sein Buch auch digital anbieten wollte, musste für die Konvertierung der Daten gesondert zahlen. Inzwischen leisten die meisten Anbieter diesen Dienst kostenfrei. Dabei haben sich zwei konkurrierende Formate entwickelt, und zwar EPUB für Tolino, Sony Reader, Kobo und iBooks; MOBI für die Amazon-Reader-Familie (Kindle).

Für lebhaften Wettbewerb und permanente Weiterentwicklung sorgten und sorgen zudem Beam, ePubli, Feiyr, Mein-Bestseller, Monsenstein & Vannerdat, Neobooks, Ruckzuckbuch, Tredition, XinXii sowie viele andere, zum Teil sehr rege kleinere Anbieter.

E-Books

2.153 Der Vormarsch von Readern, Tablets und Smartphones pusht die Verbreitung von E-Books. Immer häufiger wird ein Titel ausschließlich als E-Book auf den Markt gebracht. Der Vorteil: Der Verkaufspreis kann sehr niedrig angesetzt werden; bei einem Honorar von 50 bis 70 Prozent des Verkaufspreises kommen Autoren dennoch auf ihre Kosten. Der Nachteil: Nur ein geringer Teil der potenziellen Leser wird erreicht; über 90 Prozent der Käufer in Deutschland lehnen E-Books noch ab.

Die Self-Publishing-Autorinnen und -Autoren

2.154 Welche Publikationsform entspricht dem Autor/der Autorin und ihren Lesern? Gehören sie zu denen, die ein „richtiges Buch" in der Hand halten möchten? Ist es ihnen wichtig, das Buch im stationären Buchhandel anbieten/kaufen zu können? Gehört die Autorin/der Autor zur Generation Digital Natives? Wollen sie mit dem E-Book erst einmal einen Versuchsballon starten und bei Erfolg ein gedrucktes Buch nachschieben? Wollen sie Geld verdienen oder ist ihnen vor allem wichtig, den Text zwischen zwei Buchdeckeln und im Buchhandel zu wissen? Trauen sich die Autorinnen/Autoren Leserunden und öffentliche Kritik zu? Bei Neobooks und Lovelybooks etwa stellt man sein Buch mutig zur Diskussion. Machen wir uns aber nichts vor: Die Bewertung hängt nicht unbedingt von der Qualität des Buches ab, sondern meist mehr von der Größe des sozialen Netzwerks, das die Autorin/den Autor unterstützt.

Tätigkeitsfeld für freie Lektorinnen und Lektoren

2.155 „Selbst publizieren kann jeder, niemand muss sich mehr von Verlag und Lektoren gängeln lassen", schreibt Fred Breinersdorfer am 14. März 2014 in der Frankfurter Rundschau. Nun, gängeln wollen wir freien Lektorinnen und Lektoren gewiss nicht! Wir können aber vor Peinlichkeiten bewahren – und im Hinblick auf eine passende Self-Publishing-Plattform beraten.

SELF-PUBLISHING OHNE LEKTORAT?

2.156 In Kundenrezensionen stand des Öfteren ein gequältes „Wie schade, dass am Lektorat gespart wurde." Inzwischen hat es sich herumgesprochen: Jeder Self-Publisher braucht eine Lektorin/einen Lektor, zumindest ein Korrektorat. Ein Lektorat „… ist die Grundvoraussetzung, ein professionell wirkendes Buch an den Start zu bringen. Auch wenn Sie selbst Germanistik studiert haben, brauchen Sie den Blick von außen auf Ihren Text, den nur ein erfahrener Lektor bietet." (Self-Publishing-Papst Matthias Matting am 26. März 2014 in der Self-Publisher-Bibel).
Die meisten Self-Publishing-Anbieter haben einen Pool von Dienstleistern (Lektorinnen/Lektoren, Layouterinnen/Layouter, Grafikerinnen/Grafiker), in den wir uns als Mitglieder des VFLL eintragen lassen können.

PRAXISTIPP
Marktbeobachtung Self-Publishing

2.157 Der Self-Publishing-Markt verändert sich rasant schnell.
Es empfiehlt sich daher, ihn regelmäßig zu beobachten.
Als Recherchequellen dienen etwa:
— selfpublisherbibel.de
— literaturcafe.de: Beiträge und Veranstaltungen
— die Facebook-Gruppe SELF PUBLISHING
— die Websites der diversen Self-Publishing-Anbieter
— die Self-Publishing-Area auf der Buchmesse Frankfurt
— der Self-Publishing-Day in Würzburg

ERFAHRUNGSBERICHT
Self-Publishing

2.158 Nachdem ich mich auf der Frankfurter Buchmesse gründlich über Self-Publishing informiert habe, wage ich den Praxistest: Ist das Veröffentlichen wirklich so einfach und günstig wie behauptet? Ich möchte ein E-Book mit Parolenrätseln – einer Form von Sprachrätseln, die ich selbst mitentwickelt habe – herausgeben. Als Dienstleister wähle ich die Self-Publishing-Plattform epubli. Etwa eine halbe Stunde dauert es, mein Kundenkonto zu erstellen und eine ISBN für 14,95 Euro zu erstehen. Mehr soll die Veröffentlichung nicht kosten.

Bei der Erstellung des etwa 100 Seiten umfassenden Manuskripts mit Word nutze ich ausschließlich die Formatvorlagen. Jede Formatierung „von Hand" könnte später Fehler erzeugen. Das nach Vorgaben von epubli gestaltete Impressum füge ich samt ISBN in das Manuskript ein; das Inhaltsverzeichnis lässt sich mit Word anhand der Überschriften automatisch erstellen. Das Cover gebe ich bei einer Grafikerin in Auftrag. Die Zwischenzeit nutze ich für eine gründliche Endkorrektur sowie zum Verfassen des Klappentexts. Anschließend konvertiere ich das Manuskript mithilfe der freien Software Calibre in das Format EPUB, füge das Cover ein und lade die Datei auf die epubli-Seite hoch. Kurz darauf wird mein Opus „Die Parole, bitte!" für 2,99 Euro bei epubli und in anderen Onlineshops zum Kauf angeboten. Etwa zehn Tage später ist es auch im Kindle-Format verfügbar – leider mit starren Seiten und suboptimalen Seitenumbrüchen. Pro verkauftes Exemplar erhalte ich als Autor 60 bis 80 Prozent des Nettoverkaufspreises.

Fazit: Mit etwas Einarbeitungsaufwand kann man ohne Spezialsoftware ein Buch bzw. E-Book günstig veröffentlichen. Um ein professionelles Lektorat und Cover muss man sich aber selbst kümmern. Der Zeitaufwand nach Fertigstellung des Manuskripts entsprach etwa einem Arbeitstag, sollte sich aber bei Nachfolgeprojekten auf wenige Stunden reduzieren. Allerdings dürfte der Aufwand bei Büchern, die über den reinen Text hinaus Grafiken oder Fotos enthalten, deutlich zunehmen.

— *Lars Günther*

Arbeitsfelder rund um die Publikation

2.159   Lektorinnen/Lektoren sind oft eine Art Gemischtwarenhändler, die neben der klassischen Lektoratsarbeit auch die Betreuung von Autorinnen/Autoren, die Bildredaktion, das Producing, das Verfassen von Werbetexten und vieles mehr anbieten. Manche Aufgaben scheinen weit weg von den eigentlichen Arbeitsfeldern zu liegen. Dennoch ist es sinnvoll, die eigene Produktpalette zu erweitern, um zum einen im Gespräch mit Kolleginnen, Partnern und vor allem Kundinnen entsprechende Kompetenzen vorweisen zu können. Zum anderen sind auch Komplettangebote attraktiv. In Zeiten, in denen Zeit und Geld knapp sind, bündeln Auftraggeber gern, sodass man eventuell einen kompletten Titel oder eine ganze Buchreihe von der Autorinnenakquise bis zur Drucklegung betreut und dafür auch noch die Werbetexte erstellt. Der Vorteil für den Kunden ist, dass er eine Ansprechpartnerin für den Titel hat, der Vorteil für den Lektor ist ein großer Auftrag, bei dem man das gesamte Paket im Blick hat.

2.160   Diese Mehrarbeit muss honoriert werden, doch mit der Bündelung der Aufgaben versuchen Verlage oft, das Honorar zu drücken. Bei der Erstellung des Angebotes sollten daher unbedingt alle angebotenen Posten aufgelistet werden, damit man auch alle abrechnen kann.

Um einen kompletten Auftrag zu erhalten, kann es auch vorkommen, dass man Arbeiten annimmt, mit denen man keine Erfahrung hat. Davor sei gewarnt, denn ein unbefriedigend abgewickelter Auftrag vergrault einen Kunden garantiert nachhaltig. Besser sollte man angeben, welche Tätigkeiten man nicht mit anbieten kann. Man muss nicht alles können, aber das, was man kann, muss gut sein!

Alles aus einer Hand: Producing

2.161 Producing ist ein relativ junger Begriff in der Buchverlagsbranche, der sich auf eine Auftragsabwicklung bezieht, in der eine einzelne Person oder Agentur mehrere Arbeitsschritte der Buchentstehung zusammengefasst für ihren Auftraggeber ausführt bzw. koordiniert. Wie der englische Terminus schon vermuten lässt, sind auch Arbeiten der Herstellung wesentlicher Bestandteil der Producertätigkeit.

Begriffsabgrenzung

2.162 Der Begriff ist nach wie vor etwas unscharf, zumal er bisweilen synonym mit dem Terminus Packaging verwendet wird: „Book packaging (or book producing) is a publishing activity …", heißt es in der englischen Version des einschlägigen Wikipedia-Artikels. Hinsichtlich der Gegebenheiten auf dem deutschsprachigen Markt ist bei einer solchen Gleichsetzung der beiden Begriffe jedoch Vorsicht geboten: Das Packaging ist die umfassendere Variante des Producings. Sie schließt sämtliche Arbeitsfelder des Producings ein und dazu noch weitere, üblicherweise beim Verlag angesiedelte Tätigkeiten.

2.163 Producer übernehmen im Auftrag ihrer Kunden (fast) sämtliche Lektorats- und Herstellungsarbeiten an Verlagsproduktionen anhand eines bereits verfassten (oder übersetzten) Manuskripts. Packager hingegen verkaufen den Verlagen fertige Bücher (und kümmern sich in der Regel auch noch um das damit häufig verbundene Lizenzgeschäft). In der Praxis ist das Packaging sozusagen die Erweiterung des Producings zum Full-Service-Angebot.
Dementsprechend variiert auch die Rolle der Verlage: Gegenüber dem Packager treten sie als Einkäufer von Produkten, gegenüber dem Producer als Auftraggeber für Dienstleistungen in Erscheinung – und schließen dementsprechend mit ihrem Partner entweder einen Kauf- oder einen Werkvertrag.

Lizenzprodukte im Packaging-Verfahren

2.164 Eine weit verbreitete Form der Buchentstehung – und auch für die Arbeit freier Lektorinnen und Lektoren durchaus interessant – ist das Packaging auf Lizenzbasis, das in aller Regel zwischen Verlagen verschiedener Sprachräume praktiziert wird.

2.165

Arbeitsfelder	Packager	Producer
Buchkonzeption	•	
Autorenfindung	•	
Manuskripterstellung	•	
Übersetzung	•	(•)
Textredaktion	•	•
Korrektorat	•	•
Satz/Layout	•	•
Druckdatenerstellung	•	(•)
Druckabwicklung	•	

(Grafik: Sylvia Jakuscheit)

Packager und Producer: Arbeitsfelder im Vergleich

2.166 Das Prozedere bis zum Vorliegen der fertigen Bücher umfasst üblicherweise folgende Vorgänge: Verlag X plant die Veröffentlichung eines nicht nur für den einheimischen Markt attraktiven, aufwendig hergestellten Buches. Die Buchproduktion übernimmt der Verlag entweder selbst oder gibt sie in die Hände eines Packagers. Um eine kalkulatorisch sinnvolle (hohe) Druckauflage zu erzielen, versucht entweder der Verlag oder der Packager/die Packagerin weitere Verlage in anderen Sprachräumen für eine Koproduktion zu gewinnen. Ihnen werden die Layoutdateien des Originalwerks zur Verfügung gestellt und jeder dieser Verlage sorgt dafür, dass darin die übersetzten, redigierten und korrigierten Texte in zeilengenau passendem Umfang eingesetzt werden. Verlag X erhält dann für die Druckabwicklung entweder die fertigen Layoutdateien oder bereits die aus ihnen erstellten Druckdaten, je nach Vereinbarung.

Die auf diese Weise „mitdruckenden" Verlage kaufen von Verlag X die vereinbarte Anzahl Bücher; der Kaufpreis enthält auch die Lizenzgebühr für die Nutzung des von Verlag X bezahlten Layouts.
Die mitdruckenden Verlage vergeben bei solchen Projekten die Aufträge für Übersetzung, Textredaktion, Korrektorat, Satz und gegebenenfalls Druckdatenerstellung entweder einzeln und koordinieren alles selbst,

oder – und das ist erfahrungsgemäß häufiger der Fall – sie vergeben einen Gesamtauftrag an eine Producerin/einen Producer.

2.167 Weil am Ende des Workflows der Arbeitsschritt Satz/Layout bzw. Druckdaten steht, war das Producing lange Zeit eine Domäne der Setzerinnen und Grafiker: Bei ihnen lag das Know-how für die Arbeit mit Layoutprogrammen und sie besaßen die benötigte Hard- und Software. Sie beauftragten Lektorinnen/Lektoren und Korrektorinnen/Korrektoren (häufig in Personalunion), die den vom Verlag besorgten Übersetzungstext zu redigieren, auf das gewünschte Format zu kürzen sowie den umbrochenen Text Korrektur zu lesen hatten.

2.168 Mittlerweile aber sehen auch Lektorinnen und Lektoren im Producing ein interessantes Betätigungsfeld. Oftmals ist die Übernahme des Gesamtauftrags auch die einzige Möglichkeit, vom Verlag die mit einem Lizenz-Packaging-Projekt verbundene Lektoratsarbeit übertragen zu bekommen. Ob die Übersetzung im Producing-Auftrag enthalten ist oder ob der Verlag sie selbst in Auftrag gibt, ist von Auftraggeber zu Auftraggeberin unterschiedlich und häufig auch Verhandlungssache zwischen Verlag und Producing.

Chancen und Risiken

2.169 Für Lektorinnen und Lektoren, die ein Buchprojekt gern auch über die eigene Arbeit am Text hinaus begleiten und sich in zusätzliche Arbeitsfelder einarbeiten möchten, bietet das Producing eine durchaus spannende Zusatzperspektive. Voraussetzung sind neben Engagement und Flexibilität vor allem Branchenkenntnis, ein ausreichend großes Netzwerk an Kolleginnen und Kollegen aus anderen Bereichen der Verlagswelt – vor allem Übersetzer, Redakteurinnen, Hersteller, Grafikerinnen und Korrektoren – sowie koordinatorische Fähigkeiten und Verhandlungsgeschick. Producing-Aufträge müssen häufig unter hohem Zeitdruck erfüllt werden; Termintreue ist gerade bei Lizenz-Packaging-Projekten ein absolutes Muss. Und die Verantwortung für die termingerechte Ablieferung einer qualitativ einwandfreien Arbeit trägt gegenüber dem Auftraggeber am Ende allein die Producerin.

Autorenakquise

2.170 Für viele Lektorinnen/Lektoren, die in die Betreuung eines Printprodukts eingebunden sind, gehört die Autorenakquise zum Tagesgeschäft. Glücklich können sich hier jene schätzen, die über ein solides Autorennetzwerk verfügen. Denn Menschen, mit denen man bereits einmal erfolgreich zusammengearbeitet hat, kann man einschätzen und man kann sich guten Gewissens auf sie verlassen. Ist eine Autorin/ein Autor zuverlässig? Bringt er Gedanken brillant auf den Punkt? Nimmt sie sich Formalien zu Herzen und beherrscht Rechtschreibung und Kommasetzung zumindest rudimentär? Auf welchen Gebieten ist er Experte, welche anderen kann sie sich schnell aneignen? Ist er sorgfältig bei der Recherche? Wie viel Zeit benötigt sie für einen Text? Ist er kritikfähig oder feilscht sie um jedes Wort? Ist er vertrauenswürdig und erkennt Hierarchien an? Ist sie teamfähig? Und passen seine Preisvorstellungen zum Budget; passt ihr Autorenname zum Auftraggeber?

2.171 All diese Punkte sind wichtig, wenn die Lektorin/der Lektor sich nicht am Ende notgedrungen selbst als Autorin/Autor betätigen will, weil die in Auftrag gegebenen Texte nicht den Vorstellungen entsprechen oder gar zugesagt, aber niemals abgegeben werden. Es ist also erforderlich, einmal geknüpfte – und als wertvoll erachtete – (Autoren-)Kontakte zu pflegen; sie sind das Kapital einer Redakteurin/eines Redakteurs. Sie können noch so gut planen, noch so zuverlässig sein – letzten Endes steht und fällt das Produkt mit den Autorinnen und Autoren, welche die Redakteurin/der Redakteur für die Texte gewinnen konnte.

Wie aber schafft man sich ein solches Autorennetzwerk?

2.172 Sicher: Sucht man eine Autorin für einen renommierten Auftraggeber, kann man auch als eher unbekannter Redakteur an bereits bekannte „Profis" herantreten. Für den Spiegel angefragt zu werden, wird wohl den meisten Autoren schmeicheln. Aber Spiegel-Redakteurin/-Redakteur wird man nicht von heute auf morgen und wer es bis dorthin geschafft hat, verfügt mit Sicherheit bereits über ein sehr solides Netzwerk. Wie also sucht der angehende Redakteur eine Autorin für ein Thema, das nur mittelmäßig Renommee verspricht? Eine Zahnärztin etwa scheint für einen Text über Plomben auf den ersten Blick eine gute Wahl zu sein.

Aber nicht jede Zahnärztin ist zufällig auch Schriftstellerin oder Journalistin; und auch der Onkel dritten Grades – erfreulicherweise Zahnarzthelfer – ist im Schreiben eine echte Niete.

2.173 Kurz: Einen guten Text zu schreiben erfordert mehr als fachliches Knowhow. Entscheidend ist, dass die Autorin/der Autor das Handwerk des Schreibens beherrscht.

Doch hier offenbart sich gleich das nächste Problem: Schreiben und schreiben sind (mindestens) zwei Paar Stiefel. Erfordert das von der Redakteurin oder vom Redakteur betreute Produkt einen journalistischen, sachlichen Stil? Einen episch-blumigen? Technisch genau? Oder doch eher eine leicht flapsig angehauchte Jugendsprache?

Ein Autorennetzwerk pflegen und nutzen

2.174 Es reicht also nicht aus, sich ein gutes Autorennetzwerk aufzubauen, man muss dieses auch effektiv zu nutzen wissen, denn nicht jede Autorin/jeder Autor ist für jeden Text geeignet. Des Rätsels Lösung: Halten Sie Augen und Ohren offen, wo immer Sie sind. Pflegen Sie Ihre persönliche Autorendatenbank und bringen Sie diese immer wieder auf den neuesten Stand. Eine von Ihnen geschätzte Sachbuchautorin hat jüngst ein Buch über Kindererziehung herausgegeben? Prima, schon haben Sie eine Expertin für dieses Thema, wenn Sie sie benötigen. Einer Ihrer Kunden schreibt seine Pressemitteilungen stets selbst, mit Wortwitz und Charme, und hat jüngst eine Schulung zum Thema Rückstausicherungen besucht? Großartig: Tragen Sie es in Ihre Liste ein. Die neue Freundin Ihres Sohnes ist Diplom-Journalistin und hat ihre Abschlussarbeit über deutsche Schlagermusik geschrieben? Auch das kann für Sie irgendwann einmal von Interesse sein und gehört daher auf Ihre Liste. Selbstverständlich spezialisiert sich auch eine Redakteurin/ein Redakteur im Laufe seines Arbeitslebens, sodass auch ihre/seine Autorenliste sich mit der Zeit ausdünnt und sukzessive auf die von ihr oder ihm bearbeiteten Themen fokussiert. Aber einerlei, welcher Bereich sich zu Ihrem Hauptarbeitsfeld entwickelt, eines bleibt gleich: Autoren schätzen gute Redakteurinnen mindestens ebenso sehr wie gute Lektoren. Wenn Sie Ihr Autorennetzwerk fördern und regelmäßig mit Aufträgen versorgen, wird es Ihnen gewogen bleiben – und Ihnen auch bei weniger spannenden Themen oder Auftraggebern entgegenkommen.

Autorenberatung

2.175 Im Grunde ist Autorenberatung ein interaktives Lektorat: Von Beginn an werden Textanalyse, Textoptimierung oder Texterstellung in Kommunikation mit der Autorin oder dem Autor vorgenommen.

Unerlässlich dabei: gutes Zuhören, Klartext reden und Kompromissbereitschaft. Außerhalb des Verlagswesens steht am Anfang die Anfrage einer Autorin/eines Autors oder einer Privatperson mit Schreibwunsch. Der potenzielle Auftraggeber möchte professionelle Unterstützung beim Schreiben oder bei der Überarbeitung des Geschriebenen, bevor sie ihr/er sein Werk an eine Agentur oder einen Verlag schickt. Unterstützung bei der Veröffentlichung kann ebenfalls zum Auftrag gehören.

Vorbereitung
Nach dem obligatorischen Gespräch über professionelle Lektoratsarbeit und eine entsprechende Bezahlung gibt eine erste Textprüfung (zum Beispiel 20 Seiten plus Exposé) Aufschluss darüber, ob die Grundlage für eine professionelle Autorenberatung gegeben ist.

Textarbeit und Kommunikation
Die genaue Jobbeschreibung richtet sich danach aus, ob die Autorin oder der Autor bisher nur über eine Idee verfügt, mit dem Schreiben bereits angefangen hat oder unsicher hinsichtlich einer fertiggestellten Rohfassung bzw. unzufrieden damit ist. Während es vor dem Schreiben darum geht, Fehler zu vermeiden, beginnt die Autorenberatung nach einer vorläufigen Fertigstellung – oder wenn sich ein Autor unterwegs festgefahren hat – zuerst mit der Fehlersuche. Die einzelnen Gesichtspunkte unterscheiden sich bei beiden Ausgangslagen nicht:

Allgemeine Überlegungen
— Festlegung der Zielgruppe
— inhaltlicher Aufbau
— sprachlicher Stil

2.176 *Überlegungen im Bereich Sachbuch*
— Themenfestlegung bzw. -eingrenzung
— Recherche: Fakten, wissenschaftlicher Kontext, Literatur zum Thema

2.177 *Überlegungen im Bereich Belletristik*
— Erzählhaltung (beteiligt/unbeteiligt; allwissend oder eingeschränkt)
— Perspektive (Figuren oder Erzähler, gleichbleibend oder wechselnd)
— Charaktere (biografischer Kontext, Sprache)
— konkreter Plot (nötige und unnötige Handlungsstränge)
— Zeitebenen (chronologisch, Rückblicke, Vorwegnahmen)

2.178 Wie gut ein Auftraggeber diesbezüglich informiert ist, regelt den Gesprächsbedarf. Die einzelnen Arbeitsschritte sollten im Voraus so konkret wie möglich abgesprochen und gegebenenfalls im weiteren Verlauf nach gegenseitiger Absprache modifiziert werden. Dazu gehört:

— Kommunikationsmethode (Mail, Telefon, Treffen)
— Arbeitstechnik (zum Beispiel im Überarbeitungsmodus „Änderungen verfolgen" von Word, Dateiaufteilung und -benennung)
— Umfang der Arbeitsschritte (inhaltliche Portionen)

Werden die Bearbeitung und die Gegenbearbeitung (plus mündliche und schriftliche Verständigung) in kurzen Arbeitsschritten durchgeführt, lassen sich Arbeitsabläufe und Inhalte fortlaufend optimieren.

Ist das Werk zur Zufriedenheit des Autors fertiggeschrieben, sorgt eine letzte Überprüfung – sowohl die Autorin/der Autor als auch die Lektorin/der Lektor lesen noch einmal alles – für zusätzliche Sicherheit.

Bildredaktion, -beschaffung, -rechte

2.179 Nicht nur in Bildbänden oder Kinderbüchern, in nahezu jeder Publikation spielen Bilder eine Rolle: Schaubilder in Sachbüchern, Fotos in Imagebroschüren, Illustrationen auf Websites und selbst Belletristiktitel haben zumindest ein Coverbild. Es kann also lohnend sein, Dienstleistungen rund um die Bildredaktion anzubieten.

Bildredaktion

2.180 Dieser Oberbegriff beschreibt unterschiedliche Aufgaben. Einmal lautet der Auftrag vielleicht: Auswahl und Beschaffung des gesamten Bildmaterials sowie Klärung und Beschaffung der Nutzungsrechte. Ein anderes Mal geht es darum, bereits ausgewähltes Bildmaterial dem Text zuzuordnen sowie Bildunterschriften und Abbildungsnachweise zu verfassen und zu prüfen. Grundkenntnisse in Bezug auf das Urheberrecht sind dabei eine wichtige Voraussetzung. Wie der genaue Arbeitsauftrag lautet, welche Entscheidungsgewalt der Lektorin/dem Lektor beispielsweise in Honorarverhandlungen übertragen und welcher zeitliche Rahmen angesetzt wird, ist dann Vereinbarungssache.

Bildbeschaffung

2.181 Woher nehmen, wenn nicht stehlen? Die Bildersuche bei Google ist für die professionelle Bildbeschaffung keine Option. Gute Ausgangspunkte sind hingegen die Datenbanken der Bildagenturen. Anhand kostenloser Vorschaubilder kann man seine Auswahl treffen, hochaufgelöste Dateien erhält man nach Abschluss des Vertrags über die Nutzungsrechte.

Die Kosten für die Verwendung eines Bildes hängen von unterschiedlichen Faktoren ab. Gebrauchsbilder, wie sie häufig für Werbebroschüren oder Websites genutzt werden, haben meist einfache Festpreise. Bei künstlerischen Werken kommt die Frage hinzu, ob die Werke schon gemeinfrei sind und wer das Werk abfotografiert hat, denn auch die Verwendung der Fotografie muss lizenziert werden. Des Weiteren orientiert sich der Preis an der geplanten Nutzung: In welchem Medium wird das Bild in welcher Größe abgebildet? In welchem Verbreitungsraum wird es angeboten und wie hoch sind Auflage und Ladenpreis?

Lautet der Auftrag eines Verlags beispielsweise „Bildbeschaffung für eine Künstlerbiografie", so geht es in der Regel um die Bildauswahl, das Klären der Bildquellen und das Einholen von Informationen darüber, wo und zu welchem Preis die Bilddaten zu haben sind. Betraut der Auftraggeber den Lektor auch mit den Honorarverhandlungen, wird der finanzielle Spielraum vorab geklärt. Ein weiterer sehr wichtiger Teil der Bildbeschaffung ist das Zusammentragen der jeweiligen Quellenangaben, die im Buch genau so, wie es im Vertrag vorgegeben ist, genannt werden müssen.

2.182   Bei welcher Bildagentur man fündig wird, hängt davon ab, was man sucht: Den wohl größten Fundus an Abbildungen aus der Bildenden Kunst, auch der zeitgenössischen, haben die Bridgeman Art Library und die Scala Archives. Künstlerische und zeitgeschichtliche Bilder und Fotos halten unter anderem das Archiv für Kunst und Geschichte (akg images), ullstein bild und die picture alliance der dpa bereit. Getty Images bietet Kunst, Zeitgeschichte sowie illustrierende Fotos und Grafiken. Sucht man Abbildungen für Gebrauchstexte, wird man jedoch bei Agenturen wie iStockphoto oder fotolia meist zu günstigeren Preisen fündig.

Bildrechte

2.183   Mit Bildmaterial von Bildagenturen ist man rechtlich auf der sicheren Seite, wenn man das Bild wie vereinbart verwendet und die Quelle korrekt benennt. Komplizierter ist es bei Bildern, deren Herkunft nicht so leicht zu klären ist. Die Recherche nach den Rechteinhabern kann viel Zeit in Anspruch nehmen. Liegen die Rechte vielleicht bei Nachfahren des Urhebers, die mittlerweile einen anderen Namen tragen, gar auf einem anderen Kontinent leben und nichts von ihrer Rechteinhaberschaft wissen, kann eine lange Suche ergebnislos bleiben. Es ist nach aktueller Rechtslage bei uns nicht erlaubt, das Bild dennoch zu drucken. Daran ändert auch ein Passus wie „Der Verlag hat sich bemüht, hat aber leider nicht alle Rechteinhaber finden können" nichts. Die Entscheidung, das Bild dennoch abzudrucken, liegt immer beim Auftraggeber.

Textrechte klären und verhandeln

2.184　Ist man im Verlagsbereich als Redakteur oder Lektorin mit der Betreuung eines Buches betraut, in dem Texte anderer Autorinnen/Autoren abgedruckt werden sollen, ergibt es sich schnell, dass der Auftraggeber die Bitte äußert, man möge doch „mal eben" auch die Textrechte klären. Gerade kleinere Verlage, die keine eigene Lizenzabteilung haben, geben solche Aufgaben gern an Freiberuflerinnen/Freiberufler ab. Kenntnisse in diesem Bereich können also zu Ergänzungstätigkeiten bei der Lektoratsarbeit oder zu eigenständigen Aufträgen führen.

Klärung der Textrechte

2.185　Zuerst geht es darum, die Inhaberin/den Inhaber der Textnutzungsrechte ausfindig zu machen. In der Regel ist das der Verlag, in dem das Werk zuletzt erschienen ist. Per Verlagsvertrag hat dieser mit der Urheberin/dem Urheber vereinbart, dass er die Nutzung des Werks Dritten gewähren darf. Dafür leitet er einen Teil des Nutzungshonorars an die Autorin/den Autor weiter.

Im einfachsten Fall beschränkt sich die Aufgabe also tatsächlich auf eine kurze Internetrecherche, einen Anruf oder eine E-Mail, ein schriftliches Verständigen über die – häufig bereits vorformulierten – Vertragsbedingungen und die Aufnahme des im Vertrag genannten Quellenvermerks in das Buch.

Von einem „mal eben" kann aber oft keine Rede sein. Hat man beispielsweise eine Anthologie mit Texten wenig beachteter internationaler Autorinnen/Autoren aus zwei Jahrhunderten vor sich, so wird aus der Arbeit, die Textrechte zu klären, schnell eine mehrmonatige Aufgabe. Existiert ein Verlag beispielsweise nicht mehr, sind die Rechte meist an die Autorin/den Autor zurückgefallen. Ist diese/dieser bereits verstorben, aber ihre/seine Texte sind noch nicht gemeinfrei, so muss man die Erben ausfindig machen. Zuweilen ist mit der Übernahme eines Verlags auch das komplette Verlagsprogramm mit allen dazugehörenden Textrechten in den neuen Verlag übergegangen.

2.186　Bewegt man sich auf internationalem Terrain, kommt neben den komplexen Strukturen der ausländischen Verlagslandschaft die Frage nach der Übersetzung hinzu. Auch der ins Deutsche übersetzte Text einer gemeinfreien Autorin/eines gemeinfreien Autors kann nicht bedenkenlos verwendet werden: Die Übersetzerin/der Übersetzer oder deren/dessen Erben haben einen Anspruch auf die Vergütung der Nutzung, wenn wiederum die Übersetzung noch nicht gemeinfrei ist.

2.187 In der Praxis passiert es leicht, dass Angeschriebene weiterverweisen oder erst gar nicht antworten. Das kann schnell dazu führen, dass ein zu enger Zeitrahmen überschritten wird. Dann kann man sich glücklich schätzen, wenn man ein Stundenhonorar vereinbart hat, während ein zu optimistisch berechnetes Pauschalhonorar zum Minusgeschäft wird.

Honorarverhandlungen

2.188 Manche Auftraggeber geben die Recherche heraus, behalten sich aber die Honorarverhandlungen selbst vor. In anderen Fällen übernehmen freie Lektorinnen/Lektoren auch die Honorarverhandlungen. Hierzu stimmt man sich mit dem Auftraggeber über den finanziellen Rahmen ab und macht den Rechteinhabern einen Vorschlag, der sich an der unteren Grenze dieses Rahmens bewegt. Häufig stellt der Auftraggeber einen Vordruck zur Verfügung, den die Freiberuflerin/der Freiberufler nun mit einem Honorarvorschlag und weiteren Angaben versehen und mit der Bitte um Rücksendung auf den Weg bringt. Während kleinere Verlage oder Einzelpersonen diese Vordrucke häufig ausfüllen, stellen größere Verlage eigene Vertragsunterlagen aus und gehen oft mit klaren Vorgaben für das Nutzungshonorar in die Verhandlung.
Die Höhe des Honorars richtet sich nach der Ausstattung der geplanten Publikation, nach der Textmenge, die abgedruckt werden soll, nach der geplanten Auflagenhöhe, dem Ladenpreis und der Größe des Verbreitungsraums. Der Vertrag enthält außerdem Angaben zum (Arbeits-)Titel der Publikation, zum Erscheinungstermin und zur Laufzeit des Vertrags.

2.189 Kann eine Rechteinhaberin/ein Rechteinhaber nicht ausfindig gemacht werden, ist es Sache des Auftraggebers, abzuwägen, ob er den Text trotzdem abdruckt, denn er verstößt damit gegen geltendes Recht. Es herrscht eine rege Diskussion über den Umgang mit solchen „verwaisten Werken". Mit der Umsetzung einer EU-Norm dürfen in Deutschland seit September 2013 nur Bibliotheken, Archive und öffentlich-rechtliche Sender nach sorgfältiger, aber ergebnisloser Suche nach den Rechteinhabern verwaiste Texte digital zugänglich machen.

Recherche

2.190 Zum Aufgabenbereich von Lektorinnen und Lektoren gehört es, Fakten in einem Text zu überprüfen, entweder stichprobenartig oder systematisch je nach Auftrag und Vergütung. Auf den Prüfstand kommen üblicherweise Eigennamen, geografische Angaben, Daten, Zahlen und Zitate. Bei einem Fachlektorat kann der Prüfauftrag umfangreicher sein. Kolleginnen und Kollegen mit einem breiten Allgemeinwissen sind hier deutlich im Vorteil. Aber auch sie müssen in der Regel recherchieren. Recherche ist mehr als „googeln". Recherche bedeutet die gezielte Suche nach Informationen. Dabei ist Google ein nützliches Werkzeug, aber nicht das einzige und auch nicht immer das am besten geeignete.

Tipps zum Vorgehen bei der Recherche

2.191 Die Kunst besteht nicht darin, beliebige Informationen zu finden, sondern Informationen aus zuverlässigen Quellen. Für eine erste Orientierung ist es meist sinnvoll, zu Lexika und Standardwerken zu greifen. Öffentliche Bibliotheken helfen hier weiter. Aber es lohnt sich auch, eine Handbibliothek aufzubauen, um schnell etwas nachschlagen zu können.

Sucht man speziellere Informationen, ist es wichtig, die Frage präzise zu formulieren und sich zu überlegen, welche Ergebnisse man von der Recherche erwartet und welche Recherchewege sich eignen.
Man kann Stichwörter in eine Suchmaschine eingeben und sich mit einer unübersehbaren Zahl von Websites auseinandersetzen – das kostet meist viel Zeit. Oft ist es sinnvoller, zu überlegen, welche Quellen es für die gesuchten Informationen gibt, und diese gezielt zu nutzen, das heißt etwa, nach aktueller Literatur zu suchen, Anfragen an Archive zu schicken, Websites von Institutionen zu besuchen, Experten zu konsultieren oder sich an die Pressestelle von Behörden und Unternehmen zu wenden. Dies ist oft effektiver als eine langwierige Stichwortsuche im Netz.

Zu den gefundenen Informationen sollte man sofort die Quelle notieren, will man die Recherche später nicht ein zweites Mal machen.
In jedem Fall ist Quellenkritik angebracht. Wie aktuell und zuverlässig ist die Quelle? Welche Eigeninteressen sind bei dieser Quelle zu vermuten? Sollten die Angaben mit einer zweiten Quelle überprüft werden?

Anmerkungen zur Internetrecherche

2.192 Im Internet gibt es kaum eine Qualitätssicherung, das heißt, die von der Suchmaschine gefundenen Informationen können veraltet, lückenhaft, unbewiesen, falsch oder bewusst irreführend sein. Ohne Grundkenntnisse auf dem entsprechenden Fachgebiet ist es meist schwierig, die Spreu vom Weizen zu trennen. Suchmaschinen erschließen überdies nur einen winzigen Teil des Internets, das „Oberflächenweb". Viele Datenbanken, aktuell eingestellte oder passwortgeschützte Inhalte, Unterebenen komplexer Websites, interaktiv generierte Seiten usw. bilden das weitaus größere „Deep Web", das nicht erfasst wird.

2.193 Google ist eine gute Suchmaschine. Mithilfe von Google Books findet man Zitate in bereits digitalisierter Literatur. Man verpasst jedoch die Vielfalt des Internets, wenn man sich nur auf eine Suchmaschine stützt. Alternativen zeigt Albrecht Ude in seinem Blog „Eine Woche ohne". Ein interessantes Suchinstrument ist auch die Wikipedia mit ihrer Aktualität und Informationsfülle. Die Artikel müssen aber kritisch gelesen werden, denn die Autoren sind anonym; politische und private Interessen können eine Rolle spielen und nicht jede Aussage ist durch Belege gesichert. Nützlich sind aber meist die angegebenen Links und Einzelnachweise.

2.194 Mit der Recherche in Datenbanken begibt man sich ins „Deep Web". Eine Hilfe ist hier das von der Universität Regensburg entwickelte Datenbank-Infosystem (DBIS). Es verzeichnet 10 951 wissenschaftliche Datenbanken, von denen 4464 frei nutzbar sind *(Stand: August 2014)*. Eine empfehlenswerte Datenbank ist das Munzinger Archiv. Es bietet ständig aktualisierte Biografien, Basisinformationen zu sämtlichen Staaten sowie den Zugriff auf weitere Archive. Die Nutzung von Munzinger ist zwar kostenpflichtig, aber in öffentlichen Bibliotheken möglich.

Recherche als Dienstleistung

2.195 Recherchen können sehr aufwendig und zeitlich nur schwer kalkulierbar sein. Sie sollten daher als Leistung gesondert ausgewiesen und in Rechnung gestellt werden. Eine Bezahlung nach Stunden ist am angemessensten, aber auch ein vereinbartes Stundenbudget ist vorstellbar. Fortbildungen auf dem Gebiet der Recherche sind zu empfehlen.

Texten

2.196 Lektorinnen/Lektoren sind Spezialisten für Sprache, und zu ihren klassischen Aufgaben gehören beispielsweise das sprachliche Glätten von Texten oder das Verfassen von Bildunterschriften. Oft genug schreiben sie ganze Textpassagen um, wenn beispielsweise die Autorin zwar Spezialistin in ihrem Fach, aber keine Sprachkünstlerin ist. Umso erstaunlicher, dass viele Lektorinnen/Lektoren zurückhaltend sind, wenn es darum geht, Texten als eigenständige Dienstleistung anzubieten.

Bedarf besteht zweifellos – vor allem in der Verlagswelt und dort verstärkt im Ratgeberbereich. Mancher Verlagslektor sucht händeringend nach freien Mitarbeitern, die nicht nur über das fachliche Know-how für das Lektorat eines Ratgebers verfügen, sondern auch Zusatztexte schreiben können.

Tätigkeitsfelder

2.197 Ein Beispiel: Ein Kochbuchverlag hat eine Köchin als Autorin für ein Kochbuch gewonnen. Diese ist berühmt für die Kreativität ihrer Rezepte – Texten gehört nicht zu ihren Begabungen. Wer das Kochbuch lektoriert, soll aus den Vorgaben der Köchin Kochanleitungen machen, die das problemlose Nachkochen der Rezepte garantieren. Eine Aufgabe, die nicht nur das fachliche Know-how, sondern auch zwingend Kochkenntnisse erfordert. Nun sieht das Konzept des Buches neben den Rezepten diverse Zusatztexte vor, die den Nutzwert und Unterhaltungswert des Buches steigern sollen. Anlesetexte, die über die Besonderheiten des Rezepts informieren und – vor allem, wenn es kein Rezeptfoto gibt – dem Leser das Rezept schmackhaft machen sollen, sind gewünscht. Des Weiteren sind ein Vorwort und mehrere Features über die Autorin sowie Texte zur Warenkunde zu schreiben.

Dem Verlagslektor/der Verlagslektorin fehlt dafür bei der Vielzahl der zu verwaltenden Projekte in der Regel die Zeit. Man könnte zusätzlich einen Texter ins Boot holen, was jedoch ein erneutes Briefing erfordern würde; eine textende Außenlektorin ist deshalb die Wunschkandidatin.

Wer neben dem Lektorat das Verfassen von Texten anbieten kann, ist somit nicht nur als Problemlöserin heiß begehrt, sondern auch weniger austauschbar und hat bei Honorarverhandlungen eine deutlich bessere Verhandlungsbasis.

Fortbildungen

2.198 Kann man Texten lernen? Zweifellos. Über das Quantum Talent, das nötig ist, verfügen sicher die meisten Lektorinnen/Lektoren. Der Rest ist Handwerk – und Erfahrung. Sicherheit im Texten vermitteln Seminare *(s. etwa Akademie des Deutschen Buchhandels, www.buchakademie.de)*.

2.199 Bevor man mit dem Schreiben beginnt, sollte sich jede Texterin/jeder Texter fragen: Wer ist meine Zielgruppe und was will der Text erreichen? Um beim Beispiel Kochbuch zu bleiben: Wendet sich das Buch an erfahrene Hobbyköchinnen, gar an Profis oder an blutige Anfänger in der Küche? An ein weibliches oder eher ein männliches Publikum? Ein warenkundlicher Text will in erster Linie informieren und verlangt nach einer sachlichen Sprache. Ein Vorwort sollte über die Inhalte des Buches und die Intention der Autorin/des Autors informieren, aber auch einen gewissen Unterhaltungswert haben – idealerweise wird der Texter den Tonfall der Autorin treffen. Die Grenzen zum Ghostwriting *(s. S. 86–87)* sind dabei fließend. In manchen Verlagen ist es auch durchaus üblich, dass Außenlektoren Klappentexte und U4-Texte schreiben. Dabei handelt es sich um Werbetexte, die das Anliegen des Buches kurz und knapp zusammenfassen, aber in erster Linie verkaufen wollen.

Honorare kalkulieren

2.200 Für das Lektorat erhält man meist feste Seitenpreise; bei der Dienstleistung Text gibt es Spielraum. Seitenpreise (Buchseiten oder Normseiten) sind denkbar; wenn es sich um mehrere kleine Texte handelt, kann ein Pauschalpreis sinnvoller sein. Dafür kalkuliert man, wie viel Zeit man für Recherche und Texten benötigt, und multipliziert diese Zeit mit dem gewünschten Stundensatz. Ist absehbar, dass das Buch ein Bestseller wird, kann man eine prozentuale Beteiligung am Nettoladenverkaufspreis aushandeln.

Ghostwriting

2.201 Als Lektorin auch Ghostwriting anzubieten, bereichert die redaktionelle Arbeit in jedem Fall – um ein großes „Geheimnis". Denn meist horcht das Gegenüber, dem man sich mit dieser Berufssparte offenbart, neugierig auf und möchte mehr über die sicher berühmte Persönlichkeit und deren Biografie erfahren. Doch es versteht sich von selbst, dass eine Ghostwriterin weder den Namen noch das Themengebiet ihres Auftraggebers verraten darf. So stecken die meisten Ghostwriterinnen und Ghostwriter in einem Dilemma: Sie können sich nicht für ihre eigene Arbeit rühmen, ja sie sind sogar nur über Umwege in der Lage, für ihre Dienste zu werben. Nicht nur aus diesem Grund erschöpft sich ihre Arbeit nicht allein in Autobiografien für Prominente oder in Politikerreden, sondern sie schreiben Bücher, Fachartikel und Geschäftsberichte oder auch fiktionale Texte im Stil eines populären Autors – um dessen produktiven Ausstoß zu erhöhen.

2.202 Das Spektrum ist viel größer als allgemein angenommen. Und es geht sogar noch weiter: Für Musiker werden Songtexte geschrieben; Drehbuchautorinnen lassen ihr Skript stärker auf das Genre und die Produktionsfirma zuschneiden. Ein weiteres Beschäftigungsfeld sind Exposés für die Verlags- und Filmbranche, die es von einer kreativen Idee zu überzeugen gilt, oder für Kulturinstitutionen, denn auch Förderpreise und Arbeitsstipendien sind hart umkämpft und erfordern makelloses Auftreten. Oft werden Ghostwriter für einen Karrieresprung angeheuert, um in einem bestimmten Fachgebiet eine größere Glaubwürdigkeit zu erlangen. Und seit nicht allzu langer Zeit sind auch „Bloggerinnen" sehr gefragt; sie posten für große Unternehmen oder Organisationen unter verschiedenen Pseudonymen Kommentare in den Blog, um die User geschickt in einen Dialog zu verwickeln und sie so stärker an das Produkt oder die Sache zu binden. Oft ebenfalls anonym bestückt werden enzyklopädische Werke. Und nicht wegzureden ist natürlich auch das – die Legalität überschreitende – akademische Ghostwriting, das an dieser Stelle keineswegs weiterzuempfehlen, eher kritisch zu hinterfragen und stark zu verurteilen ist. Nichtsdestotrotz muss und sollte sich eine Ghostwriterin/ein Ghostwriter also nicht auf ein einzelnes Arbeitsfeld spezialisieren.

Flexibilität ist gefragt

2.203 Wie dem auch sei: Ghostwriterinnen/Ghostwriter werden unterschiedlich eingebunden. Sie müssen größte Flexibilität beweisen. So kann es sein, dass manchmal ein stark zu überarbeitendes Rohmanuskript oder gar nur eine Ideenskizze vorliegt, was umfassender Recherchearbeiten bedarf. Bei Fachbüchern kann der vom Verlag engagierte Urheber auch lediglich ein vages Inhaltsverzeichnis in der Hand halten und der Ghostwriterin dann in vielen Sitzungen erzählen, was in dem Buch alles stehen soll.

Honorare

2.204 Der Aufwand der Ghostwriter/Ghostwriterinnen für das Schreiben kann bei längeren Manuskripten von ein paar Monaten bis zu einem Jahr reichen. Sie werden entweder pro Seite bezahlt oder nehmen eine Pauschale, manche lassen sich auf Prozente vom Ladenverkaufspreis ein.

Voraussetzungen

2.205 Voraussetzungen für das Ghostwriting sind, dass man gut zuhören kann und die journalistischen Interviewtechniken beherrscht. Bei einer Autobiografie wird nicht nur die berühmte Persönlichkeit selbst, sondern auch das berufliche und private Umfeld befragt. Fraglos gehört zu dieser interessanten Tätigkeit großes sprachliches Talent, große Lust am Lesen, Formulieren und Recherchieren, viel Perfektionismus und Durchhaltevermögen – gerade wenn man über viele Monate hinweg mit einer einzigen Person zusammenarbeitet.
Ein geisteswissenschaftliches Studium (Sprachen, Literatur, Kultur, Medien) ist sicherlich von Vorteil. Selbstverständlich muss man nicht nur schreiben können – die schriftstellerischen Fähigkeiten sollten bereits und schon längst anderweitig unter Beweis gestellt worden sein, möglichst in verschiedenen Sparten und Textsorten.
Erfahrene Lektorinnen und Lektoren passen sehr gut in dieses Berufsbild der Ghostwriterin, denn Fingerspitzengefühl im Umgang mit Autorinnen/Autoren, Stil und Korrekturen ist unabdingbar. Ein Volontariat bei einer Zeitschrift oder Onlineagentur empfiehlt sich am ehesten. Aber auch in der Werbebranche oder bei klassischen Verlagen sollte man möglichst viele und unterschiedliche Erfahrungen sammeln, um das Handwerk von Grund auf zu erlernen.

Überzeugen statt überreden: PR-Arbeit

2.206 Mit Dienstleistungen abseits des klassischen Lektorats können sich Lektorinnen und Lektoren profilieren, so auch mit PR-Arbeit. PR steht für Public Relations und meint die Beziehungen zur Öffentlichkeit. Im Unterschied zu Werbung (die für ein Produkt wirbt und oft dazu überreden will) und Marketing (das nur die potenziellen Käufer im Blick hat) bedeutet PR-Arbeit einen langfristigen Vertrauensaufbau. Die „Öffentlichkeiten", also in erster Linie Journalistinnen, aber auch Mitarbeiter, Anwohnerinnen und alle, die von dem Unternehmen hören, sollen positiv darüber denken. Dazu gehören kontinuierliche und ehrliche Informationen. Kern von PR ist die Pressearbeit; es gehören aber auch Tage der offenen Tür, die Pflege von Social-Media-Kontakten, interne Kommunikation oder Krisenkommunikation dazu.

Kern der Pressearbeit wiederum ist die Pressemeldung; man organisiert aber auch Pressekonferenzen, Hintergrundgespräche mit Journalistinnen/Journalisten, erstellt ausführliche Pressemappen und Reportagen, macht Interviewangebote und evaluiert die PR-Arbeit.

PR-Kompetenzen entwickeln

2.207 In vielen Unternehmen und Agenturen steht Marketing im Vordergrund, die Presse- und Öffentlichkeitsarbeit wird jedoch eher stiefmütterlich behandelt. Da es für Freiberuflerinnen und Freiberufler ohnehin nicht effektiv ist, in Konkurrenz zu größeren Agenturen Dienstleistungen anbieten zu wollen, ist der Bereich Public Relations eine Nische, in der sie sich etablieren können. Lektorinnen und Lektoren haben ein Gespür für Texte und deshalb oft auch ein Händchen für gelungene Pressemitteilungen. Außerdem haben viele ein Fachgebiet als (Studien-)Hintergrund, in dem sie als kompetenter Ansprechpartner Kontakte zu Medien sowie zu Journalistinnen und Journalisten aufbauen können. Einige Beispiele, wie Lektorinnen und Lektoren Auftraggebern bei der PR-Arbeit unter die Arme greifen können:

2.208 — als Texterin für Hobbyautoren, die ihren eigenen Romanen gegenüber zu „betriebsblind" sind, um eine objektive Pressemitteilung zu schreiben

- als Experte für Agenturen, die sich auf bestimmte Bereiche beschränken und neue Presseverteiler recherchieren und pflegen wollen
- als Organisatorin für (kleinere) Verlage, die vor Ort die Pressearbeit an jemanden abgeben möchten, der Kontakt zu lokalen Medien und Veranstaltungsorten hat
- als PR-Berater für Firmen oder Institutionen, die sich Themen verschrieben haben, die Lektorinnen und Lektoren liegen: Leseförderung oder Fortbildungen rund um Sprache(n)
- als Redakteurin für Magazine der internen Kommunikation (Textlieferung oder Gesamtverantwortung)
- als Expertin für Social Media und die Kontaktpflege dort
- als Beobachter von Fachmedien (Finden von Trends und Themen sowie Evaluation)
- als Kursleiterin an Weiterbildungseinrichtungen oder für kleinere Firmen, in denen oft „irgendjemand" die PR-Arbeit nebenbei mitmachen muss (Beratung, Schreibtrainings)

Man lernt nie aus

2.209 Wer sich im Bereich PR fortbilden möchte, findet im Internet schnell eine Reihe von Angeboten. Diese reichen von abendlichen Einsteigerseminaren an den Volkshochschulen über (zum Teil sehr teure) Tagesseminare bis hin zu mehrmonatigen Zusatzstudiengängen. Daher sollte man vor der Buchung genau analysieren, welche Kenntnisse und Fähigkeiten bei welcher Fortbildung in welcher Zeit zu welchem Preis vermittelt werden. Hilfreich ist es oft, mit Absolventen über deren Erfahrungen zu sprechen. Weitere Informationen (und eine Prüfung zum PR-Berater/zur PR-Beraterin) bietet zum Beispiel die Deutsche Public Relations Gesellschaft e. V., *www.dprg.de*.

Social-Media-Management

2.210 Facebook, Twitter, Blogs & Co. sind heute selbstverständlicher Teil der Unternehmenskommunikation. Auch wenn niemand vorhersagen kann, ob dieser Trend anhalten wird, so gilt doch: Keine Firma kann es sich leisten, nicht auf mindestens einem der Kanäle präsent zu sein.

Schwerpunkt: Content

2.211 Die Beliebtheit der sozialen Medien hat ein neues Berufsbild mit sich gebracht: den Social-Media-Manager/die Social-Media-Managerin. In deren Verantwortung liegt es, die Kommunikation mit den Zielgruppen – beispielsweise (potenzielle) Kunden und Mitarbeiterinnen – zu fördern und damit das Unternehmen – das ebenso ein Verband, ein Verein oder sonstige Vereinigung sein kann – in der Öffentlichkeit darzustellen. Zwei Grundsätze bilden dabei die Basis: Es geht um direkte Kommunikation, nicht um direkte Werbung, und es kommt auf die Inhalte – den Content – an. Dieser muss demnach so interessant gestaltet sein, dass die Zielgruppen darauf aufmerksam werden und sich bestenfalls an Diskussionen, Umfragen und Ähnlichem beteiligen. Welche Inhalte sich dafür eignen, muss für jede Firma (manchmal sogar für jede Marke) individuell erarbeitet werden. Hierbei sind Kreativität und Affinität zu diesen – inzwischen gar nicht mehr so neuen – Medien gefragt.

2.212 Da das Internet vor allem ein visuelles Medium ist, sollten die Informationen, die per Social Media verbreitet werden, entsprechend „verpackt" sein, beispielsweise mit Bildern oder Videos „geschmückt". Längere Texte sind besser geeignet für Blogs; Verweise auf aktuelle Einträge erfolgen dann per Kurztext und Link auf Facebook & Co.

Online-Rezeption

Apropos Kurztext: Die Rezeption von Online-Inhalten ist eine ganz andere als von Printmedien. Das ist unter anderem dem Umstand geschuldet, dass das menschliche Auge digitale Texte anders aufnimmt – nämlich weniger gründlich. Außerdem ist das Internet ein schnelles Medium, und ebenso schnell schwankt die Aufmerksamkeit der User.

2.213 Das muss schon beim Texten fürs Internet bedacht werden und ganz besonders beim „Posten" auf Facebook & Co. Beim sogenannten Kurznachrichtendienst Twitter kommt hinzu, dass einzelne Beiträge maximal

160 Zeichen lang sein dürfen – angelehnt an die maximale Länge einer SMS, denn ursprünglich wurde Twitter für die Verbreitung von SMS-Nachrichten im Internet genutzt.

2.214 Ein Blog gibt die Möglichkeit, sich selbst bzw. das eigene Unternehmen darzustellen. Auch hier ist direkte werbliche Ansprache unerwünscht. Stattdessen stellt eine Freiberuflerin beispielsweise ihre Expertise anhand von Artikeln zu ihrem Fachthema dar oder eine Firma ermöglicht einen Blick hinter die Kulissen.

Stolperfallen

2.215 Mögliche Stolperfallen, die der Auftritt in der öffentlichen Sphäre Internet mit sich bringt, muss man kennen, dann muss man sie auch nicht fürchten. Dazu zählt etwa die Impressumspflicht, die in Deutschland für alle gewerblich und geschäftsmäßig betriebenen Internetseiten gilt, also auch für Social-Media-Kanäle, für Firmen ebenso wie für Freiberuflerinnen und Freiberufler. Zudem muss das Urheberrecht gewahrt bleiben, etwa für Inhalte fremder Seiten, auf die verwiesen wird oder derer Informationen (Bild, Text, Video) man sich bedient.

2.216 Da es auf den einzelnen Portalen – allen voran Facebook – immer wieder Änderungen gibt, ist es wichtig, über technische wie inhaltliche Neuerungen auf dem Laufenden zu bleiben.

Netzwerkpflege

2.217 Natürlich sind die sozialen Medien auch für Solo-Selbstständige als weitere Online-Repräsentanz neben der klassischen Internetseite – schon allein, weil auch solche Inhalte bei Google & Co. gelistet werden – sowie als Plattform für Kommunikation und Information interessant. Wer sich also gern in den neuen Medien bewegt und die sich dort bietenden kreativen Möglichkeiten zu schätzen weiß, dem/der sei empfohlen, sich auch dort umzutun – wenn nicht privat, so zumindest für das eigene Geschäft. Nicht zuletzt lässt es sich online bestens „netzwerken" und man bleibt informiert, was wiederum ein Beitrag zum beruflichen Erfolg sein kann. *Weitere Informationen gibt es zum Download.*

Registererstellung/Indexing

2.218 Die Registererstellung betrifft nicht nur die traditionelle Buchproduktion, sondern den gesamten Print- und digitalen Medienbereich, vom klassischen Buchregister über den Fachzeitschriftenindex bis hin zu Registern für digitale Medien. Indexerstellung ist ein eigenständiges Fachgebiet. Register, die ohne spezielle Indexing-Kenntnisse erstellt werden, gehen oft an den Bedürfnissen der Nutzerinnen und Nutzer vorbei. Moderne, professionelle Registererstellung, insbesondere die Erstellung von Sachregistern, umfasst neben Software-Kenntnissen auch indextechnische Kompetenzen sowie Spezialkenntnisse.

2.219 Nur ein qualitativ hochwertiges Register bietet einen echten Zugang zum Inhalt einer Publikation. Bei digitalen Medien kann eine Suchfunktion ein gutes Register nicht ersetzen, sondern nur ergänzen. Gute Register sind daher kein Selbstzweck, sondern stellen einen echten Mehrwert dar und damit auch einen oft unterschätzten Marketingfaktor.

Indexaufbau

2.220 Ein Index besteht aus den Elementen Einträge, Querverweise und Fundstellenangaben. Zu unterscheiden sind einfache Einträge und aus Haupt- und Untereinträgen sowie ggf. Querverweisen bestehende größere Einträge. Querverweise *(siehe* und *siehe auch)* führen von alternativen Einstiegspunkten (Synonyme, verwandte und allgemeine Ausdrücke) zu den als Eintrag festgelegten. Es gibt verschiedene Arten von Fundstellenangaben (Locators): einfache (wie Seitenzahlen, Absatznummern) und komplexere (wie Heft-Nr./Seitenzahlen beim Zeitschriftenindex).

2.221 Der Umfang eines Buchregisters sollte bei ca. 4 bis 5 Prozent der indexierbaren Seiten liegen. Zu den indexierbaren Seiten können auch Vorwort und Anhänge zählen. Beispiel: Bei einem Buch mit 300 indexierbaren Seiten sollte der Index etwa 12 bis 15 Seiten lang sein. Bei detaillierten Werken kann dieser Wert auch deutlich darüberliegen.

Vorgehensweise bei der Indexierung

2.222 Die Indexerstellung besteht aus der Eingabephase, bei der Einträge und Querverweise teilweise bereits abgeändert und angepasst werden, sowie einer Endbearbeitungsphase, in welcher der Index verdichtet wird, Einträge vereinheitlicht, geändert, ergänzt oder gelöscht werden. Wichtig sind bei der Indexierung einerseits die inhaltliche Analyse und das Verstehen der einzelnen Textpassagen, um die jeweiligen Themen zu identifizieren und daraus treffende Indexeinträge zu erstellen. Zudem sollten gute Indexing-Techniken konsistent angewendet werden, zum Beispiel Einträge nach gleichen Kriterien ansetzen, Querverweise einbauen, Doppeleinträge bilden, nicht mehr als fünf oder sechs Fundstellenangaben hinter einzelnen Haupt- und Untereinträgen zuweisen. Spezialkenntnisse sind bei der Indexierung verschiedener Medien (wie Zeitschriften, Websites, E-Books), verschiedener Disziplinen (wie Medizin, Biografien), für verschiedene Zielgruppen (wie Kinderbücher, Fachbücher), bei der Ansetzung von Eigennamen oder der Indexierung von Bildern erforderlich.

Indexing-Software

2.223 Mit spezieller Indexing-Software kann unabhängig von der Datei, die das Werk enthält, indexiert werden (Stand-alone Indexing). Diese Software ermöglicht eine effektive, qualitativ hochwertige Erstellung von Registern. Zahlreiche Indexing-Techniken sind anwendbar und unterstützen den Indexer/die Indexerin bei der Bearbeitung von Indexeinträgen und Querverweisen. Textverarbeitungs- und DTP-Programme mit eingebautem Indexing-Modul (etwa Word, InDesign) sind für das Einbetten von Indexmarken in der Datei, die das Werk enthält, konzipiert (sogenanntes Embedded Indexing). Neben dem Vorteil der automatischen Generierung der Seitenzahlen gibt es aber auch erhebliche Nachteile dieser nicht speziell für das Indexieren gemachten Software, beispielsweise die umständliche Vorgehensweise generell, wenige Bearbeitungsoptionen und keine oder nur eine eingeschränkte Sicht auf den Index. Darüber hinaus gibt es Ergänzungstools und Software, die die spezielle oder Einbettungssoftware im Leistungsumfang ergänzen oder die für das Indexieren bestimmter Medien konzipiert sind.

Fachverbände

2.224 Seit 2004 besteht das Deutsche Netzwerk der Indexer (DNI), das sich inhaltlich an den Indexer-Fachverbänden im angloamerikanischen Raum orientiert. Die umfangreichsten Informationen online gibt es auf den Websites der beiden größten Verbände, der Society of Indexers (SI) in Großbritannien sowie der American Society for Indexing (ASI).

Content Management

2.225 Letzten Endes machen wir alle tagtäglich nichts anderes als „Content zu managen" oder etwas hausbackener ausgedrückt: Inhalte zu verwalten, mit Inhalten umzugehen. Wozu also einen Begriff kreieren, der auch noch aus dem Englischen übernommen wird? Beim Content Management (CM) handelt es sich insofern um etwas Neues, von der üblichen Lektoratstätigkeit Abweichendes, als es ohne die zugehörige Technik nicht existieren würde und darüber hinaus seinen Schwerpunkt im Management hat, während das klassische Lektorat (oder Redaktion) grundsätzlich auch ohne besondere Technik zu schaffen ist.

Was ist Content Management, was ein Content-Management-System?

2.226 Gemäß Wikipedia ist Content Management „die Zusammenfassung aller Tätigkeiten, Prozesse und Hilfsmittel, die den Lebenszyklus digitaler Informationen in Form von Unterlagen und Dokumenten unterstützen." Die Digitalität des Contents (Text-, Bild-, Audio- oder Videodaten) ist ein wichtiges Kennzeichen, das CM vom klassischen Projektmanagement abhebt. In der Definition von CM geht man von der Vorstellung aus, der Inhalt existiere („lebe") eine Zeit lang und müsse während dieser Phase unterstützt, also gepflegt werden. Vergänglich ist jeder publizierte Inhalt, egal ob gedruckt oder digital. CM zeichnet sich dadurch aus, dass eine ständige Aktualisierung möglich (eventuell auch nötig) ist.

2.227 Die technische Basis bildet das Content-Management-System (CMS), das nach dem Brockhaus ein Softwaresystem ist, „mit dem Inhalte verwaltet und für eine Präsentation verfügbar gemacht werden". Bewusst wird hier nicht von Publikation, sondern von Präsentation gesprochen, weil sich ein CMS nicht immer an ein breites Publikum wendet, sondern eventuell nur an kleine Gruppen – man denke an firmeninterne CMS. Das Verfügbarmachen der Inhalte ist ein weiteres Kennzeichen. Während etwa Layoutsoftware Inhalte publikationsreif machen kann, der letzte Schritt, nämlich das Publizieren selbst, aber fehlt, ist ein CMS in der Lage, den Content direkt zu präsentieren, sodass er gelesen oder allgemeiner: genutzt werden kann.

Arbeiten in einem CMS

2.228 Der Schwerpunkt fast aller CMS liegt auf der Veröffentlichung im World Wide Web, daher spricht man auch von webbasierten CMS, um sie von klassischen Redaktionssystemen abzugrenzen. Wie dort arbeitet man auch in einem CMS als Lektorin/Lektor – freiberuflich oder angestellt – nicht allein, sondern ist Mitglied eines Teams. CMS sind daher mit allen Sicherheitsmechanismen ausgestattet, die für eine reibungslose Teamarbeit an Inhalten nötig sind. Herzstück eines CMS ist eine Datenbank. Zur Bearbeitung muss ein Artikel aus der Datenbank ausgecheckt werden; er ist dann für andere Bearbeiterinnen/Bearbeiter gesperrt.
Ist die Aktualisierung abgeschlossen, wird er wieder eingecheckt und automatisch oder nach bewusster Veranlassung publiziert. Die Datenbank protokolliert, wer wann was gemacht hat. Falls nötig, kann eine alte Version reaktiviert werden.

2.229 Ein bedeutender Punkt bei CMS sind die Metadaten, also Angaben, die zusätzlich zum Inhalt in die Datenbank eingegeben werden oder automatisch berechnet werden (wie der Umfang). Metadaten können unter anderem zur Selektion verwendet werden.

2.230 Die Inhalte eines CMS werden strukturiert in ihm abgelegt, wobei heute fast ausschließlich das Format XML (Extended Markup Language) als Strukturgrundlage verwendet wird.

2.231 Drei typische Szenarien für die Arbeit in CMS lassen sich ausmachen:

— Als Online-Redakteur haben wir es mit kleinen Textportionen zu tun und müssen uns um Verlinkungen zwischen dem aktuellen Artikel und anderen im CMS enthaltenen Artikeln kümmern.
— Heute gehen viele Verlage, insbesondere im Bereich Schulbuch, dazu über, freie Lektorinnen/Lektoren in CMS arbeiten zu lassen, die komplette Anwendungsprogramme wie InDesign enthalten oder mit denen neben Text auch Bilder verwaltet und recherchiert werden können. Diese Tätigkeit ist dem Producing sehr ähnlich.
— Unsere eigenen Internetauftritte sollten wir nicht (mehr) mit einem HTML-Programm pflegen, sondern mit einem CMS, dessen Einrichtung wir allerdings getrost einer Expertin überlassen.

3 Freies Lektorat als Dienstleistung

Marketing und Kommunikation

3.1   Selbst die beste Lektorin/der beste Lektor muss sich vermarkten, wenn sie/er interessante Aufträge und neue Kunden gewinnen möchte. Gewissenhaftigkeit, Kreativität und fachliches Wissen allein reichen nicht, um erfolgreich zu sein. Potenzielle Kunden müssen wissen, dass es uns gibt und was für Leistungen von uns zu erwarten sind. Ohne zielgerichtetes Marketing in eigener Sache wird es schwer, vom Freien Lektorat angemessen leben zu können.

3.2   Ein guter Ausgangspunkt ist ein tragfähiges Netzwerk. Wer in die Selbstständigkeit einsteigt, verfügt meist schon über Kontakte aus dem Studium, aus Praktika oder dem Beruf, vielleicht sogar über private Kontakte, die man überprüfen und für den weiteren beruflichen Werdegang nutzen und ausbauen sollte. Neben bekannten klassischen Wegen zur Kundengewinnung wie Werbeflyer oder Akquise gibt es auch neue, innovative Möglichkeiten wie die sozialen Medien, die helfen können, Türen zu öffnen und den eigenen Bekanntheitsgrad zu erhöhen. Selbst für freie Lektorinnen oder Lektoren, die ihren Beruf bereits erfolgreich ausüben, über einen guten Kundenstamm und eine gute Auftragslage verfügen, lohnt es sich, immer wieder in die Kundenkontaktpflege und Kundenneugewinnung Zeit und Arbeit zu investieren und dabei auch neue Wege der Kundengewinnung auszuprobieren. So manchem ist schon ein guter Kunde abhandengekommen und es ist oft schwer, dieses Loch auf der Einnahmenseite schnell zu stopfen.

Marketing, Werbung, Akquise
Freie Lektorinnen und Lektoren sind Geschäftsleute, die eine Dienstleistung zu verkaufen haben

3.3 Wer von selbstständiger Tätigkeit leben will, muss die eigene Arbeit zu Markte tragen: die richtigen Kunden und Auftraggeberinnen finden – und sich für diese auffindbar machen. Ihnen das Richtige anbieten und dafür einen Preis aushandeln, der für beide Seiten passend ist. Und das immer wieder. So lange, wie ein Dienstleister am Markt bleiben will, muss er sein Angebot präsentieren. Wer sich als freie Lektorin oder als freier Lektor selbstständig macht, muss seinen Platz auf dem Markt finden und die eigene Leistung an den richtigen Kunden oder die richtige Kundin bringen. Dabei geht es um folgende Fragen:

Welche Leistungen kann und will ich anbieten?

3.4 Hierzu gehören neben den Tätigkeiten beziehungsweise den Arbeitsergebnissen auch Fähigkeiten wie Stressfestigkeit, Geduld im Umgang mit chaotischen Autorinnen und Autoren, Entscheidungsfreude und selbstbewusstes Auftreten. Je nach Art der Aufträge entscheiden solche Eigenschaften darüber, ob die Lektorin oder der Lektor passt oder nicht. Der freie Lektor oder die freie Lektorin sollte sich also vor allem darüber klar werden, mit welchen Kunden, in welchem Umfeld, mit welchen Anforderungen er oder sie besonders gut arbeitet, womit er oder sie weniger gut zurechtkommt und womit gar nicht.

Wer braucht diese Leistungen – und bezahlt sie angemessen?

3.5 Es geht darum, Kundinnen und Kunden zu finden, die dem Lektorat Wert beimessen und es entsprechend bezahlen. Deshalb zählen Imbissbudenbesitzerinnen trotz ihrer oft fehlerreichen Speisekarten nicht zu den aussichtsreichen Auftraggeberinnen. Dagegen kann ein Fachautor, der einen Artikel in einem angesehenen Magazin veröffentlichen will, für ein gutes Lektorat durchaus einen Betrag ausgeben, der deutlich über seinem eigenen Autorenhonorar liegt.

Wie finde ich die richtigen Kunden für meine Leistungen?

3.6 Um herauszufinden, wer die richtigen Kundinnen und Kunden sind, muss der Dienstleister die Perspektive wechseln. Es geht nicht darum, was er tut oder kann, es geht darum, was die Kundin von dieser Leistung hat: Welchen Zweck erfüllt das Ergebnis der Dienstleistung für sie? Für einen Verlag kann das Lektorat den Zweck haben, den Text in eine gut lesbare Form zu bringen. Eine Werbeagentur braucht dagegen möglicherweise vor allem ein Lektorat, das Texte auf die Länge kürzt oder verlängert, die im Layout vorgesehen ist.

Wie werde ich von den richtigen Kundinnen und Kunden gefunden?

3.7 Dafür gibt es nur eine Lösung: Man muss sich selbst bekannt machen und dabei so auftreten, dass Interessenten – aus den richtigen Gründen – überzeugt werden, ein Angebot anzufragen.

Die wirksamste Form der Werbung ist die persönliche Empfehlung. Es heißt also vor allem, Kontakte mit potenziellen Kunden und mit potenziellen Partnerinnen zu knüpfen. Auch Kontakte zu Berufskolleginnen und -kollegen sind sehr wertvoll, wenn beide Seiten bei aller gegenseitigen Hilfsbereitschaft daran denken und respektieren, dass man auch in Konkurrenz steht. Um Kontakte zu knüpfen und zu pflegen, bieten sich beispielsweise Unternehmertreffen, Veranstaltungen mit anschließenden informellen Begegnungen oder Selbstständigenstammtische sowie entsprechende Netzwerke und Foren im Internet an. Kontaktarbeit zahlt sich aus – wenn auch in der Regel nicht unmittelbar und nicht sofort. Wichtig ist, dass die freie Lektorin/der freie Lektor bereit ist, zuerst etwas zu geben, das sie oder ihn nicht viel kostet, beispielsweise eine Information, die für den anderen aber nützlich ist. Auf die eine oder andere Weise wird früher oder später etwas zurückkommen.

3.8 Damit sich die richtigen Kunden und Kundinnen angesprochen fühlen, sollte sich das Selbstverständnis der Dienstleisterin in ihrem Geschäftsauftritt widerspiegeln: Wer auf Professionalität und Qualität setzt, braucht eine professionell gestaltete Geschäftsausstattung (Visitenkarte, Briefpapier etc., jeweils auch in digitaler Form, *s. S. 181*) und eine entsprechende Homepage. Außerdem sollte ein Flyer (auf Papier und digital) vorhanden sein, der einem Interessenten nach einem Telefonat zugeschickt oder bei einem persönlichen Gespräch in die Hand gegeben werden kann.

Aufbau eines Werbeflyers, wie er sich für individuelle Dienstleistungen bewährt hat

3.9   Beschrieben wird ein DIN-lang-Folder (DIN A4), zweimal gefaltet. Die Spalten sind in der Reihenfolge aufgeführt, in der sie die Leserin/der Leser sieht. Das Prinzip, nach dem er aufgebaut ist, lässt sich auch auf andere Formate oder Medien übertragen.

— Vorderseite (außen rechts)
Das „Titelblatt". Hierhin gehören Name und Logo des Anbieters sowie kurz und prägnant die angebotene Leistung, beispielsweise „Korrektorat und Lektorat für Werbung und PR". Die Leserin muss sofort erkennen, dass sie gemeint ist. Sie muss unmittelbar verstehen, was angeboten wird. Und der Anbieter dieses Angebots muss eine positive Vorstellung bei der Leserin erzeugen.

— Eingeklappte Seite (außen links)
Zusammenfassung des konkreten Angebots. Gut sind Stichworte oder kurze Sätze, gern mit Aufzählungszeichen, zum Beispiel:
Brauchen Sie …?
Wollen Sie außerdem …?
Von mir erhalten Sie …

— 1. Innenseite (innen links)
Vorstellung der Dienstleisterin/des Dienstleisters. Am besten mit einem Foto, damit der Leser sich einen Menschen vorstellt, zu dem er eine Beziehung herstellen kann. Dazu die Angaben, die wichtig sind, um die Qualifikation und die Stärken des freien Lektors/der freien Lektorin deutlich zu machen. Der Tonfall sollte persönlich, aber nicht privat sein. Gegebenenfalls kann hier auch ein Zitat einer zufriedenen Kundin oder eines zufriedenen Kunden stehen, das die freie Lektorin/den freien Lektor positiv und möglichst aussagekräftig beschreibt.

— 2. und 3. Innenseite (innen Mitte und rechts)
Genauere Beschreibung des Leistungsangebots. Schön ist es, wenn die beiden Spalten jeweils runde, in sich geschlossene Texte enthalten, die miteinander korrespondieren. Beispielsweise kann in der Mitte das Korrektorat beschrieben werden, rechts das Lektorat. Achtung: Diese Texte sollten aussagekräftig, aber nicht zu ausführlich oder zu detailliert sein!

— Rückseite (außen Mitte)
Hier steht eine freundliche Aufforderung, anzurufen oder eine E-Mail mit einer unverbindlichen Anfrage zu schicken. Dazu gehören selbstverständlich die vollständigen Kontaktdaten inklusive Webadresse. Optisch abgesetzt können hier noch einige besonders wichtige Referenzen aufgeführt werden – Referenzen sind nach der persönlichen Empfehlung die wirksamste Werbung. Unternehmen dürfen auch ohne ausdrückliche Zustimmung als Referenz genannt werden. Es ist aber ratsam, telefonisch oder per E-Mail um diese Erlaubnis zu bitten – das dient zugleich der Kontaktpflege zu den Kundinnen und Kunden, denen die freie Lektorin/der freie Lektor auf diese Weise signalisiert: „Ich schätze Sie als Kunden."

Werbung sollte von Profis gemacht werden

3.10 Wenn die freie Lektorin/der freie Lektor den Text für den Folder, die Website oder das Mailing selbst schreibt, sollte dieser auf jeden Fall vor der Veröffentlichung in ein gutes Lektorat gegeben werden. Denn Lektorinnen und Lektoren geht es nicht anders als anderen Autoren: Tippfehler, inhaltliche Lücken und ungenaue Argumentation im eigenen Text übersieht man immer am leichtesten.

Die beste Werbung ist eine persönliche Empfehlung

3.11 Auch der zufriedenste Kunde denkt nicht unbedingt von sich aus daran. Deshalb empfiehlt es sich, Aufträge, die gut gelaufen sind, immer so abzuschließen: „Sind Sie mit meiner Arbeit zufrieden? – Dann empfehlen Sie mich weiter!"

Kundenkontakte pflegen
Je öfter ein Kontakt aufgegriffen wird, desto besser kann er werden

3.12 Wenn ein erster Kontakt geknüpft, aber noch kein Auftrag zustande gekommen ist, sollte die freie Lektorin diesen Kontakt nicht wieder einschlafen lassen. Sie kann sich hin und wieder telefonisch bei dem potenziellen Kunden melden und beispielsweise fragen, ob sie den neuen Flyer zuschicken darf, oder sich erkundigen, ob das Projekt weiter in Planung ist, über das man beim letzten Mal gesprochen hat. Wichtig ist, dass sie echtes Interesse – auf geschäftlicher Ebene – zeigt und offen ausspricht, dass sie gern für den Kunden arbeiten möchte: „Wenn Sie das nächste Mal einen Bericht schreiben, bei dem alles ganz genau sein muss, denken Sie an mich! Ich würde mich freuen."

Damit die zukünftige Kundin eine Vorstellung von der Zusammenarbeit bekommt, sollte der freie Lektor nicht nur darüber reden, wie er arbeitet und was die Kundin davon hat, sondern auch betonen, dass er selbstverständlich alle erhaltenen Informationen vertraulich behandelt. Dabei ist es besonders wichtig, auf keinen Fall negativ über andere Auftraggeberinnen zu sprechen oder gar Interna anderer Kunden zu erzählen. Das würde den Gedanken nahelegen: „Wenn er über einen Kunden schlecht spricht, könnte er das auch bei mir tun."

Die beste Kontaktpflege ist gute Arbeit

3.13 Aber auch zufriedene Kundinnen und Kunden brauchen ab und zu eine Erinnerung, damit sie beim nächsten Textprojekt wieder auf die freie Lektorin zurückkommen und möglicherweise auch andere Leistungen anfragen. Manchmal muss der Kunde auf die Idee gebracht werden, dass die Lektorin, die die Fehler aus der Imagebroschüre herausgenommen hat, möglicherweise auch beim Verfassen eines Geschäftsbriefes helfen kann. Im Verlauf eines Jobs kann der freie Lektor hin und wieder ein kurzes, weniger formelles Gespräch führen, um die Abläufe im Unternehmen der Kundinnen und Kunden kennenzulernen und zu verstehen. Das kommt dem laufenden Projekt zugute, und es können sich Ansatzpunkte für eine weitere Zusammenarbeit ergeben.

Kontakte zu Partnerinnen und Partnern

3.14 Marketing- und Werbeagenturen, Grafikdesignerinnen, Webdesigner oder auch Druckereien sind mögliche Partner, die freie Lektorinnen/Lektoren in ihre Projekte einbinden oder ihren Auftraggebern weiterempfehlen können. Genau wie die freie Lektorin sind sie an guten Kontakten, gelegentlichem Erfahrungsaustausch, gegenseitigen fachlichen Tipps und an einer angenehmen Zusammenarbeit interessiert. Um das Gleichgewicht zwischen Partnerschaft und Konkurrenz zu wahren, sollte der freie Lektor niemals versuchen, eine Kundin, die von einem Partner vermittelt wurde, direkt anzuwerben – ein solches Verhalten spricht sich sehr schnell herum und schreckt andere mögliche Partnerinnen ab!

Wenn es schwierig wird: Fehler übersehen

3.15 Keine Lektorin, kein Lektor kann versprechen, immer alle Fehler zu finden oder niemals selbst einen neuen Fehler einzubauen. Trotzdem ist es ärgerlich, wenn es passiert, und im ersten Schreck reagieren Kunden häufig sehr aufgebracht.

Dann geht es erst einmal darum, die Situation zu entschärfen, sich zu entschuldigen und zu tun, was möglich ist, um den Schaden zu begrenzen: „Ja, leider kann das immer einmal vorkommen. Es tut mir sehr leid, dass es ausgerechnet Sie getroffen hat! Kann ich etwas tun, um das Ganze noch zu retten?"

Wenn die Zusammenarbeit bis dahin gut war, wird der Kunde die Lektorin wahrscheinlich nicht wechseln. Gemeinsam überwundene Krisen können die Zusammenarbeit sogar festigen.

Gegen die Risiken der Haftung für Fehler sowie bei Sach- und Personenschäden im beruflichen Zusammenhang kann es sinnvoll sein, sich zu versichern. *Weitere Informationen zu diesem Thema finden Sie im Kapitel „Weitere Versicherungen" (s. S. 164).*

Eigen-PR und Selbstmarketing

3.16 Was schon bei Angestellten als eine Voraussetzung für beruflichen Erfolg gilt, ist bei Selbstständigen Pflicht: eine überzeugende Darstellung der eigenen Person und Leistungen.

Noch bevor es überhaupt zur Präsentation kommt – sei es in Werbematerialien, am Telefon oder in einem persönlichen Gespräch –, sollte man für sich selbst einige Fragen geklärt haben *(s. S. 98 f.)*. Zudem kann es sehr nützlich sein, das persönliche Umfeld nach möglichen Kundinnen/Kunden und „Türöffnern" in eine bestimmte Branche zu sichten. So entstehen umso leichter neue Kontakte.

3.17 Vernetzung gilt als eine Grundvoraussetzung für geschäftlichen Erfolg. Denn im Austausch mit anderen werden Informationen geteilt und neue Geschäftsmöglichkeiten entstehen – mitunter sogar außerberufliche Unterstützung. Auch Solo-Selbstständige sollten sich in ihrem Umfeld also nach „Networking"-Möglichkeiten umsehen; neben einem Verband wie dem VFLL können das Visitenkarten-Partys, Stammtische von Berufsgruppen oder Selbstständigen und Treffen regionaler Initiativen sein. Für Frauen bestehen viele eigene Netzwerke wie die BücherFrauen und webgrrls. Messen bieten eine weitere Anlaufstelle.

3.18 Vernetzung und gleichzeitig Selbstpräsentation bieten die sozialen Medien. Über Facebook, Twitter, Xing & Co. werden Neuigkeiten ausgetauscht und Kontakte geknüpft. Blogs sind eine so einfache wie kostengünstige Möglichkeit, anhand von Themen, die den Beruf betreffen, die eigene Expertise darzustellen. Nicht zuletzt werden Firmen, die auf mehreren Online-Kanälen präsent sind, von Google & Co. besser gefunden und höher gelistet.

3.19 Selbst wenn eine klassische Website verglichen mit den sozialen Medien fast schon altbacken ist, so ist auch sie trotzdem nach wie vor wichtig als leicht zugängliches Werbemedium.

Fazit: Wer weiß, was er oder sie (nicht) will, die Online- und Offline-Welt geschickt nutzt und sich selbst hier und dort gut präsentiert, baut eine solide Basis für die Karriere.

Wort.
Marke.

Wir schaffen Marken — authentisch, klar, wiedererkennbar. Vom Logo über das Briefpapier bis hin zur responsiven Website — Uder Corporation gestaltet Ihre Corporate Identity.

Besuchen Sie uns unter: www.uder-corporation.de

u/c

UDER CORPORATION
Advisory & Design

Netzwerken

3.20 „Netzwerken, das kann ich gar nicht!", hört man recht häufig. Mag sein, dass es vielen Menschen tatsächlich nicht liegt, auf Leute zuzugehen und Kontakte aufzubauen. Netzwerken ist aber viel mehr als pompöses Visitenkartentauschen gepaart mit launigen Floskeln und dem Gefühl, sich als wichtiger darzustellen, als man sich fühlt.

Zunächst einmal: Netzwerken ist kein Phänomen der Neuzeit. Schon immer haben sich Menschen zusammengeschlossen, die sich gegenseitig nützlich sein konnten. Das Internet hat dies nur in vielerlei Hinsicht einfacher gemacht.

Im Prinzip gibt es zwei Arten von Netzwerken: die bereits bestehenden und die eigenen. Bereits bestehende Netzwerke sind Interessen- und Berufsverbände wie der VFLL.

Wie funktioniert ein Netzwerk?

3.21 Man kann sich ein Netzwerk wie ein Spinnennetz vorstellen. In der Mitte sitzt man selbst, um einen herum ein dichtes Netz von Fäden, das immer grobmaschiger wird, je weiter es von einem entfernt ist. In unmittelbarer Nähe sind Freunde und gute Bekannte angesiedelt, die man in der Regel persönlich kennt. Doch auch virtuell findet man Menschen, deren Forenbeiträge einem besonders positiv auffallen oder die einem sympathischer als andere sind. Die Namen merkt man sich ganz automatisch.

Wie verhalte ich mich in einem Netzwerk?

3.22 Wenn man in einen Verband wie den VFLL eintritt, schafft das zunächst ein gutes Gefühl. Um einen herum sind Menschen, die die gleichen Interessen haben. Man kann sich mit Fragen an sie wenden. Doch wenn man immer nur mit Fragen kommt, werden sie sich irgendwann genervt abwenden. Netzwerken ist Geben und Nehmen. Das Geben steht dabei an erster Stelle. Wenn eine Person aus dem eigenen Netzwerk eine Frage hat, deren Antwort man kennt, dann sollte man sie kundtun. Man hilft und unterstützt, wann immer es einem möglich ist. Ausreden wie „Dazu habe ich keine Zeit!" gelten nicht. Denn dann kann man auch von den anderen nicht erwarten, dass sie einem weiterhelfen. Netzwerken sollte unbedingt Freude machen. Wenn man bei jedem Beitrag in einem Netzwerkforum genervt die Augen verdreht, ist man wahrscheinlich einfach im falschen Netzwerk gelandet. Ein bisschen Zeit sollte man sich mit der Entscheidung aber lassen. Erst einmal ist stilles Mitlesen (zum Beispiel im Forum) sicher eine gute Idee. So lernt man die anderen virtuell besser kennen und kann den Umgangston einschätzen. Bevor man dann selbst mit Kommentaren um sich wirft, sollte man sich den anderen vorstellen. Ja, auch in der virtuellen Welt gelten gewisse Grundregeln der Höflichkeit!

Noch besser als die virtuelle Welt ist aber die echte, die Welt, in der man seinen Mitmenschen noch im Original begegnen kann. Jedes virtuelle Netzwerk bietet die Möglichkeit, Mitglieder irgendwo in der Nähe des eigenen Wohnortes zu treffen. Das erste Mal ist aufregend – wie sind die so, sind die nett, werden sie mit einem reden? Natürlich werden sie mit der neuen Person sprechen, denn es sind neugierige Artgenossen, die ein großes Interesse daran haben, jemanden kennenzulernen, der im gleichen Bereich arbeitet wie sie selbst. Und die besonders Sympathischen landen ganz automatisch in der Mitte des eigenen Netzes. Sie kennt man sehr gut, kann ganz genau sagen, wo ihre Arbeitsschwerpunkte sind, und sie gezielt empfehlen.

Was habe ich von einem Netzwerk?

3.23 Je tiefer man ins Netzwerk eintaucht, desto öfter stellt man fest, dass es immer ein Mitglied gibt, das einem weiterhilft oder ähnliche Kenntnisse besitzt wie man selbst. So kann man guten Gewissens Mitglieder des eigenen Netzwerks empfehlen, wenn man eine Anfrage nicht selbst bearbeiten kann. Das ist nicht verwerflich und auch kein „Vitamin B". Denn hier geht es darum, Kompetenz weiterzuvermitteln, und nicht darum, dass man jemandem einen Gefallen schuldet.

Mit einem gut funktionierenden beruflichen Netzwerk um sich herum hat man auch als Neuling in der Welt der Freiberufler nie das Gefühl, allein zu sein, und Akquise wird (fast) zur Nebensache.

NÜTZLICHE NETZWERKE

3.24 So viel vorweg: Es gibt eigentlich kein Thema, zu dem es nicht auch ein Netzwerk gibt. Nützlich ist meist eine gewisse Affinität zu Facebook und Konsorten. Social Media helfen uns, sichtbar zu werden. Wer keinerlei Spuren im Internet hinterlässt und nur mit einer E-Mail-Adresse aufwarten kann, muss erst einmal zum „Geheimtipp" werden, um wahrgenommen zu werden. Heutzutage ist es üblich, eine Person zu googeln, bevor man in näheren (virtuellen!) Kontakt tritt. Es erleichtert die Kontaktaufnahme, wenn man über die Website oder das Xing-Profil schon ein paar Hintergrundinformationen gewinnen konnte. Überhaupt Xing! Xing ist eine Business-Plattform, die sich bisher auf den deutschsprachigen Raum beschränkt und eine Möglichkeit bietet, facebook-esk zu kommunizieren und trotzdem das Gefühl zu behalten, „unter sich" zu sein. Das eigene Profil ist schnell angelegt und funktioniert wie eine Art Visitenkarte im Netz, wenn man es auf „öffentlich" stellt. Sonst ist es nur für die eigenen Bekannten vollständig sichtbar.

Für Textaffine gibt es neben dem VFLL viele nützliche Netzwerke:
— BDÜ und VdÜ (für Übersetzerinnen/Übersetzer)
— Texttreff (das Netzwerk wortstarker Frauen)
— BücherFrauen (der Name spricht für sich)

PRAXISTIPP
Netzwerk erweitern

3.25 Melden Sie sich bei Xing an und durchstöbern Sie die Gruppen. Da gibt es den „Lektorenaustausch", den „Freiberufler Projektmarkt" etc. – eigentlich zu jedem Thema eine Gruppe. Kreisen Sie nicht immer nur um die Textarbeit, kommunizieren Sie auch mal mit Menschen, die einfach nur aus Ihrer Region kommen oder Ihre Begeisterung für Ostfriesentee teilen. Netzwerken funktioniert über Kommunikation, ob virtuell oder bei einem Treffen. Seien Sie einfach Sie selbst. „Authentizität" ist gerade sehr modern, aber das können Sie ruhig glauben: Niemand ist sympathischer als derjenige, der zugibt, nervös zu sein.

ERFAHRUNGSBERICHT
Netzwerken mit Social Media

3.26   Das Internet ist quasi meine berufliche Lebensader. Neben Lektorat und Redaktion gebe ich Seminare zum Thema Öffentlichkeitsarbeit und Neue Medien sowie Selbstmarketing. Selbstredend, dass ich in den Neuen Medien vertreten bin, schließlich muss ich Bescheid wissen, worüber ich in meinen Seminaren rede. So bin ich also bei Facebook & Co., habe Accounts bei LinkedIn, bei Twitter und Xing ... Neben meiner Internetseite pflege ich einen Blog, stets bemüht, ihn regelmäßig zu füttern. Ich poste zwei bis drei Beiträge pro Monat, dabei gilt: Qualität vor Quantität. Social Media – welchen Nutzen haben sie? Bringt mir das Netzwerk neue Aufträge? Welche Gefahren birgt es? Eines ist ganz klar: Social Media sind ein Zeitfresser. Ich habe mir im Vorfeld überlegt, wie viel Zeit ich investieren will. Es ist also auch eine wunderbare Übung in Sachen Zeitmanagement, Selbstmanagement und Selbstdisziplin.

Social Media haben für mich einen klaren Nutzen: Ich habe Zugriff auf viele Informationen, erfahre rasch viele Dinge, die in der Welt und in meinem Netzwerk passieren. Ich tausche mich regelmäßig mit Kolleginnen und Gleichgesinnten aus. Ich habe durch Social Media meinen Bekanntheitsgrad erhöhen können. Social Media bergen aber auch Gefahren, vor allem die der Reizüberflutung. Zum einen wird man von Informationen schier erschlagen. Zum anderen hat man die Qual der Wahl. Die Qualität der Informationen ist nicht immer gewährleistet. Mit ein wenig Übung gelingt es aber recht schnell, die Spreu vom Weizen zu trennen. Social Media haben mir indirekt Aufträge verschafft. Oft findet die erste Kontaktaufnahme über Facebook statt. In der Folge kommunizieren wir via E-Mail oder persönlich. Das ist die Basis für einen neuen Auftrag. Mit vielen Kunden kommuniziere ich über Whatsapp, weil es direkter und einfach ist, denn sie schauen eher mal bei Whatsapp oder Facebook rein, als dass sie ihre Mails checken.

Für mich bedeuten Social Media in erster Linie Spaß am Netzwerken. Wenn sich daraus noch neue Aufträge ergeben, ist die Freude umso größer.

— *Annette Windus*

ERFAHRUNGSBERICHT
Akquise für Anfänger

3.27 „Akquise mag ich nicht. Da kommt man so bedürftig rüber und außerdem verkaufe ich mich schlecht." So weit meine anfängliche Ablehnung, verbunden mit der Hoffnung, dass mir eine Website und Aushänge im Copyshop die nötigen Startaufträge bringen würden. Einige Aufträge sind mir tatsächlich „zugeflogen" und daraus sind beständige Geschäftsbeziehungen geworden. Aber nach gut einem Jahr im Freien Lektorat muss ich gestehen: Wenn ich mehr Vielfalt will und eine breite Kundenbasis, dann geht es nicht ohne Akquise. Wie aber sage ich „denen da draußen", dass es mich gibt? Und wie rührt man die Werbetrommel, wenn man kein Verkäufertyp ist?

1. PASSGENAUE KUNDEN: Um zu wissen, wer zu mir passt, musste ich mein eigenes Profil schärfen. Je passgenauer die Kundin/der Kunde, desto leichter fällt mir die Kontaktaufnahme, denn ich muss nicht mehr viel erklären.

2. NIEDRIGSCHWELLIGER EINSTIEG: Telefon- oder E-Mail-Akquise könnte – bei Kaltakquise – als unzumutbare Belästigung empfunden werden (§ 7 Abs. 2 UWG). Ich stelle Erstkontakte ausschließlich auf dem Postweg her. Meist schreibe ich mehrere potenzielle Kunden mit dem gleichen Text an und melde mich nach einer Woche telefonisch mit Bezug auf den Brief. So fällt mir der Einstieg leicht. Meist heißt es dann: „Wir haben gerade keinen Bedarf, aber ich nehme Sie gern in die Datenbank auf." Abgehakt – aber wer weiß. Je passgenauer, desto größer ist die Chance, dass man eines Tages aus der Datengrube gehoben wird. Vermute ich Interesse, schließe ich über Xing Kontakt.

3. WAS ZUM ANFASSEN: Schön gestaltetes Papier macht Eindruck. Deshalb habe ich eine kleine Imagebroschüre, die ich verschicke oder bei Messen weitergebe. Die perfekte Akquise habe ich noch nicht gefunden. Die letzte Werbewelle hat mir immerhin verheißungsvolle Gespräche und eine Anfrage eingebracht. Meine einfachste Kaltakquise war ein Aushang im Copyshop, der zu einem schönen Auftrag führte. Aber auf solche Glücksfälle will ich mich nicht verlassen. Gefunden wird man selten. Besser, man geht selbst auf die Suche.

— *Evelyn Sternad*

ERFAHRUNGSBERICHT
Nische besetzen mit Fachlektorat

3.28   Als ich mich 2002 als Lektorin selbstständig machte, dachte ich nicht, dass ich im Bereich Psychologie eine Chance haben würde. Ich hatte das Fach studiert und eine Zeit lang als Therapeutin gearbeitet. Dann entschied ich mich, das Therapieren auf Eis zu legen und Textarbeit zu machen, Textarbeit, die mich wie viele Lektoren schon seit Schulzeiten begleitet hat: etwa Korrekturlesen von Hausarbeiten von Mitschülern und später Kommilitoninnen, Verfassen und Korrigieren von Texten, etwa für Dokumentationen im Job. Ich eröffnete ein Lektoratsbüro und ging davon aus, dass ich Korrektorat und Lektorat einfacher Texte machen würde.
Es sollte sich jedoch zeigen, dass ich nur dann eine Chance als Lektorin habe, wenn ich meine Dienste in meinem Fach anbiete. Erst dümpelte ich vor mich hin mit gelegentlichen Aufträgen – mal ein Kochbuch über orientalische Gerichte, mal die Dissertation eines Bekannten, mal die Broschüre eines Vereins. Fuß fassen konnte ich nicht. Wie auch? Die Konkurrenz auf dem Markt war groß und mein türkischer Name vermittelte auch nicht gerade Vertrauen in meine Sprachkompetenz. Das änderte sich, als ein Psychologie-Verlag eine Lektorin mit Psychologiestudium suchte und eine VFLL-Kollegin mich empfahl. Ich lektorierte ein erstes Buch, der Verlag war zufrieden, es folgten weitere Aufträge und dann Aufträge anderer Verlage. Mittlerweile bin ich mit Aufträgen fast voll ausgelastet. Ich führe das darauf zurück, dass es nicht so viele Psychologinnen/Psychologen gibt, die professionelle Textbearbeitung bieten. Spezialisierung ist nach meiner Erfahrung das A und O in unserem Beruf.
Germanisten und andere Sprachspezialistinnen, die sich noch kein fundiertes Wissen auf einem anderen Gebiet angeeignet haben und sich neu auf den Markt begeben, dürften es sehr schwer haben. Meine Spezialisierung war „Zufall" und ich bin sehr glücklich darüber. Inzwischen arbeite ich übrigens wieder nebenbei als Therapeutin. Beide Tätigkeiten ergänzen sich wunderbar!

— *Mihrican Özdem*

ERFAHRUNGSBERICHT
Pro Probelektorat – und zwar unbezahlt und offensiv angeboten!

3.29 Einen der wertvollsten Tipps für nachhaltigen Geschäftserfolg als Lektor schenkte mir zu Beginn meiner Selbstständigkeit eine gestandene VFLL-Kollegin: „Biete stets offensiv und unentgeltlich ein Probelektorat an! Meine Erfahrung ist, dass sich das fast immer auszahlt – und zwar ganz buchstäblich." Ich bin damit seitdem bestens gefahren.

Warum genau ist es eine clevere Investition, einem Interessenten ein unbezahltes und unverbindliches Probelektorat anzubieten? Keinen Text kennt er so gut wie seinen eigenen, und keiner liegt ihm so am Herzen. Deshalb vermittle ich ihm eine Kostprobe meines Angebots und Könnens am wirkungsvollsten, indem ich ihm an seinem Text aufzeige, wie dieser aussehen könnte, wenn er ihn von mir bearbeiten ließe. Das ist viel aussagekräftiger als Arbeitsproben aus früheren von mir bearbeiteten Aufträgen (von Vertraulichkeitsproblemen ganz abgesehen) und wertvoller als Referenzen.

Der übliche Ablauf: Mein Angebot eines kostenlosen Probelektorats einiger Seiten des Textes wird gern angenommen; 1–3 Seiten reichen für einen Eindruck völlig aus und halten zugleich den Aufwand für mich als Lektor im Rahmen.

Oft berichtet mir die Interessentin dann, sie habe auch andere Angebote eingeholt, bevor die entscheidende Phase kommt (O-Ton, vielfach so erlebt): „Ihr Angebot war zwar das teuerste, aber Ihre Probebearbeitung meines Textes hat mich am meisten überzeugt. Ich würde gern mit Ihnen ins Geschäft kommen." Entweder kommt es dann direkt zur Auftragserteilung oder die Interessentin startet zuvor noch einen zaghaften Versuch à la „Ließe sich am Preis vielleicht noch etwas machen ...?" Auch dafür ist meine Probebearbeitung die beste Verhandlungsbasis: Zum einen lassen sich so Aufwand und Leistung nachvollziehbar erklären, zum anderen kann ich ganz konkret mit ihr besprechen, ob und welche Abstriche an meiner Bearbeitungstiefe sie wünscht, um die Kosten zu senken. Mein Fazit und meine Botschaft: Es gibt keinen besseren Magneten für gut dotierte Erstaufträge als überzeugende Probelektorate.

— *Wolfgang Pasternak*

ERFAHRUNGSBERICHT
Kontra Probelektorat – es geht auch ohne!

3.30   Die Kundenakquisition war zu Beginn meiner Selbstständigkeit eine der schwierigsten Aufgaben. Ein längerer Lernprozess war notwendig, um herauszufinden, wie ich Interessenten für mein Angebot gewinnen konnte. Ich versuchte es auch mit kostenlosen Probelektoraten, die jedoch nur sehr selten zu einem erfolgreichen Abschluss führten. Außerdem löste der Gedanke, mein Können als Lektor erst unter Beweis stellen zu müssen, eine innere Rebellion aus. Sich also erst einmal bewähren, um einen Auftrag zu erhalten? Dieses Vorgehen war mir aus keinem Dienstleistungsbereich bekannt.

Praktische Erwägungen führten zu dem Entschluss, kein Probelektorat mehr anzubieten. Es ist schwierig, anhand einer Textprobe den zu erwartenden Arbeitsaufwand abzuschätzen. Eine kurze Textprobe verrät nichts über Mängel, die in der Textstruktur oder im logischen Aufbau begründet sein können. Bei der einen oder anderen Textprobe hatte ich den Eindruck, dass der vorgelegte Textauszug intensiv bearbeitet worden war, um den zu erwartenden Aufwand gering erscheinen zu lassen. Der übrige Text ließ nämlich sehr zu wünschen übrig. In einer solchen Situation sind Nachverhandlungen über ein höheres Honorar lästig, zeitaufwendig und nicht immer erfolgreich. Ich verlange daher vom Interessenten den gesamten Text, damit ich mir selbst einen Eindruck verschaffen kann. Gestört hat mich auch häufig, dass ich später nur auf Nachfrage eine Auskunft erhielt, warum der Auftrag anderweitig vergeben wurde. Dabei war das Ergebnis des Probelektorats nicht immer ausschlaggebend, sondern eher der Preis. Ein Probelektorat ist mir alles in allem mit zu vielen Unwägbarkeiten verbunden.

Ich sehe meine Stärken für eine erfolgreiche Kundenakquisition vor allem im persönlichen Gespräch. Außerdem gewinne ich sehr viele Kunden über Empfehlungen, sodass ich mein Können vorab erst gar nicht unter Beweis stellen muss. Damit bin ich erfolgreich. Es geht also auch ohne ein Probelektorat!

— *Hergen Hillen*

Von der Anfrage bis zur Rechnung

3.31   Ihre Werbematerialien sind durchdacht und überzeugend gestaltet. Ihre Akquise hat zielgerichtet potenzielle Kundengruppen angesprochen. Dennoch kann es länger dauern, bis sich daraus der erste Auftrag ergibt. Ist dann die Anfrage da, gilt es, professionell zu reagieren. So sehr sich die Aufträge auch inhaltlich voneinander unterscheiden, das Prozedere von der Kontaktaufnahme des interessierten Kunden bis zum erfolgreichen Abschluss des Projekts ist im Großen und Ganzen immer gleich: Ein Angebot wird erstellt und das Honorar kalkuliert und verhandelt; der Auftrag wird ausgeführt und eine Rechnung gestellt. Zum Schluss sollte das Projekt für die eigene Qualitätskontrolle ausgewertet werden.

3.32   Professionalität ist in all diesen Projektphasen unabdingbar. Sie sichert dem Freiberufler die berufliche Anerkennung. Als Berufseinsteigerin erreichen Sie Professionalität, indem Sie über Literatur, Kollegennetzwerke und Fortbildungen Kenntnisse erwerben, Erfahrungen bei der eigenen Arbeit sammeln und auswerten und die eigenen Arbeitsabläufe kontinuierlich verbessern. Im Folgenden geht es unter anderem um diese Fragen:

— Was ist bei der Erstellung eines Angebots zu berücksichtigen?
— Wie berechne und verhandle ich das Honorar?
— Welche Honorare kann ich als freie Lektorin/freier Lektor erzielen?
— Was tun, wenn ich den Projektaufwand falsch eingeschätzt habe?
— Was nutzen Checklisten bei der Manuskriptbearbeitung?
— Welche formalen Kriterien muss eine Rechnung erfüllen?
— Und wenn der Kunde nicht zahlt?
— Wozu dient eine Projektauswertung?

Das professionelle Angebot

3.33 Ein professionelles Angebot setzt immer eine genaue Analyse des Auftrags voraus. Denn das Entscheidende ist, insbesondere bei Angeboten zu umfangreicheren Projekten, die genaue und vollständige Auflistung aller Leistungen, die für die erfolgreiche Durchführung des Auftrags erforderlich sind. An der Qualität des Leistungskatalogs lässt sich die Kompetenz des Anbieters ablesen.

Transparente Preiskalkulation

3.34 Auf Basis des Leistungskatalogs wird dann das Honorar/der Preis kalkuliert. Überzeugend ist eine transparente Preiskalkulation. Da gern über den Preis verhandelt wird, ist es sinnvoll, sich vorher zu überlegen, welche Leistungen gegebenenfalls entfallen können, falls der Auftraggeber nicht in der Lage oder bereit ist, das gewünschte Honorar zu zahlen. Keinesfalls sollte man ohne Streichung von Leistungen mit dem Honorar heruntergehen! Bei größeren Aufträgen, die über einen längeren Zeitraum laufen, empfiehlt es sich, Zahlungsmodalitäten vorzuschlagen. Ein übliches Modell ist: ein Drittel der Honorarsumme bei Erteilung des Auftrags, ein Drittel nach Erfüllung von ca. 50 Prozent des Auftrags, das letzte Drittel bei Abschluss.

3.35 Auf welcher Basis das Honorar kalkuliert wird, hängt nicht zuletzt von der Art der angebotenen Leistungen ab. Basis sind entweder Stunden bzw. Projekttage oder Seiten bzw. Zeichen. Dabei wird bei der Berechnung von reinen Textarbeiten, wie beispielsweise Korrekturlesen, nach wie vor die Normseite *(s. S. 116)* zugrunde gelegt. Es ist auch denkbar, unterschiedliche Leistungen unterschiedlich zu kalkulieren.

Strukturierung eines Leistungskatalogs

3.36 Der Leistungskatalog für Buchprojekte aller Art setzt sich in der Regel aus einer Vielzahl von Einzelleistungen zusammen. Damit das Angebot übersichtlich wird, kann man diese gruppieren. Wenn häufig Angebote für ähnliche Aufträge erstellt werden, empfiehlt es sich, ein standardisiertes Angebot/eine Preisliste zu entwickeln, die an die persönlichen Anforderungen angepasst ist *(s. Bonusmaterial zum Download)*.

DIE NORMSEITE

3.37 Die Normseite stammt noch aus der Zeit der Schreibmaschine. Seit dieser Zeit gilt: Eine Normseite hat 30 Zeilen und jede Zeile 60 Anschläge, sei es mit einer Buchstabentaste oder der Leertaste. Diese Angabe gilt „alles inklusive", also einschließlich Leerzeilen und nicht genutzter Anschläge, etwa vor einem Absatz, wenn der Text nur über die Hälfte oder ein Drittel der Zeile läuft, oder am Zeilenende, denn es gilt auch: Am Zeilenende wird nicht getrennt!
Aus all dem wird bereits ersichtlich, dass man auf Basis der Normseite nie und nimmer die Anzahl der Zeichen pro Normseite festlegen kann. Denn 60 Anschläge mal 30 Zeilen ergeben zwar 1800 Anschläge, jedoch keinesfalls 1800 Zeichen, denn jede Seite hat, ganz abgesehen von möglichen Leerzeilen, eine Vielzahl von Zeilen, in denen keine 60 Zeichen stehen.
Was bedeutet das für die Praxis? Durchschnittsberechnungen haben immer wieder ergeben, dass eine Normseite mit 30 Zeilen zu je 60 Anschlägen im Durchschnitt je nach Textgenre 1500 bis 1650 Zeichen hat. Legt man also etwa 1500 Zeichen zugrunde, so hat ein Text, der aus 270 000 Zeichen besteht, 180 Normseiten. Legt man jedoch die für eine Normseite fälschlicherweise angenommenen 1800 Zeichen zugrunde, so hat der Text mit 270 000 Zeichen nur noch 150 Normseiten.

PRAXISTIPP
Rechtliche Bindung von Angeboten

3.38 Grundsätzlich ist jeder, der einem anderen einen Vertrag anbietet, an sein Angebot gebunden (§ 145 BGB). Diese Bindung gilt allerdings nicht unbegrenzt. Es bietet sich an, eine angemessene Frist zu setzen – meist ein bis zwei Wochen, auch längere oder kürzere Zeiträume sind möglich. Gibt man keine Frist an, müsste im Streitfall ein Gericht klären, welche Zeitspanne angemessen ist.

ERFAHRUNGSBERICHT
Angebote schreiben für Privatkunden

3.39 Wer für Belletristikverlage arbeitet, schreibt vermutlich selten Angebote: Man kennt sich meist von früheren Projekten, der Honorarsatz ist immer gleich. Bei Privatautorinnen und -autoren, die einen ersten Auftrag zu vergeben haben, muss dagegen eine solche Basis erst noch geschaffen werden.

Ein Privatkunde, der bei mir anfragt, hat sich vielleicht über die Website und die VFLL-Datenbank schon ein Bild von mir gemacht; trotzdem kann er nicht wissen, was genau ich im Lektorat mit seinem Text anstellen werde. Ob sich seine Investition auszahlt? Nenne ich im Angebot nur einen Preis für ein nicht näher definiertes Lektorat, bleibt dem Kunden nichts anderes übrig, als auch nach dem Preis zu entscheiden. Wenn er schon die Katze im Sack kaufen muss, dann wenigstens möglichst billig.

3.40 Meiner Erfahrung nach lohnt es sich, eine Textprobe zu erbitten und Zeit in ein ausführliches Angebot zu stecken. Beschreiben Sie, welche Tätigkeiten und Arbeitsschritte Ihr Lektorat umfasst, welche Punkte Sie in den Blick nehmen und welche Fragen Sie stellen. Benennen Sie Stärken des Textes und machen Sie an konkreten Stellen den Überarbeitungsbedarf plausibel. Wenn die Kundin sieht, dass Sie sich auf fruchtbare Weise mit ihrem Werk auseinandersetzen, wird sie überzeugt, dass sich die Zusammenarbeit lohnen wird. Sie wird lieber Ihnen als jemandem, der ihr nur einen Preis nennt, den Auftrag geben, selbst wenn der andere billiger ist.

3.41 Ein Angebot kann gestaffelt sein: reines Korrektorat und Stilprüfung als günstigste Variante; in Variante zwei käme vielleicht das Aufzeigen von Wiederholungen, logischen Brüchen oder anderen Unstimmigkeiten hinzu. Passende Lösungsvorschläge zu erarbeiten, könnte eine dritte Option sein. Ein solches Aufblättern der Tätigkeiten lässt dem Kunden die Freiheit zu entscheiden, wie viel er investieren möchte, während er zugleich die Möglichkeit bekommt, den Arbeitsaufwand ein- und vor allem wertzuschätzen. Probieren Sie es doch mal aus – ich behaupte, dass 80 Prozent der Kunden sich für den teuersten Ansatz entscheiden werden ...

— *Thirza Albert*

Honorare – ein viel diskutiertes Thema

Marktsituation

3.42 Die Kultur- und Kreativwirtschaft, zu der sich die Buchbranche und mithin freie Lektorinnen und Lektoren zählen, ist eine der umsatzstärksten Branchen in Deutschland. Das Statistische Bundesamt weist für das Jahr 2012 einen Gesamtumsatz von knapp 143 Milliarden Euro aus. Verwundert reibt sich angesichts dieser enormen Summe so manche Lektorin und mancher Lektor die Augen und fragt sich: „Wo ist das ganze schöne Geld bloß hin? Also bei mir kommt davon nicht allzu viel an." Für die Vertreter der schreibenden, lektorierenden, übersetzenden Zunft, die für Verlage arbeiten, ist die Frage relativ leicht zu beantworten: Es ist in den Kassen der großen Verlagshäuser gelandet. Laut einer Studie aus dem Jahr 2013 der Universität Jena hat sich die Rentabilität der Big Player im Markt seit dem Jahr 2006 nahezu verdoppelt. Mit anderen Worten: Die Geschäfte laufen prächtig und vom Schreiben, Lektorieren, Redigieren, Übersetzen kann man trefflich leben, wenn man all diese Disziplinen selbst gar nicht ausüben muss. Nebenbei sei da nur erwähnt, was Professor Seufert, der die Studie anfertigte, als wesentlichen Grund für die Verdoppelung der Renditen angibt. Seit 2006 haben die Verlage nahezu 40 000 Mitarbeiter entlassen, die sich nun wohl auch auf dem Markt der „Freien" tummeln dürften. Was diese Entlassungswelle für die verbliebenen fest angestellten Mitarbeiter bedeutet, lässt sich leicht erahnen. Und es lässt sich ebenso leicht erahnen, dass diese Entwicklung für die Zukunft auch nichts Gutes für die Honorierung freier Lektoratsarbeit bedeutet.

Einkommenssituation freier Lektorinnen und Lektoren

3.43 Zieht man die Ergebnisse der VFLL-Honorarumfrage und die von der Künstlersozialkasse ermittelten durchschnittlichen Jahresgewinne von Versicherten zu Rate, herrscht rasch Ernüchterung. Die VFLL-Honorarumfrage liegt zwar schon einige Jahre zurück, ihre Ergebnisse dürften aber der aktuellen Lage entsprechen. Damals lag das durchschnittliche Jahreseinkommen brutto (vor Steuern und Sozialversicherung, Kosten bereits abgezogen) bei knapp unter 16.000 Euro.

Laut Zahlen der Künstlersozialkasse sind 2550 freie Lektorinnen und Lektoren über die KSK gesetzlich sozialversichert (Stand: März 2014). Ihr durchschnittliches Jahreseinkommen beziffert sich auf 14.999 Euro, wobei Männer im Schnitt mehr verdienen (17.391 Euro) als Frauen (14.115 Euro). Zum Vergleich: Das durchschnittliche Jahreseinkommen von Angestellten in der Bundesrepublik Deutschland lag im Jahr 2013 bei rund 36.000 Euro. Auch wenn man berücksichtigt, dass Lektorinnen und Lektoren nicht alle im Vollerwerb arbeiten, ist die Differenz, die sich aus dem Vergleich ergibt, extrem.

Welche Honorare sind mit Freiem Lektorat zu erzielen?

3.44 Für fast die Hälfte aller Deutschen ist das Offenlegen der eigenen finanziellen Verhältnisse ein völliges Tabu. Auch unter freien Lektorinnen und Lektoren wird nicht gern offen über die eigenen Honorare gesprochen. So hatten an der oben bereits erwähnten Honorarumfrage seinerzeit auch nur rund 18 Prozent aller VFLL-Mitglieder teilgenommen. Dieser Leitfaden Freies Lektorat soll dazu dienen, Berufseinsteigerinnen und -einsteigern eine Orientierung zu bieten und berufserfahrenen Mitgliedern Anregungen für mögliche Veränderungen zu geben.
Im Folgenden soll daher ein grober Überblick gegeben werden, was sich unter den derzeitigen Marktbedingungen an Honoraren erzielen lässt. Das sind ausdrücklich keine Empfehlungen; die genannten Zahlen basieren auf Erfahrungswerten.

Buchbranche

3.45 Für freie Lektoratsarbeiten sind in dieser Branche Stundensätze von etwa 20 bis 30 Euro realistisch. Dabei gilt, dass Belletristik in aller Regel deutlich schlechter bezahlt wird als Sach- und Fachbuch. In bestimmten Bereichen und fachlichen Nischen lassen sich aber auch höhere Stundensätze erzielen, beispielsweise beim Schulbuch oder bei speziellen technischen Themen. Aber jenseits der 40 Euro pro Stunde wird die Luft in der Buchbranche sehr dünn.
Nach unten besteht erstaunlicherweise immer noch Spielraum. Es gibt Verlagshäuser, und nicht gerade kleine unbekannte, die Korrekturarbeiten für 10 Euro und weniger an Freie herausgeben – und auch welche finden, die die Arbeiten zu solchen Konditionen übernehmen.

Werbung und PR

3.46 Auftraggeber aus dem Marktsegment Werbung und Public Relations sind in aller Regel Agenturen, die nur einen Teil des Honorars, das dem Unternehmenskunden in Rechnung gestellt wird, an Freie weitergeben. Dennoch lassen sich in diesem Segment im Vergleich zum Buchgeschäft teils ordentliche Stundenhonorare erzielen, die in etwa zwischen 40 und 60 Euro liegen. Der Preis für dieses bessere Honorar sind hoher Zeitdruck, oft kleinteilige Aufträge und ein gewisser Null-Fehler-Druck. Die genannten Honorare können aber auch deutlich geringer ausfallen, wobei die geschilderten Stressfaktoren dieselben bleiben – eine entspanntere Buchproduktion wäre hier eine echte Alternative.

Corporate Publishing

3.47 Viele Unternehmen setzen heutzutage auf informationsgetragene, journalistisch aufbereitete Kommunikation. So erscheinen mittlerweile rund 15 000 Kundenmagazine im deutschsprachigen Raum, die Gesamtauflage liegt bei etwa drei Milliarden Stück. Das spiegelt sich auch im Umsatz der CP-Branche wider, der bei rund 4,5 Milliarden Euro im Jahr liegt, Tendenz weiter steigend.
Allerdings ist die aktuelle Honorarsituation in diesem Segment, das ebenfalls stark von Agenturen geprägt ist, noch nicht allzu üppig. Ein Mitglied des Forums Corporate Publishing nannte auf einer VFLL-Veranstaltung Zahlen von 25 bis etwa 40 Euro pro Stunde, die angeschlossene Unternehmen für Schlussredaktionen zahlten. Erfahrungen zeigen aber, dass auch deutlich höhere Stundensätze zu erzielen sind.

Unternehmen und Verbände

3.48 Freie Lektorinnen und Lektoren arbeiten zunehmend direkt mit Unternehmen und Verbänden zusammen. Jahresberichte, Schulungsunterlagen, Mitgliederzeitschriften, Marketingkommunikation, Präsentationen, Produktblätter, Gebrauchsanweisungen, um nur einige Beispiele zu nennen – Jahr für Jahr warten unzählige Texte auf die Wertarbeit von Lektorinnen und Lektoren.
Dieser Markt – es gibt in Deutschland allein über 14 000 Verbände – dürfte für freie Lektorinnen und Lektoren zur Sicherung ihres Einkommens immer wichtiger werden. Die Honorierung bewegt sich im oberen

Bereich von Werbung und PR oder sogar darüber. Für Beratungsleistungen können auch Sätze von über 100 Euro pro Stunde erzielt werden.

Honorarkalkulation

3.49 Jede Honorarkalkulation von Freiberuflern basiert auf drei Säulen:

— Welches Jahresbruttoeinkommen vor Steuern und Sozialversicherung möchte ich erzielen?
— Wie hoch sind meine jährlichen Betriebskosten?
— Wie viele fakturierbare Stunden kann oder will ich pro Jahr leisten? (Auch freiberuflich kann man beispielsweise halbtags arbeiten!)

Viele der oben genannten Zahlen werden erst aussagekräftig, wenn man sie anhand einer Musterkalkulation unter die Lupe nimmt. Nehmen wir an, ein Redakteur will sich als Lektor selbstständig machen. Als Angestellter hatte er in Vollzeit 45.000 Euro brutto verdient. Darin enthalten waren die in aller Regel 10 Prozent unbezahlten Überstunden, die er leistete. Sein Anspruch ist es, auch als Freier im Vollerwerb nicht schlechter gestellt zu sein. Er definiert seinen Jahresbruttoverdienst auf 40.000 Euro und veranschlagt dafür 1000 fakturierbare Stunden. Den Rest seiner Arbeitszeit benötigt er für administrative Tätigkeiten, Fortbildungen, Akquisition, berufliches Netzwerken, Messebesuche, Werbung, Öffentlichkeitsarbeit etc. Seine Jahreskosten veranschlagt er auf rund 12.000 Euro. Darin sind Raumkosten, Kfz, Kommunikationskosten, Fortbildungskosten, Risikorücklagen, Reisekosten, Abschreibungen für Anlagen, Software etc. enthalten.
Insgesamt muss der frischgebackene Selbstständige also 52.000 Euro im Jahr erwirtschaften, um auf einen Bruttoverdienst von 40.000 Euro zu kommen. Demnach muss er einen durchschnittlichen Stundensatz von 52 Euro kalkulieren:

52 Euro · 1000 fakturierte Stunden = 52.000 Euro Jahresumsatz

Betrachten wir anhand dieses Beispiels, wie viele Stunden in den oben näher beschriebenen Segmenten benötigt würden, um auf dieses Jahresbruttoeinkommen zu gelangen:

Lektor/-in Verlag	20 Euro/h	2600 Stunden
Lektor/-in Verlag	30 Euro/h	1734 Stunden
Lektor/-in Werbung/PR	40 Euro/h	1300 Stunden
Lektor/-in Werbung/PR	60 Euro/h	867 Stunden
Lektor/-in Unternehmen/Verbände	70 Euro/h	743 Stunden

Diese Übersicht dürfte verdeutlichen, dass sich mit Freiem Lektorat im Verlag nicht einmal annähernd ein Einkommen erwirtschaften lässt, mit dem man zum Beispiel eine Familie ernähren könnte. Im Agenturgeschäft und im direkten Auftragsverhältnis zu Unternehmen und Verbänden ist das für Freie zwar nicht leicht, aber es ist auch nicht unmöglich.

Fazit

3.50 Es ist eine äußerst ernüchternde Bilanz, dass freie Lektorinnen und Lektoren von ihrer einstigen Domäne, der Textarbeit für Buchverlage, kaum noch existieren können. Wer langfristig diesen wunderbaren Beruf ausüben möchte, kommt gar nicht mehr darum herum, sich andere Betätigungsfelder zu erschließen. Es lohnt sich, schlecht bezahlte Aufträge kurzerhand abzulehnen. In der so gewonnenen Zeit lassen sich Aufträge akquirieren, die deutlich besser bezahlt werden.

3.51 Möglicherweise wird es auch in den Verlagen eines Tages ein Umdenken in der Honorarpolitik geben und die Profitmaximierung gerade in den großen Häusern nicht mehr an erster Stelle stehen. Es ist aber auch denkbar, dass die Verlagsbranche, wie wir sie heute kennen, in 20 Jahren so nicht mehr existieren wird.

3.52 Auf freie Lektorinnen und Lektoren kommt in den nächsten Jahren noch eine Menge Arbeit zu, um sich und ihren Beruf weit über die Verlagsbranche hinaus bekannt zu machen. Der VFLL wird als Berufsverband seinen Beitrag dazu leisten. Wenn es um Qualitätsverbesserung und Qualitätssicherung von Texten gleich welcher Art geht, haben freie Lektorinnen und Lektoren die größte Expertise. Dafür müssen sie werben und sich nachhaltig dafür einsetzen, dass dieser Beruf auf wirtschaftlich soliden Beinen steht.

Autorenwelt

www.autorenwelt.de

- Profil anlegen
- gefunden werden
- Aufträge akquirieren

... natürlich auch für Lektorinnen und Lektoren!

PRAXISTIPP
Einfach mal „Nein" sagen

3.53 Bei anstehenden Honorarverhandlungen empfiehlt es sich, vorher genau zu überlegen, welches das Wunschhonorar und welche die gerade noch akzeptable Honoraruntergrenze ist. Liegt das Gegenangebot unter dieser Untergrenze, sollte man beherzt „Nein" sagen. Es ist ein Irrtum zu glauben, man könne sich zu einem guten Honorar „hocharbeiten". In der Regel funktioniert dies nicht.

ERFAHRUNGSBERICHT
Honorarverhandlungen

3.54 Der Auftrag war klar: Ich sollte Band 2 redigieren, nachdem der Verlag im Vorjahr mit meiner Arbeit für Band 1 sehr zufrieden gewesen war und das vereinbarte Honorar von 5.000 Euro anstandslos bezahlt hatte. Den gewünschten Kostenvoranschlag orientierte ich an Band 1, führte alle geforderten Leistungen auf, ermittelte anhand meiner Aufzeichnungen zu Band 1 für jede Leistung den Zeitaufwand und setzte denselben Stundenlohn an.

Das detaillierte Angebot schickte ich an den Verlag. Daraufhin erhielt ich eine E-Mail, in der es hieß, Zeitaufwand und Höhe des Stundenlohnes seien nicht nachvollziehbar und für das Projekt stünde nur ein Budget von 4.000 Euro zur Verfügung. Ich war geschockt. Wieso nicht nachvollziehbar? Ich bekam Magenschmerzen, denn diesen Auftrag hatte ich fest eingeplant und mir Zeit dafür frei gehalten. Ich griff zum Telefon, um mir durch ein Gespräch mit einer Kollegin erst einmal Luft zu verschaffen. Wir diskutierten alle Möglichkeiten durch und am Schluss stand die Strategie für mein weiteres Vorgehen. Freundlich antwortete ich per E-Mail, dass ich erstaunt über diese Einschätzung sei, da ich mit den Erfahrungswerten vom Vorgängerband kalkuliert hätte.

Um zu besprechen, wie das Projekt mit einem reduzierten Budget zu bewerkstelligen sei, bat ich um ein persönliches Gespräch.

Dazu überlegte ich mir genau, welche Leistungen ich aus dem Angebot streichen könnte, um den Zeitaufwand so zu reduzieren, dass ich mit 4.000 Euro auskommen würde. Damit wollte ich in die Verhandlung gehen. Aber es kam anders.

Ich erhielt einen Anruf, dass noch einmal ein Gespräch mit der Geschäftsleitung stattgefunden habe und meine Argumente überzeugt hätten. Sie würden sich freuen, wenn ich den Auftrag wie angeboten übernehmen würde. Ich war unendlich erleichtert. Was war das Geheimnis dieses Erfolges? Meiner Ansicht nach 1. ein detailliertes, gut begründetes Angebot als Basis; 2. sachlich bleiben, Emotionen ausblenden; 3. das Wichtigste: Kommunikation, weiterhin freundlich miteinander reden.

— *Birgit Scholz*

Aufträge bearbeiten – Qualität sichern

3.55 So wichtig alle regelmäßig wiederkehrenden Tätigkeiten freier Lektorinnen und Lektoren sein mögen: Unser Honorar verdienen wir mit der Bearbeitung von Lektoratsaufträgen ganz unterschiedlicher Art. Ebenso selbstverständlich mag die Feststellung sein, dass wir mit unserer Arbeit an der Verbesserung der Qualität von Texten und/oder Medienprodukten mitwirken. Das versteht sich von selbst, da alle, die diesem Beruf ernsthaft nachgehen, mit der Arbeit auch eine individuelle intrinsische Motivation verbinden und eigene Qualitätsansprüche haben werden. Doch ist unser Beitrag zur Qualitätssicherung auch entscheidend, um uns auf dem Markt zu behaupten. Als Fachleute für Textbearbeitung können wir unseren Kunden gegenüber nur selbstbewusst auftreten, wenn wir unser Handwerk beherrschen und dies auch zeigen. Neben unserer Qualifikation *(s. S. 204 ff.)* ist dafür eine systematische Vorgehensweise bei der Bearbeitung von Aufträgen die Voraussetzung.

Für diesen Beitrag konnte ich auf Konzeptpapiere der AG Qualität im VFLL und die zahlreichen Checklisten *(als Bonusmaterial zum Download)*, die von Mitgliedern des Verbandes entwickelt wurden, zurückgreifen.

Aspekte des Begriffs „Qualität"

3.56 Der Blick ins etymologische Wörterbuch ergibt: Das Wort leitet sich vom Lateinischen „qualis" = „wie beschaffen" ab. Man verstand darunter zunächst die Beschaffenheit oder Eigenschaft eines Gegenstandes im neutralen Sinne. In der heutigen Umgangssprache steht meist eine Wertung im Vordergrund: Dingen wird eine „gute" oder „schlechte" Qualität attestiert. Je nach den Erwartungen des Wertenden und den Umständen können diese Urteile unterschiedlich ausfallen. Auch in der Betriebswirtschaftslehre wird kontrovers diskutiert, wie Qualität von Produkten und Dienstleistungen zu messen, zu erreichen und zu beurteilen ist.

Hier soll der Ansatz des Qualitätsmanagements vorgestellt werden *(s. dazu www.dgq.de)*, der eine verbreitete und pragmatische Methode zur Sicherstellung von Qualität bietet.

Qualitätsmanagement

3.57 Qualität wird als „Grad, in dem ein Satz inhärenter Merkmale Anforderungen erfüllt", definiert (nach der derzeit aktuellen Norm EN ISO 9000:2005). „Inhärent" bedeutet einer Einheit als ständiges Merkmal innewohnend. Dabei sind zwei Aspekte zentral:

— Ein Produkt oder eine Dienstleistung hat eine bestimmte Beschaffenheit oder Merkmale, die vorausgesetzte und festgelegte Anforderungen erfüllen müssen: die *Produktqualität*.
— Die Merkmale müssen die Forderungen der Kundinnen und Kunden erfüllen: die *Kundenorientierung*.
— Wesentlich ist im Qualitätsmanagement außerdem die Sicherstellung der *Prozessqualität*: Der Weg zur Erreichung der Produktqualität wird möglichst genau festgelegt.

3.58 Übertragen auf Lektoratsaufträge heißt das: Zunächst geht es darum, uns mit unseren Kunden möglichst präzise über die erwartete *Produktqualität* abzustimmen. Durch ein systematisches, durch Checklisten unterstütztes Vorgehen erreichen wir *Prozessqualität*: Die wesentlichen Fragen werden zum richtigen Zeitpunkt gestellt und die nötigen Arbeitsschritte getan. Dieses systematische Vorgehen kann aber nur dann zu einem guten Ergebnis führen, wenn die *Qualifikation* des freien Lektors/der freien Lektorin den Anforderungen des Projekts entspricht.

Qualifikation und Kompetenzen des Dienstleisters

3.59 Ein Bewusstsein für die eigene Qualifikation und auch deren Grenzen ist die Voraussetzung dafür, Projekte erfolgreich durchzuführen. Daher sollte man vor einer Auftragsaufnahme kritisch prüfen, ob man dafür die geeignete Qualifikation besitzt, und die Anforderungen mit dem Auftraggeber besprechen.

Daneben gibt es nicht hinterfragbare, selbstverständliche Standards, die für alle professionell am Markt auftretenden Lektorinnen und Lektoren gelten sollten *(s. S. 218–219)*.

Qualität des Auftraggebers

3.60 Welche Qualitätsstandards Ihr Kunde hat, wie kompetent er ist und wie gut er mit Ihnen kommuniziert, beeinflusst ebenfalls wesentlich die Qualität des Ergebnisses der Zusammenarbeit. Am besten ist es, wenn der freie Lektor oder die freie Lektorin schon vor Auftragsvergabe herausfindet, ob man „zusammenpasst". Treten Probleme erst im Verlauf der Projektbearbeitung auf, versuchen Sie, diese durch rechtzeitiges Miteinanderreden zu lösen. Machen Sie aber auch deutlich, wenn für Sie durch das Verhalten des Kunden ein Mehraufwand entsteht oder bestimmte Leistungen unter diesen Bedingungen nicht erbracht werden können.

Lektorat als Dienstleistung – wahrgenommene Qualität

3.61 Nicht nur am Endergebnis unserer Arbeit wird die Qualität gemessen, sondern bei jedem Kontakt mit dem Kunden bildet sich dieser bewusst oder unbewusst eine Meinung: beim Erstkontakt am Telefon, beim Lesen unseres Angebots, bei Nachfragen während der Bearbeitung, beim Umgang mit Wünschen oder Kritik. Daher sollte jede Lektorin/jeder Lektor in ihre/seine Checkliste aufnehmen, was für sie/ihn bei der Gestaltung dieser Kontaktpunkte wichtig ist.

Qualität und Marktsituation

3.62 Mit Qualität können sich freie Lektorinnen und Lektoren ein Profil bei ihren Kunden erarbeiten – bei Kunden, die bereit sind, dafür ein angemessenes Honorar zu bezahlen. „Qualität um jeden Dumpingpreis" hingegen ist wirtschaftliche Selbstausbeutung. Vor dem Hintergrund der schwierigen Marktsituation – eine Vielzahl von zum großen Teil als Einzelunternehmer auftretenden Lektorinnen und Lektoren umwerben eine begrenzte Anzahl an Kundinnen und Kunden, sodass diese ihre Partner fast immer aus einer großen Menge potenzieller Kandidatinnen auswählen können – kann es keinen Königsweg geben. Hier daher nur einige Tipps:

— Eine exakte Zeiterfassung und die Ermittlung des Stundensatzes bei jedem Projekt sind die Voraussetzung, um den eigenen Schwerpunkt auf die lukrativeren Projekte legen zu können.

— Ist am Honorar nicht zu rütteln, kann man der Kundin/dem Kunden deutlich machen, welche Leistungen sie/er zu diesem Preis erhalten kann – und was dafür nicht geleistet werden kann.
— Die Honorarvorstellungen lassen sich dauerhaft nicht durchsetzen? Dann sollte man sich schnellstmöglich um andere Kunden oder andere Tätigkeitsschwerpunkte bemühen.

Qualität sichern bei der Projektbearbeitung

3.63 Die Weichen für den Erfolg eines Lektoratsprojekts werden schon beim ersten Kontakt mit der Kundin/dem Kunden gestellt. Und die Qualitätssicherung endet noch nicht mit der Abgabe des Textes. Im Folgenden werden daher die wichtigsten Arbeitsschritte im zeitlichen Ablauf der Projektbearbeitung dargestellt.

Vor der Auftragsannahme

3.64 Die „perfekte Auftragsvergabe" gibt es durchaus – aber es läuft auch häufig so: Eine Verlagslektorin ruft an und fragt, ob Sie das Sachbuchlektorat einer Übersetzung übernehmen möchten, das Manuskript sei noch nicht im Verlag eingetroffen, der Übersetzer aber sehr gut und zuverlässig. Die Lektorin steht unter Zeitdruck und möchte den Auftrag heute vergeben. Oder eine Privatperson wendet sich an Sie, die ihren Romanerstling lektorieren lassen möchte, ohne eine genaue Vorstellung von der erwarteten Leistung zu haben. Probleme mit der Qualität der Bearbeitung ergeben sich erfahrungsgemäß am häufigsten, wenn

— der Zeitaufwand für ein Projekt falsch eingeschätzt wird oder
— die Anforderungen an die Bearbeitung ungenau oder unvollständig definiert werden.

Daher sollte man sich vor der Auftragsannahme eine möglichst große Klarheit über diese beiden wesentlichen Aspekte verschaffen.

Zeitaufwand abschätzen

3.65 Eine realistische Einschätzung ist nur möglich, wenn die Anforderungen bekannt sind und ein aussagekräftiger Probetext vorliegt. Ein Probelektorat kann zwar hilfreich sein, führt manchmal aber auch zu einer falschen Einschätzung. Daher sollte man sich immer zusätzlich an Erfahrungswerten aus vergangenen Projekten orientieren. Dafür ist es nötig, dass man konsequent die Zeit für jedes Projekt erfasst, am besten noch untergliedert nach Tätigkeiten wie Kundenkontakt, Recherche, vorbereitende Arbeiten, Lektorat auf dem Papier, Übertragung der Korrekturen in die Datei usw. Anschließend sollte man den ermittelten Zeitaufwand, zurückgerechnet vom Abgabetermin, auf die Arbeitswochen verteilen. Dabei sollte man – je nach Komplexität des Projekts – auch einen Zeitpuffer von 10 bis 20 Prozent für unvorhergesehene Probleme einplanen. Für ein umfangreiches Projekt mit mehreren Beteiligten ist ein detaillierter Projektablaufplan mit Zeitvorgaben unabdingbar.

Anforderungen definieren

3.66 Falls Ihr Auftraggeber nicht zu den „perfekten Kunden" gehören sollte: Ihre Aufgabe als Dienstleisterin/Dienstleister ist es, ihm dabei zu helfen, herauszufinden, was er wirklich will, oder ihn dazu zu bringen, seine Vorstellungen konkret zu benennen. Als Anhaltspunkt für die zu klärenden Fragen dient die Checkliste *(s. Bonusmaterial zum Download)*, die jede Lektorin/jeder Lektor nach ihren/seinen Erfahrungen und Projekten anpassen kann. Vieles ist selbstverständlich und kann oftmals einfach „abgehakt" werden. Unklare Punkte sollten vor der Auftragserteilung gesammelt und besprochen werden. Um Missverständnisse zu vermeiden, sollten Sie diese vor allem bei neuen Kundinnen/Kunden schriftlich zusammenfassen. Falls nötig, können Sie nun auf der Basis von Zeitbedarf und Anforderungen ein professionelles Angebot abgeben *(s. S. 115)*.

Die Bearbeitung

3.67 Während der Bearbeitung bewährt sich eine Checkliste, damit man möglichst systematisch und zeitsparend vorgeht und Besonderheiten des Manuskripts und Probleme möglichst früh erkennt.

In dieser Phase ist es wichtig, eventuelle Probleme schnellstmöglich mit dem Auftraggeber zu besprechen, damit rechtzeitig eine Lösung gefunden werden kann. Die schlechteste Lösung ist es, sich mit der „Vogel-Strauß-Taktik" durch ein miserables Manuskript zu kämpfen und der

Kundin/dem Kunden zum Abgabetermin zu offenbaren, was man alles in der kurzen Zeit leider nicht machen konnte.

Nach der Manuskriptbearbeitung

3.68 … schreiben Sie natürlich die Rechnung. Und sonst? Anhand Ihrer Checkliste haben Sie dokumentiert, welche Arbeiten Sie ausgeführt haben – schicken Sie diese zusammen mit dem bearbeiteten Manuskript an die Kundin/den Kunden. Haben Sie zum Beispiel die Schreibweisenliste des Verlags ergänzt oder eine eigene Liste angelegt, sollten Sie diese ebenfalls mitschicken. Sie dient auch als Arbeitsgrundlage für das Korrektorat. Beides dokumentiert dem Kunden den Umfang Ihrer Leistungen und Ihre systematische Vorgehensweise. Bewährt haben sich auch das Einholen und Geben eines Feedbacks *(s. S. 134)*.

Qualifikationen des Dienstleisters

u.a. Sprachkompetenz, Beherrschung des Handwerkszeugs wie Nachschlagewerke und Software, fachliche Qualifikation, Kenntnisse der Medienproduktion, Typografie, Layout, persönliche Eigenschaften

Qualitäten des Auftraggebers

u.a. Qualitätsstandards, Projektmanagement, Sachkompetenz des Ansprechpartners, Kommunikation mit den Dienstleistern

Nach der Auftragsbearbeitung
– Erfahrungen aus der Projektarbeit schriftlich festhalten
– Feedback geben und einholen

Die Auftragsbearbeitung
– systematisches Vorgehen mithilfe von Checklisten
– Kommunikation mit allen Beteiligten: rechtzeitig und lösungsorientiert

Erfahrungen aus aktuellem Projekt

Checklisten aktualisieren

Produktqualität

Erfahrungen aus vergangenen Projekten

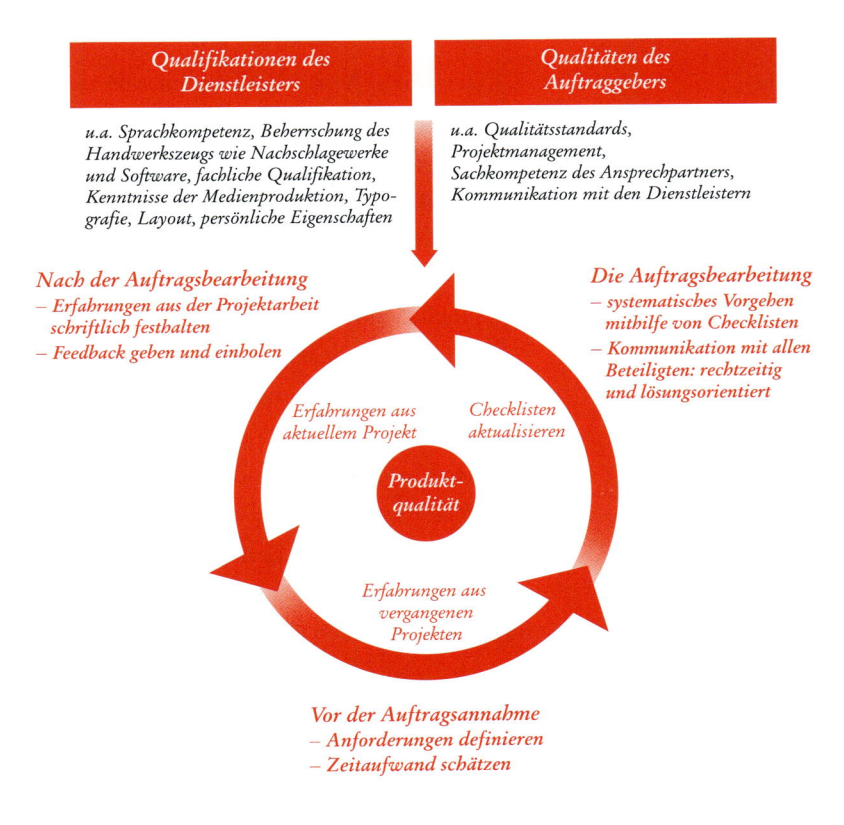

Vor der Auftragsannahme
– Anforderungen definieren
– Zeitaufwand schätzen

(Grafik: Sylvia Jakuscheit)

Qualitätssicherung – ein andauernder Prozess

Rechnungen stellen

3.69 Eine Rechnung ist in den Worten der Juristen eine gegliederte Aufstellung über eine Entgeltforderung für eine Leistung. Sie bedarf keiner Form. Damit ist im Prinzip alles gesagt. Allerdings kann eine Rechnung steuerrechtlich nur dann beim Empfänger als Betriebsausgabe abgezogen werden, wenn sie bestimmten formalen Kriterien genügt, die in § 14 Umsatzsteuergesetz (UStG) aufgeführt sind. § 14 Abs. 4 UStG ist schwer verständlich, sei aber dennoch jedem zur Lektüre empfohlen. Die formalen Kriterien der Rechnung müssen folgende Punkte enthalten:

1. den vollständigen Namen und die vollständige Anschrift des Leistungserbringers und des Leistungsempfängers,
2. die Steuernummer oder die Umsatzsteuer-Identifikationsnummer des Rechnungsstellers,
3. das Ausstellungsdatum,
4. eine fortlaufende Nummer mit einer oder mehreren Zahlenreihen, die zur Identifizierung der Rechnung vom Rechnungssteller einmalig vergeben wird (Rechnungsnummer),
5. die Art der Leistung,
6. den Zeitpunkt der Leistung,
7. das nach Steuersätzen und einzelnen Steuerbefreiungen aufgeschlüsselte Entgelt für die Leistung (§ 10),
8. den anzuwendenden Steuersatz sowie den auf das Entgelt entfallenden Steuerbetrag.

Zusätzlich muss man weitere Formvorschriften bei umsatzsteuerrechtlichen Sonderfällen beachten, etwa bei Geschäften in der EU, bei Rechnungen an private Endverbraucher oder bei der Abrechnung mit Gutschriften. Aus diesen Punkten ergibt sich zwangsläufig, dass eine Rechnung schriftlich erteilt werden muss. Die E-Mail ersetzt nach dem jetzigen Stand des Gesetzes nicht die Schriftform. Eine falsche Rechnung ist keine Rechnung. Das bedeutet, dass die Rechnung ihre Hauptfunktion – die Möglichkeit der Überprüfung der Leistung – nicht erfüllen kann. Neben der Überprüfungsmöglichkeit und der Abrechnungsfunktion kommt der Rechnung eine weitere wichtige Aufgabe zu, und zwar dann, wenn der Empfänger nicht pünktlich zahlt.

Der Zahlungsverzug

3.70 Bei nicht fristgerechter Zahlung sprechen wir von einem säumigen Schuldner, der im Verzug ist. Verzug bedeutet, dass „automatisch" bestimmte Rechtsfolgen eintreten. Dazu gehört neben der Verzinsung der Forderung unter anderem der Schadenersatz, das heißt Mahnkosten, möglicherweise Rechtsanwaltskosten und Kosten eines gerichtlichen Mahnverfahrens. Verzug ist als *Nichtleistung* trotz *Fälligkeit* und *Mahnung* definiert – drei Kriterien, die auch der Laie feststellen kann:

— *Nichtleistung* bedeutet, dass nicht gezahlt wurde.

3.71 — *Fälligkeit* ist schwieriger zu prüfen. Die Fälligkeit bestimmt sich nach der Vereinbarung, dem Vertrag. Ist ein Dienstvertrag vereinbart worden, dann tritt die Fälligkeit „nach der Leistung der Dienste", § 614 BGB, ein. Bei einem Werkvertrag muss der Kunde die Leistung, in diesem Fall das Werk, erst abnehmen, also gutheißen (§ 641 BGB). Was ist, wenn in der Rechnung „14 Tage Ziel" steht? Eine solche Frist zur Zahlung der Leistung ist rechtlich eine Stundungsvereinbarung, die die Fälligkeit hinausschiebt. Während dieser Zeit tritt also kein Verzug ein.

3.72 — Die *Mahnung* kommt als dritte Voraussetzung dazu. Eine Mahnung ist eine nicht formgebundene, einseitig empfangsbedürftige Aufforderung an den Schuldner, dass er zahlen soll. Man muss nur einmal mahnen. Eine zweite und dritte Mahnung sind überflüssig. Jetzt sollte man seine Forderung rechtlich durchsetzen. Manche Schuldner sind entsetzt, wenn ihnen bei Nichtzahlung sofort ein Mahnbescheid oder eine Klage ins Haus flattert. Das ist aber keineswegs unfair, denn dies ist rechtlich die intensivste Form der Mahnung.
Eine Ausnahme von der Notwendigkeit, die fällige Leistung zu mahnen, tritt ein, wenn mit einer Rechnung abgerechnet wurde. Dann tritt 30 Tage nach Fälligkeit *und* Zugang der Rechnung automatisch der Verzug ein.

3.73 *Beispiel*: Leistung erbracht/abgeliefert am 1. April. Fälligkeit der Vergütung am 1. April. Rechnungsstellung und Versand am 30. April. Zugang wegen des Maifeiertags und eines folgenden Wochenendes am 4. Mai. Verzugseintritt 30 Tage später, also mit Ablauf des 3. Juni.

FEEDBACK – FÜR DEN KUNDEN, VON DER KUNDIN

3.74 Ihre Kundinnen und Kunden haben wenig Zeit und geben selten ein Feedback auf Ihre Arbeit? Fragen Sie nach: Sie stehen selbstbewusst zu Ihrer Leistung, sind aber auch kritik- und lernfähig. Sie können die Feedback-Bitte auch mit Ihrem eigenen Resümee zum Projekt verbinden. Ob schriftlich oder telefonisch hängt ganz von Ihrer Einschätzung ab, was beim Kunden besser ankommt und aufmerksamer wahrgenommen wird. So könnte ein schriftliches Feedback aussehen: „Mir hat bei der Manuskriptbearbeitung die konstruktive Zusammenarbeit mit der authentischen und sympathischen Autorin viel Spaß gemacht, sodass wir auch für kritische Textpassagen eine Lösung gefunden haben. Schwieriger als erwartet war allerdings … Für das nächste gemeinsame Projekt wäre hilfreich, wenn …" So zeigen Sie gleichzeitig Interesse an einer weiteren (Verbesserung der) Zusammenarbeit.

PRAXISTIPP
Lehren aus abgeschlossenen Projekten

3.75 Nach dem Projekt ist vor dem Projekt: Im Sinne einer ständigen Qualitätsverbesserung nehmen Sie sich bei Beenden eines Projekts Ihre Checklisten vor und ergänzen oder ändern sie entsprechend der neu gewonnenen Erfahrungen.

Ebenfalls können Sie Besonderheiten und Eigenheiten bei der Zusammenarbeit mit der Autorin/dem Verlagslektor/der Übersetzerin etc. notieren – das können auch persönliche Anknüpfungspunkte sein, die für einen guten Draht zueinander gesorgt haben. Ebenfalls sollten Sie Besonderheiten der Textsorte oder Buchreihe festhalten, die Sie beim nächsten ähnlichen Projekt noch stärker berücksichtigen möchten.

ERFAHRUNGSBERICHT
Schwierige Kunden

3.76 Publikationen als Producerin von der Konzeption bis zum Druck zu begleiten, ist immer eine Herausforderung, da man nicht nur die eigene Arbeit gut durchorganisieren sollte, sondern auch die der anderen Beteiligten koordinieren und kontrollieren muss. Kommt dann noch ein schwieriger Auftraggeber hinzu, kann sich das schöne Projekt schnell zum Alptraum entwickeln. Hier hilft eine gute Organisation, die einem das Gefühl vermittelt, den eigenen Verantwortungsbereich bestmöglich im Griff zu haben.
Ein detaillierter Zeitplan ist unabdingbar: mit genügend Puffer bei den einzelnen Meilensteinen, mit genauer Festlegung, wann die Autorinnen und Autoren ihre Texte liefern sollen, wann diese redigiert und in der Grafik sein sollen etc. Die Teammitglieder brauchen klare Aufgabenzuteilungen und Fristen und man selbst sollte permanent den Überblick über den Projektstand behalten. Jederzeit die Kontrolle über das Projekt zu haben, schafft eine gute Basis für Konfliktgespräche mit der Kundin/dem Kunden. Mein schwieriger Kunde schoss ständig quer, mischte sich in die Beziehung zu Autorinnen und Autoren ein, veränderte deren Abgabetermine ohne Rücksprache, hielt sich nicht an unsere Vereinbarungen und torpedierte in vielerlei Hinsicht meine schöne Planung.
Da hieß es, ruhig und flexibel zu bleiben und notfalls den eigenen Standpunkt zu verteidigen. Wenn ich gar nicht mehr weiterwusste, suchte ich Rat bei Kolleginnen oder Kollegen. Ohne einen sportlichen Ausgleich, bei dem ich den ganzen Stress einfach mal ausschwitzen konnte, hätte ich diese Projekte niemals durchgestanden. Manchmal nimmt der Stress, den schwierige Auftraggeber verursachen, aber einfach überhand. Wenn die Arbeitsbeziehung zu belastend wird, sollte man sich trennen und nach anderen Kundinnen und Kunden Ausschau halten. Ich arbeite für den erwähnten Auftraggeber meiner Gesundheit zuliebe schon lange nicht mehr. Auch dank der Unterstützung einer Kollegin aus dem VFLL, mit der ich nunmehr gemeinsam an schönen anderen Projekten für angenehmere Auftraggeber arbeiten darf.

— *Traudl Kupfer*

Die Selbstständigkeit

3.77   Freie Lektorinnen und Lektoren sind Freiberufler und damit selbstständig. Das heißt, sie bestimmen die Inhalte ihrer Arbeit, ihr Arbeitspensum, ihre Arbeitszeiten, ihren Arbeitsort und ihre Honorare selbst; sie haben auch Einfluss darauf, wer ihre Auftraggeber bzw. ihre Kundinnen sind. Darüber hinaus sind sie selbst verantwortlich dafür, wie viel sie erwirtschaften, dass sie Steuern bezahlen, welchen Lebensstandard sie sich leisten können und wollen und wie sie sich gegen berufliche Risiken und Lebensrisiken absichern.

Diese Situation hat Vor- und Nachteile. Freiberuflerinnen und Freiberufler genießen einerseits sehr viel Freiheit, ihr Leben nach ihren persönlichen Wünschen zu gestalten, zum Beispiel Arbeitszeit und Freizeit flexibel einzuteilen, den Wohnsitz ins Ausland zu verlegen, allein oder im Team zu arbeiten. Andererseits können sie sich nie auf einer gesicherten Position ausruhen, sondern müssen immer bereit sein, ihrer beruflichen Existenz eine neue Richtung zu geben. Das kann sehr anregend, aber auch sehr anstrengend sein. Langeweile kommt dabei selten auf.

Für Freiberuflerinnen und Freiberufler gibt es besondere Formen und Möglichkeiten der sozialen und beruflichen Absicherung. Besonders wichtig ist in diesem Zusammenhang die Künstlersozialkasse, die freiberuflich tätige Künstler und Publizisten (zu Letzteren werden die Lektorinnen und Lektoren gezählt) bei ihren Beiträgen zur Kranken-, Pflege- und Rentenversicherung unterstützt. Andere Sicherheiten bieten das Netzwerken und Kooperieren mit Kolleginnen und Kollegen sowie das Engagement im Berufsverband. Wer selbstständig arbeitet, ist auf ein Umfeld angewiesen, das ihm Anregungen und Unterstützung gibt.

Das folgende Kapitel geht auf Risiken und Chancen der Freiberuflichkeit im Allgemeinen und im Besonderen ein.

Was Sie beachten müssen

3.78 In dem Moment, in dem Sie sich als Lektorin/Lektor selbstständig machen, betreten Sie steuerliches Neuland. Da Sie es nicht nur mit einer Steuerart zu tun haben werden, heißt es gut aufpassen, um sich im Dschungel der steuerlichen Vorschriften nicht zu verirren.

Im Rahmen dieses Leitfadens können nur die wichtigsten Hinweise gegeben werden, die bei der Existenzgründung zu beachten sind. Folgende Ausführungen erheben keinen Anspruch auf Vollständigkeit. Soweit Sie ausschließlich freiberuflich tätig sind, werden Sie sich auf jeden Fall mit Umsatzsteuer und Einkommensteuer beschäftigen müssen. Wenn Sie neben der freiberuflichen Tätigkeit zusätzlich gewerblich tätig sind, müssen Sie sich zudem mit der Gewerbesteuer auskennen *(zu Steuern s. S. 142–143)*.
Die Grenzen zwischen freier und gewerblicher Tätigkeit sind fließend, eine Zuordnung daher nicht immer einfach. Auch die Zuordnung zur Künstlersozialkasse *(s. S. 161)* bedeutet steuerlich zunächst einmal nichts. Denn auch wenn Sie in die KSK aufgenommen werden, können Sie steuerlich dennoch gewerbliche Einkünfte erzielen.

Anmeldung

3.79 Als Erstes müssen Sie sich anmelden. Wo? Das kommt darauf an, ob Sie nur freiberuflich tätig sind oder auch gewerblich. Diejenigen, die nur freiberuflich tätig sind, teilen dem Finanzamt in einem formlosen Brief mit, dass sie ab dem (Gründungsdatum) als Lektorin/Lektor selbstständig arbeiten werden. Wenn Sie daneben auch eine gewerbliche Tätigkeit ausüben (etwa Werbekorrektorat, Herstellung), müssen Sie diese beim Gewerbeamt Ihrer Stadt- oder Gemeindeverwaltung anmelden. In beiden Fällen erhalten Sie nach erfolgter Anmeldung ein Formular des zuständigen Finanzamtes. Mit diesem Fragebogen werden neben den persönlichen Daten die zukünftige Gewinnerwartung, die Umsatzerwartung und die Anzahl der Angestellten erfragt. Das dient dem Finanzamt anschließend dazu, zum Beispiel Einkommensteuervorauszahlungen festzusetzen, zu bestimmen, ob Sie monatlich Umsatzsteuervoranmeldungen abgeben und/oder Lohnsteueranmeldungen einreichen müssen.

Buchhaltung

3.80 Soweit Sie als Lektorin/Lektor tätig sind, sind Sie Freiberufler. Das hat steuerlich den Vorteil, dass Sie keine Bilanzen erstellen müssen, sondern lediglich eine Einnahmenüberschussrechnung (EÜR). Diese muss seit dem Steuerjahr 2005 nach einem vorgegebenen Schema ausgefüllt werden. Wenn Sie Ihre Belege mit einem EDV-Buchführungssystem erstellen *(s. S. 183)*, liefert dieses meist als Endprodukt die gewünschte Einnahmenüberschussrechnung entsprechend den gesetzlichen Vorgaben. Die Gewinnermittlung nach dem amtlichen Vordruck müssen Sie jedoch nur erstellen, wenn Ihre Betriebseinnahmen einschließlich der Umsatzsteuer mehr als 17.500 Euro betragen haben. Hatten Sie Betriebseinnahmen bis zu 17.500 Euro, akzeptiert der Fiskus eine formlose EÜR als Anlage zur Steuererklärung.

Aufzeichnungen

3.81 Grundsätzlich müssen Ihre Aufzeichnungen richtig und vollständig sowie klar und übersichtlich sein. Als Maßstab gilt, dass sich ein Dritter innerhalb angemessener Zeit einen Überblick über die Buchführung verschaffen kann. Die Einnahmen und Ausgaben müssen chronologisch geführt werden und für jede Buchung muss ein Beleg vorhanden sein.

Aufzeichnungen nach dem Zu- und Abflussprinzip

3.82 Beachten Sie bei der Erstellung Ihrer Aufzeichnungen immer, dass nach dem Zu- und Abflussprinzip verfahren wird. Das bedeutet, dass eine Ausgangsrechnung erst dann als Umsatz erfasst wird, wenn der Betrag eingegangen ist (entweder bar oder durch Bankgutschrift). Das gilt auch für Vorschüsse. Diese sind zum Zahlungseingangszeitpunkt zu versteuern, auch wenn die Gesamtabrechnung erst viel später erfolgt. Das Zu- und Abflussprinzip gilt für Einnahmen wie für Betriebsausgaben.

3.83 — Beispiel Einnahmen:
Sie stellen eine Rechnung am 22.8.2014. Der Zahlungseingang erfolgt durch Bankgutschrift am 15.9.2014. Buchungsdatum ist der 15.9.2014. Dieser Umsatz ist dann in der Voranmeldung für September und nicht für August enthalten. Sie müssen die Umsatzsteuer erst ans Finanzamt abführen, wenn Sie sie erhalten haben.

3.84 — Beispiel Betriebsausgaben:
Sie bestellen Papier für 300 Euro, das am 1.8.2014 geliefert wird. Sie bezahlen die Rechnung erst am 27.9.2014; erst zu diesem Zeitpunkt gilt die Ausgabe als erfolgt.

Ausnahmen vom Zu- und Abflussprinzip

3.85 Neben Abschreibungen stellt die sogenannte Zehn-Tage-Regel eine Ausnahme vom Zu- und Abflussprinzip dar. Bei der Zehn-Tage-Regel müssen Sie beachten, dass Zahlungen, die zwischen dem 22. Dezember und 10. Januar des Folgejahres liegen und regelmäßig wiederkehren, in dem Jahr erfasst werden, zu dem sie wirtschaftlich gehören. Regelmäßige Zahlungseingänge sind zum Beispiel Miete, Zinsen, nicht aber Honorare. Das Gleiche gilt selbstverständlich auch für die Ausgaben. Regelmäßige Ausgaben, die in der Zehntagesfrist um den Jahreswechsel liegen, müssen jeweils dem Jahr zugeordnet werden, zu dem sie wirtschaftlich gehören. Beispiele sind Miete, Zinsen, Gehälter.

Der Beleg

3.86 Achten Sie von Anfang an darauf, dass Sie korrekte Belege erhalten! Denn wie bereits erwähnt gilt: „Keine Buchung ohne Beleg." Wie aber muss der Beleg beschaffen sein, damit er korrekt ist? Bei Rechnungen bis zu 150 Euro reicht die Angabe des Steuersatzes: etwa „im Betrag sind 19 Prozent MwSt. enthalten". Name, Anschrift und Steuernummer des liefernden Unternehmers und Rechnungsnummer mit Rechnungsdatum müssen auf der Quittung stehen sowie natürlich eine Angabe über das gekaufte Produkt oder die Dienstleistung mit Zeitpunkt der Leistung. Bei Rechnungen über 150 Euro müssen zusätzlich die Umsatzsteuer als Betrag sowie Ihr Name und Ihre Anschrift angegeben sein.

Besondere Kostenarten

3.87 Bei *Bewirtungskosten* muss der Beleg durch eine Registrierkasse erstellt sein. Außerdem muss ein Bewirtungskostenformular mit folgendem Inhalt ausgefüllt werden:

- Datum der Bewirtung
- Namen der bewirteten Personen (immer sich selbst auch nennen)
- Anlass der Bewirtung (möglichst konkret, es reicht beispielsweise nicht aus: „Projektbesprechung" oder „Akquise")
- Höhe der Bewirtungskosten
- Datum
- Unterschrift

Falls Sie umsatzsteuerpflichtig sind, sind nur 70 Prozent des Nettorechnungsbetrags als Betriebsausgabe abziehbar. Die Vorsteuer können Sie aber trotzdem zu 100 Prozent abziehen.

3.88 Bei *Reisekosten* müssen Sie eine Reisekostenabrechnung erstellen. Aufwendungen für eine Reise sind natürlich nur dann als Betriebsausgabe absetzbar, wenn der Anlass der Reise geschäftlich ist. Abrechnen können Sie folgende Positionen: Fahrtkosten, Übernachtungskosten, Verpflegungsmehraufwand, Nebenkosten.

3.89 — Fahrtkosten: Wenn Sie mit öffentlichen Verkehrsmitteln fahren, gelten die Tickets hierfür als Belege; fahren Sie mit dem privaten Pkw, können Sie 0,30 Euro pro gefahrenem Kilometer ansetzen. Ist das Auto im Betriebsvermögen enthalten, heißt das allerdings, dass sowieso schon alle Kosten als Betriebsausgaben behandelt werden. Dann können keine weiteren Fahrtkosten berücksichtigt werden.

3.90 — Übernachtungskosten sind meist die Hotelkosten. Wenn Sie bei Freunden umsonst übernachten, können Sie keine Kosten geltend machen. Nur bei Reisen ins Ausland gilt etwas anderes. Hier gibt es Übernachtungspauschalen. Verpflegungsmehraufwand kann nach Pauschalen abgerechnet werden:
- mehr als 24 Stunden abwesend: 24 Euro
- mindestens 8 Stunden abwesend oder am An- und Abreisetag bei Auswärtstätigkeit mit Übernachtung ohne Mindestabwesenheit: 12 Euro

3.91 — Dauert die Reise weniger als acht Stunden, kann kein Verpflegungsmehraufwand geltend gemacht werden. Nebenkosten wie Gebühren für die Gepäckaufbewahrung können auch als Betriebsausgabe geltend gemacht werden. Fehlt Ihnen ein Beleg, können Sie ausnahmsweise einen Eigenbeleg erstellen.

3.92 Falls Sie von zu Hause aus arbeiten, können Sie für den *Arbeitsraum* die anteiligen Kosten für Miete oder Abschreibung (bei Eigenheimen), Nebenkosten, Versicherung etc. geltend machen. Das geht aber nur, wenn es sich dabei um einen separaten Raum handelt, der nur als Arbeitszimmer genutzt wird. Die Ausstattung für Ihr Arbeitszimmer können Sie jedoch in jedem Fall als Betriebsausgaben behandeln.

Abschreibungen

3.93 Eine weitere Ausnahme vom beschriebenen Zu- und Abflussprinzip gilt für Wirtschaftsgüter des Anlagevermögens. Das sind Gegenstände, die längerfristig nutzbar sind, wie Büromöbel, Computer etc. Diese sind nicht Betriebsausgaben zum Zeitpunkt der Zahlung, sondern die Aufwendungen werden auf eine bestimmte Laufzeit verteilt. Die Laufzeit der einzelnen Wirtschaftsgüter ist gesetzlich vorgeschrieben (amtliche Afa-Tabellen). Als Betriebsausgabe gilt der jeweilige Abschreibungsbetrag.

3.94 Es gibt eine Reihe verschiedener Abschreibungsmethoden. Die einfachste ist die lineare Abschreibung, nach der Sie die Anschaffungskosten gleichmäßig auf die Jahre der Nutzungsdauer verteilen:

— *Beispiel*: Sie kaufen ein Notebook für 1.500 Euro am 15.1.2014. Die Nutzungsdauer laut amtlicher Afa-Tabelle ist drei Jahre. Also rechnen Sie: 1.500 : 3 = 500 Euro. Sie können somit 500 Euro für das Jahr 2014 als Betriebsausgabe geltend machen. 2015 und 2016 können Sie ebenfalls jeweils 500 Euro als Abschreibung und damit als Betriebsausgabe erfassen. Bei Umsatzsteuerpflicht wird nur der Nettowert abgeschrieben.

Wie lange müssen Sie Unterlagen aufbewahren?
Prinzipiell müssen sämtliche Unterlagen und Belege zehn Jahre aufbewahrt werden. Dabei gilt, dass die Frist erst mit dem Ende des Kalenderjahres beginnt, in dem der Beleg entstanden ist.

Steuern

3.95 Die beiden wichtigsten Steuerarten für freie Lektorinnen und Lektoren sind die Umsatzsteuer und die Einkommensteuer.

Umsatzsteuer

3.96 Grundsätzlich unterliegen Kleinunternehmer nicht der Umsatzsteuer. Als Kleinunternehmer gelten Sie, wenn Ihr Gesamtumsatz des Vorjahres 17.500 Euro nicht überstiegen hat und der Umsatz im laufenden Kalenderjahr voraussichtlich 50.000 Euro nicht übersteigen wird. Als Kleinunternehmer müssen Sie keine Umsatzsteuer ausweisen und abführen. Wenn Sie Ihre Tätigkeit neu aufnehmen und Ihren Gesamtumsatz auf unter 17.500 Euro jährlich geschätzt haben, sind Sie nach dieser Regelung von der Umsatzsteuer befreit. Als Kleinunternehmer können Sie aber zur Umsatzsteuerpflicht optieren (auf dem Anmeldebogen oder einfach durch den Ausweis von Umsatzsteuer auf Ihren Rechnungen). An diese Entscheidung sind Sie für die nächsten fünf Jahre gebunden. Nach dieser Zeit können Sie zur Umsatzsteuerfreiheit zurückkehren, wenn Sie die oben genannten Umsatzbedingungen erfüllen.
Zur Frage, ob es sinnvoll ist, zur Umsatzsteuer zu optieren, sollte ein Steuerberater konsultiert werden. Der VFLL empfiehlt die Umsatzsteueroptierung, da es für Geschäftskunden meist angenehmer ist und professioneller wirkt. Wenn ein Jahresumsatz über der angegebenen Grenze liegt, muss er nachträglich versteuert werden. Es ist dann schwierig, die Mehrwertsteuer rückwirkend von den Auftraggebern einzufordern.

Umsatzsteuer – ein „durchlaufender Posten"

3.97 Wenn Sie umsatzsteuerpflichtig sind, ist die Umsatzsteuer für Sie nur ein durchlaufender Posten. Sie vereinnahmen Umsatzsteuer und reichen sie an das Finanzamt weiter. Gegenrechnen können Sie die Vorsteuer, das ist die Umsatzsteuer aus Ihren Eingangsrechnungen. Die ersten zwei Jahre müssen Sie monatlich Umsatzsteuervoranmeldungen abgeben. Bereits zehn Tage nach Ablauf des Voranmeldezeitraums (damit ist der Monat gemeint) muss die Voranmeldung beim Finanzamt sein. Gleichzeitig muss das Geld beim Finanzamt ankommen. Halten Sie diese Fristen unbedingt ein, da ansonsten sofort Strafen verhängt werden.

Dauerfristverlängerung

3.98 Um aus dem zeitlichen Druck herauszukommen, empfiehlt es sich, eine sogenannte Dauerfristverlängerung zu beantragen. Das bedeutet, dass Sie die Umsatzsteuervoranmeldung einen Monat später abgeben müssen und das Geld auch erst einen Monat später bezahlen müssen.
So können Sie getrost über den Monatswechsel in Urlaub fahren, ohne ständig an die Umsatzsteueranmeldung denken zu müssen. Wenn Sie die Voranmeldung monatlich abgeben müssen, sind Sie dazu verpflichtet, mit dem Antrag auf Dauerfristverlängerung eine Sondervorauszahlung in Höhe von 1/11 der Summe der Vorauszahlungen des Vorjahres zu leisten. Bei fehlendem Vorjahr schätzen Sie Ihren aktuellen Umsatz. Diese Sondervorauszahlung ziehen Sie bei der Umsatzsteuervoranmeldung für den Dezember wieder ab.

Steuererklärungen

3.99 Als Selbstständige müssen Sie nach Ablauf eines Kalenderjahres Ihre Einkommensteuererklärung und Umsatzsteuererklärung erstellen. Die Abgabefrist endet regulär am 31. Mai des Folgejahres. Wenn Sie diese Tätigkeiten durch einen Steuerberater erledigen lassen, haben Sie automatisch Zeit bis zum 31. Dezember des Folgejahres. Darüber hinaus ist natürlich in Einzelfällen eine Fristverlängerung möglich.

Einkommensteuer

3.100 Die Einkünfte eines Kalenderjahres werden zusammengezählt. Von der Summe der Einkünfte sind einige private Ausgaben und Belastungen abziehbar, insbesondere die Sonderausgaben, die Vorsorgeaufwendungen und die außergewöhnlichen Belastungen. Das Einkommen ergibt sich aus dem Abzug dieser Posten von den Einkünften.
Wenn Sie davon etwaige Kinderfreibeträge abziehen, erhalten Sie das zu versteuernde Einkommen. Nach dessen Höhe richtet sich die festzusetzende Einkommensteuer.
Werden Sie voraussichtlich Gewinne erwirtschaften, die zu einem zu versteuernden Einkommen oberhalb der Grundfreibeträge führen, wird das Finanzamt Einkommensteuervorauszahlungen festsetzen, die vierteljährlich zu leisten sind.

Stand: Mai 2014

INVESTITIONSABZUGSBETRAG

3.101   Der Investitionsabzugsbetrag (IAB) ist der Nachfolger der Ansparrücklage. Die Vorschriften hierzu finden Sie in § 7 g Abs. 1 bis 4 Einkommensteuergesetz. Durch die Bildung eines IAB soll es Selbstständigen möglich sein, Investitionen aus unversteuertem Einkommen zu tätigen. Wie funktioniert das? Sie planen im Jahr 2014, im Jahr 2017 einen neuen Schreibtisch für 5.000 Euro zu kaufen. Sie bilden 2014 einen IAB in Höhe von 40 Prozent der voraussichtlichen Anschaffungskosten. Folglich können Sie 2.000 Euro (= 40 Prozent von 5.000) außerhalb Ihrer Einnahmenüberschussrechnung von Ihrem Einkommen abziehen. Diese Einkünfte von 2.000 Euro bleiben steuerfrei.

Voraussetzung für die Bildung eines IAB ist, dass es sich um bewegliche (im Gegensatz zu nicht beweglichen wie Software) Anlagegüter handelt, dass die Anlagegüter bis zum Ende des Folgejahres nach Anschaffung in Ihrem Betrieb verbleiben, dass das Wirtschaftsgut zu mindestens 90 Prozent betrieblich genutzt wird und Ihr Gewinn vor Bildung des IAB nicht über 100.000 Euro liegt.

Nachdem Sie nun 2014 einen IAB gebildet haben, investieren Sie schließlich innerhalb von drei Folgejahren oder Sie investieren nicht. Investieren Sie nicht, wird die ursprünglich gesparte Steuer plus sechs Prozent Zinsen nacherhoben.

PRAXISTIPP
Umsatzsteuer-Identifikationsnummer (abgekürzt USt-IdNr.)

3.102   Mit dieser Identifikationsnummer können Sie bei Auftraggebern innerhalb der EU, beispielsweise in Österreich, auf die Erhebung von Umsatzsteuer verzichten und Waren aus dem Ausland umsatzsteuerbefreit einkaufen, falls ihr Geschäftspartner ebenfalls über eine Umsatzsteuer-Identifikationsnummer verfügt.

ERFAHRUNGSBERICHT
Steuerberater ja oder nein?

3.103 Mein Steuerberater ist Familienvater, leidenschaftlicher Drummer einer vielköpfigen Band, hat ein großes Herz für Einzelunternehmerinnen wie mich – und ich bin heilfroh, dass es ihn gibt. Jahrelang hatte ich meine Einkommensteuererklärung samt Lohnsteuerjahresausgleich selbst erstellt. Ich musste schon all meinen Mut zusammennehmen, um 2002 den Schritt in die Selbstständigkeit zu wagen. Die Hürde, nun als Unternehmerin auch steuerlich in einer anderen Liga zu spielen, erschien mir bedrohlich hoch.
Meine damalige Bürokollegin, eine freie Texterin, gab mir den Tipp, es doch einmal mit ihrem Steuerberater zu versuchen.
12 Jahre, 12 Steuererklärungen und viele gute Gespräche liegen zwischen damals und heute. Mein Steuerberater und ich sind immer noch ein wunderbares Team – und ich bin wirklich heilfroh, dass es ihn gibt.

— *Hildegard Mannheims*

3.104 Die jährliche Einkommensteuererklärung ist kein geliebtes Kind. Viele schrecken davor zurück, sie selbst zu machen: zu kompliziert, zu viele Zahlen oder Angst, etwas falsch zu machen. Dabei ist die Einkommensteuererklärung für Freiberufler eine durchaus zu bewältigende Aufgabe – zumal heute Software zur Verfügung steht, die berechnet, Hilfen bietet und Übersichten liefert, mit denen das vergangene Arbeitsjahr analysiert werden kann. Mir hilft es, Einsparmöglichkeiten zu finden, manches effektiver zu gestalten und das neue Jahr besser zu planen. Denn die Beschäftigung mit der Materie verschafft mir notwendiges Know-how und Durchblick.
Sollte doch einmal ein Problem auftauchen, erkundige ich mich bei „meinem" Finanzbeamten. Denn Folgendes gab mir der Dozent eines Buchführungskurses zu Beginn meiner Freiberuflichkeit mit auf den Weg: Mach dir deinen Finanzbeamten zum Freund!

— *Ulrike Barzik*

Vertragsrecht und Haftungsfragen

3.105 Für das Berufsfeld Freies Lektorat ist eine ganze Reihe von Rechtsgebieten wichtig: Vertragsrecht, Urheberrecht, Persönlichkeitsrechte, Medienrecht, Steuerrecht, Zivilrecht etc. Freie Lektorinnen und Lektoren müssen sich daher schon zu Beginn ihrer Selbstständigkeit mit Rechtsfragen auseinandersetzen, damit etwaige Probleme von vornherein vermieden werden können. Um den Einstieg in die Terminologie dieses für die meisten unbekannten Fachgebiets zu erleichtern, werden im Folgenden einige grundsätzliche Fragen behandelt.

Was ist eigentlich ein Vertrag?

3.106 Jeder beruflichen Tätigkeit liegt ein Vertrag zugrunde. Es ist ein weitverbreiteter Irrglaube, man arbeite „ohne Vertrag", wenn es kein von beiden Seiten unterschriebenes Vertragsdokument gibt. Beinahe alle Verträge des täglichen Lebens sind mündlich abgeschlossen. Auch im Alltag der freien Lektorin/des freien Lektors werden die meisten Aufträge „auf Zuruf" am Telefon oder per E-Mail verabredet.

Die Rechtslehre definiert einen Vertrag lediglich als zwei übereinstimmende Willenserklärungen. Nur in besonderen Fällen – etwa bei Mietverträgen oder Verträgen über den Verkauf von Grundstücken – sieht das Gesetz die Notwendigkeit der Schriftform vor, ohne die ein solcher Vertrag unwirksam ist.

Schriftliche Verträge haben einen Vorteil: Eine schriftliche Vereinbarung ist einfacher zu beweisen als eine mündliche. Dies ist besonders dann wichtig, wenn bei der Vereinbarung niemand anders als die Vertragspartner selbst anwesend sind. Verträge regeln die beiderseitigen Rechte und Pflichten. Ein guter Vertrag legt die Pflichten und die Sanktionen bei deren Nichterfüllung klar fest, regelt Laufzeit und Kündigungsmodalitäten und ist verständlich formuliert.

Grundlegende Unterschiede zwischen Werk- und Dienstverträgen

3.107 Ob mündlich oder schriftlich – juristisch stellt sich die Frage, wie der Vertrag über die „entgeltliche Arbeitsleistung" qualifiziert wird. Da gibt es zwei Möglichkeiten, die allerdings wie durch eine Wasserscheide voneinander getrennt sind: entweder – oder, Dienst- oder Werkvertrag. Beide Vertragstypen sind im Zivilrecht, im Bürgerlichen Gesetzbuch (BGB), geregelt, Dienstverträge in §§ 611 ff., Werkverträge in §§ 631 ff. Je nachdem, welchen Vertragstyp eine Lektorin/ein Lektor wählt, ergeben sich unterschiedliche Folgen in Bezug auf die Haftung, die Entlohnung und garantierte Leistungen. Auch für Juristen ist die Unterscheidung von Dienst- und Werkvertragsrecht oft sehr schwierig.

Meist wird die „entgeltliche Arbeitsleistung" als eine Tätigkeit charakterisiert, die sowohl Elemente des einen wie des anderen Vertragstypus enthält. In einem solchen Fall ist es Sache der freien Lektorin oder des freien Lektors, eine klare Ansage zu machen: „Ich arbeite nach Dienstvertragsrecht." Bei einem „Weiß nicht/keine Ahnung"-Szenario wird der Kunde für den Vertragstypus optieren, der für ihn günstiger ist – und das ist für die freie Lektorin oder den freien Lektor fast immer von Nachteil. Dienst- und Werkvertragsrecht sind im BGB als Vertragstypen geregelt, als „typische Verträge", also als Muster, die immer individuell abgewandelt werden. Das Leitbild des Gesetzgebers war dabei Folgendes:

Leitbild Dienstvertrag
— auf der Grundlage besonderer beruflicher Qualifikation
— persönliche, eigenverantwortliche, fachlich unabhängige Leistung
— Dienstleistungen höherer Art im Interesse der Auftraggeber und der Allgemeinheit
— Beratungstätigkeit mit Hochschulabschluss

Leitbild Werkvertrag
— industrielle Fertigung
— handwerkliche Berufe
— „einfache" Dienstleistungen (Putzen, Hausmeister, Reparaturen)
— Groß- und Einzelhandel
— Vermittler

Typische Dienstleister sind Ärzte oder Rechtsanwälte. Typische Werkunternehmer sind Handwerker. Dem gesetzlichen Leitbild folgend sind die Rechtsfolgen der beiden Vertragstypen unterschiedlich:

Rechtsfolgen Dienstvertrag
— höchstpersönliche Dienstleistung
— geschuldet wird das „Bemühen", das bloße „Wirken/Tätigwerden"
— jederzeitige außerordentliche Kündigung wegen entfallenen Vertrauens
— Vergütung nach Leistung der Dienste fällig
— keine Haftung für Mängel, keine Garantien
— Vertragsbeendigung nach Ablauf der vereinbarten Zeit oder Erledigung der vereinbarten Aufgabe

Rechtsfolgen Werkvertrag
— Vertragsabschluss mit einem „Betrieb"
— geschuldet wird das fertige Werk, der Erfolg
— Mangelhaftung inklusive Nachbesserungsmöglichkeit
— Vergütung nach Abnahme des fertigen Werks fällig
— Gewerbesteuerpflicht im Sinne des Einkommensteuergesetzes

Somit ist klar: Der Arzt schuldet nicht den Erfolg, das Gesundwerden. Er schuldet nur, dass er sich bemüht. Behandelt er schlecht oder mit Mängeln, gibt es keine Möglichkeit der „Nachbesserung", sondern allenfalls, wenn ein Schaden entstanden ist, Schadenersatzansprüche. Ansonsten sucht man sich einen anderen Arzt (Dienstleister).

Die besondere Vertragssituation im Freien Lektorat zwischen Werk- und Dienstvertrag

3.108   Die freie Lektorin und der freie Lektor haben zwar in der Regel eine Hochschulausbildung und werden als höchstpersönliche, individuell tätige Dienstleister unter Vertrag genommen. Zugleich hat ihre Tätigkeit aber auch ein handwerkliches Element: Am Ende soll der Text stilistisch einwandfrei und möglichst fehlerfrei sein. Bei Betrachtung dieses Elements des Erfolgs läge die Annahme eines Werkvertrags nahe. Wegen dieser Ambivalenz spielen andere Indizien, die dann den Ausschlag geben, ob ein Werk- oder ein Dienstvertrag vorliegt, eine große Rolle: Die Verwendung von allgemeinen Geschäftsbedingungen oder Zusagen über Nachbesserungen oder Möglichkeiten der Delegation können einen als Dienstvertrag bezeichneten Vertrag schnell zu einem Werkvertrag mit all seinen negativen Folgen machen. Der Gesetzgeber spricht in einem Fall, in dem ein als Dienstvertrag bezeichneter Vertrag werkvertragliche Elemente hat, sehr bildhaft vom „Infizieren". Um Rechtsprobleme in der Zukunft zu verhindern, sollte hier am Anfang durch organisatorische Maßnahmen Klarheit geschaffen werden.

Anspruch auf Vergütung bei veränderten Vertragsbedingungen, etwa Terminverschiebungen

3.109 „Lohn ohne Arbeit" ist immer ein heikles Thema und jedem sagt das natürliche Rechtsempfinden, dass das „eigentlich" nicht sein kann. Auf der anderen Seite wird es auch als unbillig empfunden, wenn nach einer Auftragsvergabe nichts mehr passiert und die Lektorin/der Lektor sich die Zeit frei gehalten hat. Das Gesetz regelt dieses Spannungsverhältnis so, dass sowohl im Dienst- wie im Werkvertragsrecht ein Vergütungsanspruch besteht. Im Dienstvertragsrecht ist das Lohnausfallprinzip in § 615 BGB geregelt, im Werkvertragsrecht in § 649 BGB. In beiden Fällen ist der Vergütungsanspruch allerdings an besondere, strenge Voraussetzungen geknüpft. So gilt, dass man sich in der verlorenen Zeit um andere Aufträge hätte bemühen müssen und sich das anrechnen lassen muss, was man durch die Nichtarbeit gespart hat. Es ist also nie die „volle" Vergütung.

Honoraranspruch bei Mängeln

3.110 Wichtig ist die Feststellung – und vor allem die vorherige vertragliche Festlegung –, was genau der Auftrag ist, aufgrund welcher vertraglichen Regelungen gearbeitet wird, insbesondere, was als Maßstab für Fehler zu werten ist.

Nur beim Werkvertrag hat der Auftraggeber ein Recht auf Nachbesserung. Eine Minderung des Honorars ist nur möglich, wenn die Lektorin/der Lektor die Nachbesserung verweigert oder die Leistung innerhalb der vom Auftraggeber gesetzten Nachbesserungsfrist nicht erbracht hat.

Haftung für Richtigkeit

3.111 Grundsätzlich gilt: Sie sind verantwortlich und haften für Vorsatz, grobe und leichte Fahrlässigkeit. Im Fall der leichten Fahrlässigkeit kann in

Grenzen die Haftung ausgeschlossen werden. Dabei kommt es auf die genauen Umstände an: auf die konkrete Aufgabe, die Häufigkeit übersehener Fehler, die Schwere der Fehler, die Prominenz der Fehler. Bei Schulbüchern, Ratgebern, medizinischer Fachliteratur und Anzeigen sind hier andere Maßstäbe anzulegen als beispielsweise bei Unterhaltungsliteratur. Bei inhaltlichen Fehlern kommt es darauf an, ob Sie diese aufgrund Ihrer fachlichen Kompetenz erkennen konnten, und darauf, wie schwerwiegend sie sind.

Wahrung der Rechte Dritter (Abdruckrechte für Texte und Bilder)

3.112 Nutzen Sie die urheberrechtlich geschützte Leistung Dritter, benötigen Sie eine Genehmigung der Rechteinhaber. Werden Sie als freie Lektorin/ freier Lektor mit der Bebilderung eines Werks betraut, so sollten Sie Ihre Auftraggeber darauf hinweisen, wenn Abdruckgenehmigungen eingeholt werden müssen. Werden Sie selbst mit der Einholung von Rechten beauftragt, sind Sie dafür verantwortlich, dass diese vorliegen.

Allgemeine Geschäftsbedingungen: ja oder nein?

3.113 Allgemeine Geschäftsbedingungen (AGB) sind nach der gesetzlichen Definition in § 305 BGB „für eine Vielzahl von Verträgen vorformulierte Vertragsbedingungen". Anders ausgedrückt: Es sind Vertragsregeln für das Massengeschäft und damit atypisch für die das Lektorat kennzeichnende typische Individualität.

Warum AGB? Einige freie Lektorinnen und Lektoren sind der Ansicht, mit der Verwendung von AGB unsichere, zweifelhafte Situationen absichern zu können. Aus Erfahrung wissen wir, dass keiner die AGB der großen Versand- oder Transportunternehmen in Drei-Punkt-Schrift liest, sondern schnell den Haken „gelesen" setzt. Damit hat sich das: Die AGB gelten – und die freie Lektorin, der freie Lektor ist abgesichert.

So einfach ist das? Nein, so einfach ist das im Lektorat nicht. Zunächst muss man sich darüber im Klaren sein, dass die AGB von Großunternehmen das Werk vieler und sehr guter Juristen sind. Sie sind maßgeschneidert und es werden sich nie zwei einander ähnliche AGB finden. Zudem darf man eine gesetzliche Regel nicht aus dem Auge verlieren:

Wenn in den AGB irgendetwas zweifelhaft ist, geht das immer zulasten dessen, der die AGB dem anderen aufoktroyiert (§ 305 c Abs. 2 BGB). Was man einem anderen geschickt durch eine gewiefte Klausel aufs Auge drücken will, hilft einem unter Umständen gar nichts: Die entsprechende Klausel ist unwirksam. Dass es etwas widersprüchlich ist, wenn ein wissenschaftlich hoch qualifizierter Dienstleister mit höchst individuellem Arbeitsethos seinen Vertragspartnern Massen-AGB vorlegt, ist zwar juristisch unbedeutend. Aber natürlich fällt dieses Oxymoron erst recht ins Gewicht, wenn man sich die teure Arbeit eines Juristen spart und durch Copy-and-paste zu seinen AGB gekommen ist, was tatsächlich jedem fachlich halbwegs Gebildeten sofort ins Auge fällt. Als Zwischenergebnis ist also festzuhalten: Wenn schon, dann müssen es individuelle (und damit teure), auf das eigene Lektorat zugeschnittene AGB sein. Jedes Risiko, das in diesen AGB „versteckt" wird, geht im Zweifel zulasten des freien Lektors/der freien Lektorin.

3.114 Vor allem spricht aber Folgendes gegen die Verwendung eigener AGB: Wenn sie schon nach der gesetzlichen Definition für eine „Vielzahl von Verträgen" gelten, dann liegt die Annahme einer gewerblichen Tätigkeit nahe. Ein Individualist braucht kein Vertragswerk „für eine Vielzahl von Verträgen". Individuelle Dienstleister wie Ärzte, Rechtsanwälte etc. arbeiten typischerweise nicht mit AGB, sondern mit Individualverträgen. Jeder Kunde wird persönlich beraten, für jeden Kunden gibt es eine auf ihn zugeschnittene vertragliche Grundlage. Wenn die Verwendung von AGB aber die gewerbliche Tätigkeit indiziert, dann hat das auch die damit verbundenen negativen Folgen: die Annahme von Werkvertragsrecht, die steuerliche Behandlung als gewerbliche Einkünfte und die Gewerbesteuerpflicht. Schließlich entfällt auch die Möglichkeit, sich in der Künstlersozialkasse zu versichern.

Zusammenfassend ist zu der Frage der Verwendung von AGB im Lektorat die typische juristische Antwort zu geben: Die möglichen Nachteile überwiegen die Vorteile, von einer Verwendung von AGB ist im Regelfall abzuraten.

Stand: Mai 2014

PRAXISTIPP
Schriftliche Auftragsbestätigung

3.115   Besonders bei Neukunden ist es ratsam, dass Sie schriftlich oder per E-Mail bestätigen, was Sie vereinbart haben, nämlich

— die Art Ihrer Leistung,
— den Qualitätsstandard (wie Duden oder Kundenrechtschreibung),
— die Höhe der Vergütung und deren Fälligkeit,
— Termine für beide Seiten.

Machen Sie sich während des Projekts schriftliche Notizen, wann was schieflief.

ERFAHRUNGSBERICHT
Verlässlich arbeiten auch ohne schriftlichen Vertrag?

3.116 Ein umfassender schriftlicher Vertrag ist die beste Arbeitsgrundlage. Möglicherweise kennen Sie aber solche Situationen: Ein Verlagshaus, mit dem Sie seit Jahren stabil zusammenarbeiten, beauftragt „auf Zuruf" am Telefon. Ein Unternehmensverband vergibt nur gelegentlich Lektoratsaufträge und meidet den Aufwand, dafür extra Vertragstexte zu entwickeln. Ein öffentlich-rechtlicher Sender arbeitet mit einem Rahmenvertrag, aber ohne schriftliche Vereinbarungen zu den einzelnen Projekten …

Wird kein schriftlicher Vertrag geschlossen, besteht für beide Seiten, Auftraggeber und Lektorin/Lektor, ein Risiko: Mündliche Absprachen sind selten vollständig und präzise, mitunter werden später Details von den Partnern anders erinnert. Um dieses Risiko zu vermindern, arbeite ich mit schriftlichen Angeboten, die ich mir von den Auftraggebern vor Arbeitsbeginn bestätigen lasse. Zwar liegt der Aufwand, das Angebot zu erstellen, bei mir (im Unterschied zu schriftlichen Verträgen des Auftraggebers). Dafür habe ich die Chance, die Rahmenbedingungen von Beginn an genau zu beschreiben. Die meisten Auftraggeber nehmen diese Zuarbeit gern an, denn auch sie profitieren davon: Kommt es zu Meinungsverschiedenheiten, lassen sich diese besser klären als bei mündlichen Vereinbarungen.

Ein schriftliches Angebot sollte nach meiner Erfahrung enthalten:
— eine kurze Projektbeschreibung (etwa Überarbeitung eines Nachschlagewerks Mathematik für Schülerinnen und Schüler),
— eine detaillierte Auflistung der Arbeitsvoraussetzungen, für die der Auftraggeber verantwortlich ist (etwa Autorinnen/Autoren benennen, Manuskripte bereitstellen),
— eine detaillierte Auflistung der auszuführenden Tätigkeiten (zum Beispiel Texte redigieren, Bildredaktion),
— eventuell technische Standards (etwa zu nutzende Software),
— gegebenenfalls weitere Projektbeteiligte und deren Aufgaben,
— Termine (bei größeren Projekten mit Zwischenschritten),
— Honorar und Zahlungsweise.

— *Matthias Felsch*

Kooperationsformen

3.117 Gemeinsam schafft man vieles leichter – auch den Lektoratsalltag. Wir arbeiten seit 20 Jahren in einer Bürogemeinschaft, zu der außer uns derzeit eine Übersetzerin und ein Übersetzer, eine Webdesignerin und eine Musikagentin gehören, und sind seit Kurzem außerdem Mitglieder einer vierköpfigen Lektorinnen-Partnerschaftsgesellschaft. Die „Kernbelegschaft" unseres Büros ist nach all den Jahren noch immer dieselbe. Wir sind zweimal umgezogen, haben Geburtstage und Projektabschlüsse miteinander gefeiert, einen „Betriebsausflug" nach Rom gemacht und uns jahrelang einmal pro Woche beim Badminton ausgetobt. Dank unserer Kollegen und Kolleginnen sind wir mit der Freiburger Übersetzerszene gut vernetzt und in berufspolitischen Fragen stets auf dem Laufenden. Nicht immer sind wir uns einig, aber zerstritten haben wir uns noch nie. Und wenn eine von uns an einer vertrackten Konstruktion wie der berüchtigten „Verhaftung von General Gomez als eigentlichem Drahtzieher" verzweifelt, findet eine Kollegin garantiert die richtige Antwort.

Es gibt unzählige Möglichkeiten, die berufliche Kooperation zu gestalten. Manche Lektorinnen und Lektoren arbeiten nur gelegentlich und/oder zu bestimmten Themen zusammen, andere treten immer und überall als Team auf. Wieder andere kooperieren gezielt mit Producern, Grafikerinnen oder Webdesignern, um auch Kundinnen und Kunden außerhalb der Verlagsbranche gewinnen zu können.

3.118 Die Vorteile all dieser Kooperationsformen liegen auf der Hand:
— Geballte Kompetenz: Alle Beteiligten bringen ihr Wissen und ihre Berufserfahrung in die Gemeinschaft ein.
— Kostenreduktion: Ein Zimmer in einer Bürogemeinschaft ist in der Regel billiger als ein komplett ausgestattetes Einzelbüro.
— Mehr Flexibilität: Bei ähnlichen oder deckungsgleichen Themenschwerpunkten lassen sich Auftragsspitzen leichter abfangen und Lücken überbrücken. Eilige Aufträge können zu zweit oder zu dritt abgewickelt werden.
— Interne Qualitätskontrolle: Durch Gegenlesen (Vier-Augen-Prinzip) kommt man Fehlern leichter auf die Spur.

— Besserer Zugriff auf Ressourcen: Spezialwörterbücher und Fachliteratur, aber auch Geräte vom Kopierer bis zur Espressomaschine können gemeinsam benutzt werden.

3.119 Natürlich ist eine Arbeitsgemeinschaft keine Insel der Seligen. Gelegentlich treten Konflikte auf, ob zwischenmenschlicher oder beruflicher Natur. Gerade in sehr homogen zusammengesetzten Teams konkurrieren die Beteiligten bei schlechter Auftragslage untereinander womöglich um Kunden; bei eher lockeren Zusammenschlüssen fehlen manchmal ein übergeordnetes gemeinsames Interesse und die nötige Verbindlichkeit. Es ist daher ratsam, sich auf verbindliche Rahmenbedingungen festzulegen. Je nach Kooperationsform greifen überdies gesetzliche Regelungen, die man kennen sollte, damit man weiß, worauf man sich einlässt.

Bürogemeinschaft

3.120 Bürogemeinschaften sind die „WGs" der Arbeitswelt: Man teilt sich die Miete für eine Büroetage, und ansonsten kann jede und jeder tun und lassen, was sie bzw. er möchte. Das bietet viel Spielraum für die Zusammenarbeit: Aufträge können einzeln oder gemeinsam abgewickelt werden, ganz wie es die Situation erfordert und wie es den Wünschen der Beteiligten entspricht.

In der Regel bestehen Vermieter darauf, dass eine, maximal zwei Personen als Hauptmieter in den Mietvertrag eintreten. Bei größeren Bürogemeinschaften sind dann mit den restlichen Beteiligten Untermietverträge abzuschließen. Beachten sollte man dabei Folgendes:

— In den Untermietverträgen sollten Regelungen für den Auszug einzelner Mitglieder festgehalten werden (Kündigungsfristen, Nachfolgeregelung, Renovierung, Umgang mit gemeinsam angeschafften Geräten oder Möbelstücken).
— Damit eine Bürogemeinschaft vom Finanzamt nicht als GbR (siehe unten) eingestuft wird, muss jedes Mitglied auf eigene Rechnung arbeiten.

GbR

3.121   Arbeiten zwei oder mehr Personen auf ein gemeinsames Ziel hin, gelten sie, oft ohne sich darüber im Klaren zu sein, steuer- und haftungsrechtlich als Gesellschaft bürgerlichen Rechts (GbR) bzw. BGB-Gesellschaft. Für diese Einstufung genügen bereits ein gemeinsamer Werbeauftritt (etwa eine gemeinsame Website), eine gemeinsame Geschäftsbezeichnung (Lektoratsbüro X & Y) und das Ausstellen gemeinsamer Rechnungen. Die Beteiligten müssen sich nicht einmal ein Büro teilen. Voraussetzung für die Gründung einer GbR ist einzig und allein ein gemeinsamer Geschäftszweck, der sogar stillschweigend vereinbart werden kann.

Die wichtigsten Merkmale der GbR sind:
— Zur Gründung einer GbR ist kein Vertrag erforderlich. Sind keine vertraglichen Regelungen getroffen, gelten die Bestimmungen des Bürgerlichen Gesetzbuches.
— Aufträge ergehen an die GbR, nicht an die einzelnen Gesellschafterinnen und Gesellschafter.
— Die Gesellschafter haben das Recht und die Pflicht zur gemeinschaftlichen Geschäftsführung.
— Die Gesellschafter haften persönlich, unmittelbar und unbeschränkt für die Schulden der Gesellschaft; das heißt, jede Gesellschafterin/jeder Gesellschafter haftet in voller Höhe mit seinem Privatvermögen.
— Die Gesellschaft reicht eine gemeinsame Steuererklärung ein. Die Gewinnermittlung erfolgt durch eine Einnahmenüberschussrechnung. Gewinnanteile werden von den Gesellschafterinnen und Gesellschaftern (nach einheitlicher und gesonderter Feststellung durch das Finanzamt) persönlich versteuert.

Es liegt auf der Hand, dass Teams sich genau überlegen sollten, ob sie als GbR auftreten möchten oder nicht. Wenn ja, empfiehlt sich auf jeden Fall der Abschluss eines schriftlichen Vertrags, für dessen Ausgestaltung unter Umständen anwaltliche Beratung in Anspruch genommen werden sollte.

Regelungsbedarf besteht zum Beispiel in folgenden Punkten:
— Verteilung von Gewinnen und Verlusten
— Vertretungsvollmachten (Wer vertritt die GbR nach außen?)
— Kündigung einer Mitgesellschafterin/eines Mitgesellschafters

Partnerschaftsgesellschaft

3.122   Die Partnerschaftsgesellschaft (PartG) als Rechtsform gibt es erst seit Mitte der 1990er-Jahre. Sie ist speziell auf Freiberuflerinnen und Freiberufler zugeschnitten, eignet sich auch für „virtuelle" Teams, deren Mitglieder an unterschiedlichen Orten leben, und hat gegenüber der GbR den entscheidenden Vorteil, dass die Haftung für Schäden auf die Einzelne/den Einzelnen beschränkt werden kann. Allerdings ist die Gründung einer Partnerschaftsgesellschaft mit einigem (Zeit-)Aufwand und nicht unerheblichen Kosten verbunden.

Die wichtigsten Merkmale der Partnerschaftsgesellschaft sind:
— Die Gründung erfordert den Abschluss eines schriftlichen Vertrags, dessen notarielle Beglaubigung und die Eintragung der PartG ins Partnerschaftsregister. Hierfür fallen Anwalts-, Notar- und Eintragungskosten an. Mit rund 800 Euro sollte man auf jeden Fall rechnen.
— Jede Partnerin/jeder Partner der Gesellschaft arbeitet unabhängig und eigenverantwortlich.
— Die Haftung des/der Einzelnen kann (anders als bei der GbR) vertraglich auf das Vermögen des Schadenverursachers begrenzt werden (es empfiehlt sich allerdings der Abschluss einer gemeinsamen Haftpflichtversicherung).
— Die steuerliche Behandlung und Gestaltung des Innenverhältnisses entsprechen denen der GbR.

GRÜNDUNG VON (BÜRO-)GEMEINSCHAFTEN

3.123 „Drum prüfe, wer sich ewig bindet …" riet weiland Schiller in seinem Lied von der Glocke. Nun sind berufliche „Paarungen" nicht für die Ewigkeit gedacht, doch ein wenig besser als nur oberflächlich kennen sollte man einander schon, ehe man sich zur Teambildung entschließt.

— Passen die jeweiligen Arbeitsweisen zusammen?
— Herrscht Einvernehmen in punkto Qualitätsstandards?
— Wie viele eigene Ideen und/oder Kunden möchte man in die Gemeinschaft einbringen? Wie sieht es mit den zeitlichen Kapazitäten aus?
— Wie kompromissbereit ist der/die Einzelne?
— Wie gestaltet sich die Kommunikation?

Der Erfolg von Arbeitsgemeinschaften hängt nicht nur von den fachlichen, sondern auch von den sozialen Kompetenzen der Beteiligten ab. Idealerweise ergänzt man sich in seinen Stärken und gleicht Schwächen gegenseitig aus. Kundinnen und Kunden merken sehr schnell, ob es in einem Team rund läuft oder ob Kompetenzrangeleien und Missverständnisse die Zusammenarbeit prägen. Um zu prüfen, ob man überhaupt zusammenpasst, bietet es sich an, zunächst ein, zwei Aufträge probehalber gemeinsam zu bearbeiten (aber getrennt abzurechnen) und erst dann eine Entscheidung zu treffen.

PRAXISTIPP
Vorsicht bei Unteraufträgen

3.124 Wer Lektoratsaufträge an Kolleginnen untervermittelt, kann (als Auftraggeberin) zur Zahlung der Künstlersozialabgabe herangezogen werden. Daher sollte auch bei Kooperationen jeder/jede Beteiligte einzeln mit dem Kunden abrechnen. Aber die Praxis zeigt, dass viele Kunden nur einen Ansprechpartner haben wollen. Also muss aus den Rechnungen eindeutig hervorgehen, dass man am „Vermitteln" eines Teilauftrags nichts verdient, sondern diesen Auftrag 1 : 1 abgibt.

ERFAHRUNGSBERICHT
Bürogemeinschaft Textetage

3.125   Ein Büro in einer Bürogemeinschaft zu beziehen, war eine der wichtigsten Entscheidungen in meiner Lektorinnenkarriere. Zu Beginn habe ich wie viele Kolleginnen und Kollegen von zu Hause aus gearbeitet – was ja auch sehr praktisch ist: Man hat keine langen Wege, zahlt keine zusätzlichen Mietkosten und zwischendurch kann man auch mal die Spülmaschine ausräumen oder eine Runde laufen gehen.
Doch als die Arbeit mehr und mehr Zeit in Anspruch nahm und der Schreibtisch im Wohnzimmer nicht mehr ausreichte, wuchs der Wunsch nach einer stärkeren Trennung von Arbeit und Leben. Und so fand ich nach einer Station in einem Büroloft mit Designern und Architekten die Textetage, fünf Fahrradminuten von zu Hause.
Wir arbeiten alle selbstständig, aber eben gemeinsam und verbinden damit die Vorteile des Freiberufler- mit denen des Angestelltendaseins. Vom gemeinsamen Mittagessen über steuerrechtliche Probleme und fachliche Fragen bis hin zu Akquiseerfolgen und Großprojekten – wann immer es etwas zu fragen, zu besprechen, zu feiern oder zu teilen gibt, findet sich unter den etwa 40 Textschaffenden unserer Bürogemeinschaft jemand, der Bescheid weiß, der mitmacht oder der jemanden kennt, der weiterhelfen kann. Das dient nicht nur der persönlichen Ausgeglichenheit, sondern auch der Professionalisierung. Weil wir alle aus dem gleichen Arbeitsgebiet und angrenzenden Bereichen kommen, ergeben sich Synergieeffekte verschiedenster Art: Die Grafikerin gestaltet das Buch, das die Lektorenkollegin lektoriert, Journalisten erstellen im Team ganze Zeitschriften, zu dritt wird ein Mammutwerk übersetzt, das allein nicht zu bewältigen wäre …
Und das Beste: Seit mein Schreibtisch nicht mehr zu Hause steht, arbeite ich mehr und habe dennoch mehr Freizeit, weil beides seinen Ort und seine Zeit hat. Voraussetzung für den Spaß ist, dass man die richtigen Kollegen findet. Aber diese Suche lohnt sich.

— *Sylvia Zirden*

ERFAHRUNGSBERICHT
Gemeinsam an Projekten arbeiten

3.126 In meiner Bürogemeinschaft mit einer Kollegin arbeite ich regelmäßig gemeinschaftlich an Projekten. Dabei haben wir die unterschiedlichsten Formen der Zusammenarbeit erprobt. In manchen Fällen teilen wir die Manuskriptbearbeitung untereinander auf: Eine redigiert die erste Hälfte, die andere die zweite. Gerade bei größeren Projekten, für die relativ wenig Zeit zur Verfügung steht, kann das von Vorteil sein – für den Kunden, der seinen Drucktermin halten kann, wie auch für uns, da wir gemeinsam nach Lösungen für Probleme suchen und auf diese Weise oft etwas dazulernen. Bei Projekten, die über das reine Textlektorat hinausgehen, verteilen wir manchmal die Aufgabenbereiche: So ist etwa die eine zuständig für die Betreuung von Fotoarbeiten oder die Bildrecherche, die andere für die Kontaktpflege zu Autoren und Verlag. Wer was übernimmt, darüber entscheiden meist die individuellen Vorlieben und Fähigkeiten.

Bei eiligen Werbelektoraten oder Schlusskorrekturen kann eine gemeinsame Bearbeitung helfen, Zeit zu sparen, und auch der Qualitätssicherung dienen – vier Augen sehen mehr als zwei. Neben den diversen Vorteilen bringt das gemeinsame Arbeiten mitunter auch Nachteile mit sich und es ist nicht für alle Arten von Projekten geeignet: So müssen sich zum Beispiel bei der gemeinschaftlichen Manuskriptbearbeitung zwei Lektorinnen/Lektoren in Inhalt und Struktur eines Textes einarbeiten sowie über Vereinheitlichungen verständigen, was den Arbeitsaufwand erhöht. Beim Lektorat von Übersetzungen oder stark standardisierten Texten ist das weniger problematisch als beim Redigieren von komplexen Originalmanuskripten mit großem Vereinheitlichungsbedarf.

In den letzten Jahren haben wir das gemeinschaftliche Lektorieren etwas reduziert, weil es dazu führte, dass zeitweilig beide an einer Vielzahl von Teilprojekten arbeiteten, was ich persönlich als anstrengend empfand. Last, but not least: Wer nicht in einer GbR mit gemeinsamer Abrechnung arbeitet, sollte in jedem Fall im Vorfeld eine kluge Regelung für die Honorarverteilung finden.

— *Claudia Lüdtke*

Künstlersozialkasse

3.127 Das Freie Lektorat gehört zu den Berufen, die unter das Künstlersozialversicherungsgesetz (KSVG) fallen. Damit erhalten freie Lektorinnen und Lektoren die Möglichkeit der Sozialversicherung im gesetzlichen Kranken-, Renten- und Pflegeversicherungssystem. Als Mitglieder der Künstlersozialkasse (KSK) müssen sie nur etwa die Hälfte ihrer Beiträge selbst tragen und sind somit ähnlich günstig gestellt wie Arbeitnehmer.

Wie funktioniert das System der Künstlersozialversicherung?

3.128 Mit der Umsetzung des KSVG ist die KSK beauftragt. Sie zieht die Beiträge ihrer Mitglieder zu einer Krankenversicherung freier Wahl und zur gesetzlichen Renten- und Pflegeversicherung ein. Die andere Beitragshälfte wird anteilig durch einen Bundeszuschuss und durch Unternehmen finanziert, die künstlerische und publizistische Leistungen verwerten. Von diesen „Verwertern" – also unseren Auftraggebern – wird zu diesem Zweck die sogenannte Künstlersozialabgabe erhoben. Die KSK ist eine Pflichtversicherung: Wer die Voraussetzungen zur Aufnahme in die Versicherung erfüllt, ist auch verpflichtet, sich dort zu versichern.

Voraussetzungen für Lektorinnen und Lektoren

3.129 Freie Lektorinnen und Lektoren gehören als „Publizisten" neben Künstlern zum Kreis der KSK-Versicherungspflichtigen *(s. S. 170)*. Der Begriff des Publizisten wird von der KSK nicht eng gefasst. Nicht nur Verfasser von veröffentlichten Texten werden dazugezählt, sondern alle, die durch ihre gestalterische Tätigkeit den Charakter eines Druckwerks mitbestimmen und dabei eine eigenschöpferische Leistung erbringen, also auch freie Autoren, Journalistinnen, Grafiker und Lektorinnen.
Leistungen, denen kein eigenschöpferischer Anteil zuerkannt wird, werden von der KSK nicht als publizistisch anerkannt. Das bedeutet für die Lektoratstätigkeit, dass sie nachweislich einen gestaltenden Spielraum und Einfluss auf die Publikationen haben muss. Reines Korrektorat gilt zum Beispiel nicht als publizistisch nach KSVG.
Zum Publizistik-Begriff im Sinne des KSVG gehört auch, dass die lektorierten Texte tatsächlich publiziert, also einer breiteren Öffentlichkeit zugänglich gemacht werden müssen.

Allgemeine Bedingungen für die Mitgliedschaft in der KSK

3.130
— Die publizistische Tätigkeit wird erwerbsmäßig und nicht nur vorübergehend ausgeübt.
— Das Jahreseinkommen muss 3.900 Euro überschreiten; Berufsanfänger sind von dieser Regel in den ersten drei Jahren befreit.
— Einkünfte aus anderen selbstständigen oder angestellten Tätigkeiten dürfen bestimmte Grenzen nicht überschreiten. Detaillierte Informationen, aktuelle Zahlen, Formulare etc. gibt es auf der Website der KSK: *www.kuenstlersozialkasse.de.*

Versicherungsbeginn

3.131 Die Versicherung und die Beitragszahlung beginnen mit Aufnahme der selbstständigen Tätigkeit und dem Tag der Meldung bei der KSK. Die Prüfung des Aufnahmeantrags durch die KSK kann allerdings einige Monate in Anspruch nehmen. Die Praxis hat gezeigt, dass dabei häufig Belege in Form von Verträgen oder Rechnungen über Lektoratsarbeit nachgefordert werden. Im Fall einer Ablehnung kann man Widerspruch einlegen. Wird ein Antrag von der KSK bewilligt, so gilt die Versicherung bereits rückwirkend ab dem Tag der Antragstellung bzw. ab dem Tag, an dem die Voraussetzungen für die Versicherung erfüllt sind.

Beitragsberechnung

3.132 Die Höhe der Beiträge hängt vom Arbeitseinkommen ab. Regelmäßig zum Jahresende fordert die KSK sämtliche Versicherten auf, ihr voraussichtliches Einkommen für das folgende Jahr einzuschätzen und mitzuteilen. Auf der Grundlage dieses geschätzten Jahreseinkommens werden prozentual die Beiträge zu Kranken-, Renten- und Sozialversicherung bemessen, analog zu den geltenden Sätzen für Angestellte. Weichen die tatsächlichen Einnahmen im Lauf des Jahres erheblich von der Schätzung ab, können die Versicherten jederzeit durch eine schriftliche Änderungsmitteilung an die KSK eine Korrektur vornehmen. Die Änderung wird nur für die Folgezeit wirksam, sie gilt nicht rückwirkend. Zu beachten ist: Die Mitgliedschaft in der KSK bedeutet keine Absicherung gegen Altersarmut. Geringere Einkommen bedeuten automatisch auch geringere Beiträge zur Rentenversicherung, da die Höhe der Rente, wie bei Arbeitnehmern auch, von den eingezahlten Beiträgen abhängt.

Mutterschaftsgeld für KSK-Versicherte

3.133   Freiberuflerinnen, die über die Künstlersozialkasse (KSK) sozialversichert sind, erhalten Mutterschaftsgeld: für die sechs Wochen vor der Geburt eines Kindes und für die acht Wochen danach.

Für die Höhe des Mutterschaftsgeldes ist das Nettoeinkommen aus den letzten 12 Monaten vor der Mutterschutzfrist entscheidend. Es werden nur ganze Monate gezählt: Beginnt die Mutterschutzfrist etwa am 26. Oktober 2014, umfasst der relevante Zeitraum die Monate Oktober 2013 bis September 2014. Die Höhe des Mutterschaftsgeldes berechnet sich aus dem Nettoeinkommen, das für diesen Zeitraum an die KSK gemeldet wurde.

Im oben genannten Beispiel umfasst dieser Zeitraum drei Monate aus 2013 (Oktober bis Dezember) und neun Monate aus 2014 (Januar bis September). Das für 2013 an die KSK gemeldete Einkommen wird also durch 12 geteilt und mit 3 multipliziert. Das für 2014 gemeldete Einkommen wird durch 12 geteilt und mit 9 multipliziert. Diese beiden Produkte werden addiert und durch 360 (12 Monate à 30 Tage) geteilt. Daraus ergibt sich das täglich erzielte Nettoeinkommen.

Vom Nettoeinkommen werden 70 Prozent als Mutterschaftsgeld von der Krankenkasse ausgezahlt. Für die Zeit vor der Geburt wird für 42 Tage, für die Zeit nach der Geburt für 56 Tage Mutterschaftsgeld gezahlt. Das Tagesnettoeinkommen wird entsprechend mit 42 bzw. 56 multipliziert.

Je nach Einkommensschätzung kann das Mutterschaftsgeld niedriger sein als das Elterngeld. Der Differenzbetrag wird dann von der Elterngeldstelle nachbezahlt. Es ist daher ratsam, den Elterngeldantrag so früh wie möglich zu stellen.

Ein Merkblatt „Mutterschaftsgeld – Erziehungsgeld – Elterngeld" mit weiteren Informationen stellt die Künstlersozialkasse im Downloadbereich ihrer Website zur Verfügung, *www.kuenstlersozialkasse.de*.

Weitere Versicherungen
Haftpflicht

3.134 Auf jede Kleinigkeit im Text geachtet, aber einen Tippfehler in der Überschrift übersehen? In einem neu verfassten Text eine Formulierung verwendet, durch die der Kunde eine Rufschädigung befürchtet? Selbst beim sorgfältigsten Lektorat kommen solche Fehler gelegentlich vor. Welcher Schaden entsteht, hängt vom jeweiligen Auftrag ab: Muss etwa eine komplette Buchauflage eingestampft werden oder werden im Werbelektorat die Kosten einer missratenen Anzeigenkampagne als Schaden geltend gemacht, kann es für die Lektorin/den Lektor teuer werden – sogar über die Nichtzahlung des eigentlichen Auftragshonorars hinaus.

3.135 Mit einer *Vermögensschaden-Haftpflichtversicherung* kann man sich gegen solche Risiken absichern. Sie übernimmt die Kosten bei berechtigten Ansprüchen der Auftraggeber und stellt gleichzeitig eine Rechtsschutzversicherung dar, denn die juristische Abwehr unberechtigter Ansprüche ist mitversichert.
Zur Absicherung gegen Vermögensschäden bietet der VFLL seinen Mitgliedern einen speziellen, verbilligten Gruppentarif bei der ERGO Versicherung an. Die Kosten betragen etwa 140 bis 210 Euro pro Jahr, je nach Versicherungssumme. Übersetzungen sind nicht mitversichert, jedoch bietet die ERGO Versicherung bei gleichzeitigem Vertragsabschluss auch hier einen günstigen Tarif an. Der Versicherungsschutz des Gruppentarifs erstreckt sich ebenso auf Vermögensschäden, die durch den Einsatz des Internets entstehen. Genauere Angaben zu dieser Versicherung sind im Mitgliederbereich der VFLL-Website zu finden.

3.136 Die *Betriebs- bzw. Berufshaftpflichtversicherung* deckt nur Sach- und Personenschäden ab, die vor Ort entstehen, also der Ausrutscher des Kunden im hauseigenen Büro oder die heruntergestoßene Vase im Büro des Auftraggebers. Solange keine regelmäßigen Kundenbesuche stattfinden oder Mitarbeiter beschäftigt werden, ist eine solche Versicherung nicht zu empfehlen. Eventuell lohnt sich die *Kombination einer beruflichen mit einer privaten Haftpflichtversicherung*. Sie ist kaum teurer als eine Versicherung, die nur Privatschäden abdeckt, die Kosten (ca. 160 Euro pro Jahr) lassen sich jedoch komplett als Betriebsausgaben steuerlich geltend machen.

Krankenversicherung

3.137   Die Krankenversicherung ist eine Pflichtversicherung. Ob dabei eine gesetzliche oder eine private Krankenversicherung infrage kommt, hängt letztlich vom beruflichen Status ab. Freiberuflich tätige Lektorinnen und Lektoren sind in der Regel über die Künstlersozialkasse *(s. S. 161)* in einer gesetzlichen Krankenkasse versichert. Der Vorteil: Die Mindestbeiträge liegen wesentlich niedriger als bei einer privaten Versicherung oder einer freiwilligen Selbstversicherung. Insbesondere Alleinverdienerinnen mit Familie profitieren von den Regelungen der gesetzlichen Krankenkasse, denn sämtliche Familienmitglieder sind beitragsfrei mitversichert. Wer nicht Mitglied in der KSK ist, muss sich selbst versichern – entweder über die freiwillige Versicherung in der gesetzlichen oder bei einer privaten Krankenversicherung.

Altersvorsorge

3.138   KSK-Mitglieder sind automatisch in der gesetzlichen Rentenversicherung pflichtversichert *(s. S. 161)*. Lektorinnen und Lektoren, denen die KSK nicht offensteht, können sich freiwillig gesetzlich versichern oder einen Antrag auf Pflichtversicherung stellen. Ausführliche Informationen dazu gibt es bei der Deutschen Rentenversicherung Bund in Berlin. Da die staatliche Rente zwar sicher ist, das Rentenniveau aber beständig schrumpft, sollte man zusätzlich privat fürs Alter vorsorgen. Von der privaten Rentenversicherung über Fondssparpläne bis hin zum Aktienpaket existiert eine sehr große Bandbreite an Möglichkeiten. Zudem fördert der Staat die private Altersvorsorge mit speziellen Programmen wie der „Riester-" und der „Rürup-Rente".
Ein unabhängiger Finanzberater kann helfen, den Angebotsdschungel zu lichten und die passende Vorsorge zu finden. Adressen vermittelt der Verbund deutscher Honorarberater.

Berufsunfähigkeitsversicherung

3.139   Als *berufs*unfähig gilt, wer aus gesundheitlichen Gründen seinen Beruf dauerhaft nicht mehr ausüben kann. Die staatliche Rentenversicherung springt jedoch erst bei *Erwerbs*unfähigkeit mit einer sogenannten Erwerbsminderungsrente ein – wenn jemand also gar keiner Tätigkeit mehr nachgehen kann – und dies auch nur bei gesetzlich Versicherten.

Versorgungslücken sind im Ernstfall demnach vorprogrammiert. Um die finanziellen Folgen einer Berufsunfähigkeit abzufedern, kann der Abschluss einer privaten Berufsunfähigkeitsversicherung sinnvoll sein. Allerdings sollte das Kleingedruckte sehr genau gelesen werden, denn die Versicherer zahlen nicht in jedem Fall. Je älter man bei Vertragsabschluss ist, desto teurer wird die Versicherung. Ein Honorarberater oder die Verbraucherzentralen helfen dabei, einen geeigneten Anbieter zu finden.

Rechtsschutzversicherung

3.140 Eine Rechtsschutzversicherung übernimmt die Kosten für Rechtsanwalt und Gerichtsverfahren sowie Schadenersatzforderungen, wenn es zum juristischen Streitfall kommt. Allerdings nicht immer und nicht in jeder Höhe, sondern abhängig von den Ausschlussklauseln der Versicherungspolice, die man unterschrieben hat. Deshalb sollten die Angebotsbedingungen der Versicherer und die eigenen Bedürfnisse sorgfältig geprüft werden. Wer nur über ein kleines Budget verfügt, sollte sich zuerst gegen jene Risiken absichern, die existenzbedrohend werden können, wie etwa Berufsunfähigkeit (s. o.) und Haftpflichtschäden *(s. S. 164)*. Ist dann noch Geld übrig, kann man über eine Rechtsschutzversicherung nachdenken. Ein kleiner Tipp: Selbstständige, die Mitglied bei ver.di sind, genießen einen kostenlosen Berufsrechtsschutz, den sie etwa bei Konflikten mit Kunden oder mit den Sozialkassen in Anspruch nehmen können.

Arbeitslosenversicherung

3.141 Lektorinnen und Lektoren, die sich gerade erst selbstständig gemacht haben – sei es aus einer Festanstellung oder der Arbeitslosigkeit heraus –, können innerhalb der ersten drei Monate ihrer Selbstständigkeit bei der Agentur für Arbeit eine freiwillige Weiterversicherung in der Arbeitslosenversicherung beantragen. Der Beitrag ist allerdings recht hoch, der Antrag will also wohl überlegt sein. Aktuelle Informationen zu den Versicherungsbedingungen und Beitragszahlen gibt es bei der Selbstständigenberatung *mediafon.net*.

Freiberuflich arbeiten: Chancen und Risiken

3.142 Freelance! Meine Zeit selbst einteilen. Ungebremst kreativ sein. Mir die Kunden aussuchen … Traumhaft, oder? Freiberuflichkeit bietet jede Menge Chancen. Doch wer sie nutzen will, kommt um unbequeme Fragen nicht herum. Schaffe ich den Spagat zwischen Flexibilität und existenzieller Unsicherheit? Kann ich Beruf und Privatleben voneinander abgrenzen? Das bietet genügend Stoff für schlaflose Nächte – und keineswegs nur am Anfang der Selbstständigkeit. Zugleich lauern scheinbar harmlose *Denkfallen*:

1. Danke, ich arbeite lieber allein.
2. Ich brauche überhaupt kein Lob.
3. Leerlauf? Kann ich mir nicht leisten.
4. Alles muss hundertprozentig sein.
5. Das Honorar ist schon okay.

3.143 1. Kontemplative Ruhe passt wunderbar zum konzentrierten Arbeiten an Texten. Doch ohne Kolleginnen oder Kollegen, die auf einen Kaffee vorbeischauen, ohne den schnellen Austausch zwischen Tür und Angel droht Isolationskoller. Hier ist *aktives Netzwerken* gefragt, der Blick über den Tellerrand! Auch offene oder feste Kooperationen machen das Leben leichter.

3.144 2. Eigenmotivation ist für die meisten Selbstständigen kein Problem. Erst recht nicht, wenn die Kundinnen und Kunden glücklich sind und der Laden läuft. Aber auf Dauer schützt vor allem eines vor dem Frustrationsstau: *die Kunst, sich selbst zu belohnen*. Das will gelernt sein, wenn der Zuspruch von außen fehlt. Und es fördert die Kritikfähigkeit. Denn wer die eigenen Bedürfnisse achtet, kann auch besser mit Reklamationen umgehen.

3.145 3. Das Auftragsbuch ist voll, der Terminkalender prall. Das klingt nach Sicherheit, nach sprudelnden Einnahmen. Allerdings verführt dieses Wunschziel dazu, vorsorglich noch die letzten Lücken zu schließen. Effektives Zeitmanagement bedeutet dagegen, dass man *Puffer rechtzeitig einplanen* und auch mal „Nein" sagen kann.

3.146 4. Wer für Qualität steht, erfüllt seine Aufgaben gern ganz oder gar nicht. Man hat ja einen Ruf zu verlieren. Aber gerade Einzelkämpfer sind darauf angewiesen, unterscheiden zu lernen: Wo und wie kann ich *Kraft und Kompetenzen sinnvoll einsetzen?* Mit dem Bewusstsein, dass manchmal 80 Prozent ausreichen, arbeitet es sich entspannter.

3.147 5. Leistung verdient (finanzielle) Anerkennung und sichert den Lebensunterhalt. Dafür sorgt das Wissen, wie sich *angemessene Honorare* aushandeln lassen. Klug kalkuliert signalisiert ein faires Angebot der Kundin/dem Kunden gegenüber Professionalität und wirkt vertrauensbildend. Außerdem verhindert es Preisdumping ebenso wie Selbstausbeutung.

Keine Angst vor der Flaute

3.148 Zu den gefürchteten Situationen in der Freiberuflichkeit zählen Auftragsflauten. Wochenlang herrscht gespenstische Ruhe? Um gegen solche Durststrecken gewappnet zu sein, wird jede und jeder eigene Strategien entwickeln müssen. Neben der eisernen Reserve auf dem Konto kann ein Ordner mit Projektideen hier wahre Wunder bewirken. Jetzt ist der richtige Zeitpunkt, um zu recherchieren, ein Exposé anzufertigen, neue Kundenkreise in den Blick zu nehmen. Das Feld für Textprofis ist groß.

Tatsächlich verlieren Krisen manches an Schrecken, wenn wir uns klarmachen, dass wir schnell und unbürokratisch auf aktuelle Entwicklungen reagieren können. Weder sind wir auf bestimmte Auftraggeber festgelegt noch auf einzelne Themen oder einen festen Ort noch müssen wir immer dieselben Dienstleistungen anbieten.

Reden wir drüber

3.149 Ja, unser Berufsbild ist erklärungsbedürftig, ein bisschen mysteriös. Wir sind schließlich „der unsichtbare Zweite" (Ute Schneider), wir verschwinden hinter der Autorin/dem Autor. In keiner Rezension steht: „Der Text lebt durch das ausgezeichnete Lektorat von xy." Wenn überhaupt, wird eher das Fehlen eines „beherzten Lektorats" moniert. Nehmen wir das zum Anlass, um unsere Arbeit mit Selbst- und

Verbands-PR ins Gespräch zu bringen! Von wegen „Schreiben kann ja jeder" – nichts da: „Wer schreibt und veröffentlicht, braucht eine Lektorin." Das darf sich herumsprechen.

Freiheit ist anstrengend …

3.150 … und will gestaltet werden. Der eine nutzt die Chancen der Freiberuflichkeit, um Arbeit und Familie in Einklang zu bringen, die andere für einen längeren Auslandsaufenthalt *(s. Erfahrungsberichte, S. 171–174)*. In jedem Fall liegt das größte Versprechen, die schönste Ermutigung darin, (selbst gesetzte oder auch vermeintliche) Grenzen auszuloten und ruhig mal zu überschreiten. Herausforderungen annehmen, sich und die eigenen Fähigkeiten erproben, Fehler machen, Erfolge genießen, das heißt immer auch dazulernen und an Profil gewinnen. Ein Riesengeschenk, bitte zugreifen.

3.151

Lektorieren mit Blick auf Palmen.
Sibylle Strobels Arbeitsplatz in Papua-Neuguinea (vgl. Erfahrungsbericht S. 172)

KSK-VERSICHERUNGSPFLICHT

3.152   Auszug aus dem Künstlersozialversicherungsgesetz (KSVG)

§ 1
Selbstständige Künstler und Publizisten werden in der allgemeinen Rentenversicherung, in der gesetzlichen Krankenversicherung und in der sozialen Pflegeversicherung versichert, wenn sie
1. die künstlerische oder publizistische Tätigkeit erwerbsmäßig und nicht nur vorübergehend ausüben und
2. im Zusammenhang mit der künstlerischen oder publizistischen Tätigkeit nicht mehr als einen Arbeitnehmer beschäftigen, es sei denn, die Beschäftigung erfolgt zur Berufsausbildung oder ist geringfügig im Sinne des § 8 des Vierten Buches Sozialgesetzbuch.

§ 2
Künstler im Sinne dieses Gesetzes ist, wer Musik, darstellende oder bildende Kunst schafft, ausübt oder lehrt. Publizist im Sinne dieses Gesetzes ist, wer als Schriftsteller, Journalist oder in ähnlicher Weise publizistisch tätig ist oder Publizistik lehrt.

PRAXISTIPP
Coaching und Auszeiten nutzen

3.153   Ob Einzel-, Gruppen- oder Selbstcoaching – unter den zahlreichen Angeboten auf dem Beratermarkt finden auch freie Lektorinnen und Lektoren ihr maßgeschneidertes Paket. Empfehlenswert sind Routinen, um sich Feedback und Unterstützung zu holen. Und das Geld dafür ist als Betriebsausgabe gut angelegt.

3.154   Auch bewusst gesetzte Auszeiten, ganz individuell gestaltet, sind Balsam für Herz und Hirn. Für Existenzgründerinnen und -gründer gibt es spezielle Programme, mit denen etwa „Gründercoaching" innerhalb der ersten fünf Jahre nach Beginn der Selbstständigkeit gefördert wird. Näheres zum Beispiel hier: http://tinyurl.com/lvt4r6c *(www.arbeitsagentur.de)*.

ERFAHRUNGSBERICHT
Freiberuflichkeit – nur für starke Nerven?

3.155 „Männer trauen sich freiberufliches Arbeiten viel öfter zu – sie tun es einfach." Dieser Satz fiel gegen Ende eines Seminars für Frauen zum Thema „Quereinstieg in das freiberufliche Lektorat". Ich hatte mich nicht etwa eingeschrieben, weil ich Freiberuflerin werden wollte, sondern musste nur irgendwie die Durststrecke überbrücken, bis ich ein Verlagsvolontariat bekam. Freiberuflichkeit – damit assoziierte ich banges Warten auf den nächsten Auftrag und ständige Angst um den Lebensunterhalt meiner Familie. Das war nichts für mich und meine schwachen Nerven!
Aber dieser Satz brachte mich ins Grübeln. Ich ließ das Seminar Revue passieren. Nein, es gab keine unfehlbaren Erfolgsgaranten. Aber der Weg in die Freiberuflichkeit war auch kein Motorrad-Stunt. Er bestand aus überschaubaren Arbeitsschritten, von denen mir die meisten durchaus machbar vorkamen, und was hatte ich schon zu verlieren, solange ich ohnehin keine Stelle bekam?
In den folgenden zwei Jahren verlor ich so einiges. Ich verkalkulierte mich nicht nur selbst mehrmals, sondern gleich zwei meiner Auftraggeber gingen in Konkurs. Ohne die feste Stelle meines Lebensgefährten hätte ich meine neuen Pläne wahrscheinlich aufgeben müssen. Aber wiederum zwei Jahre später war ich die Hauptverdienerin, während er sich weiterqualifizierte – und sich später ebenfalls selbstständig machte.
Und die schwachen Nerven? Die kann man stärken, durch Fortbildungen, berufliche Kontaktpflege und finanzielle Rücklagen zum Beispiel. Und dann entdeckt man die Chancen der Freiberuflichkeit: die zeitliche Flexibilität (außerhalb der Stoßzeiten jedenfalls) und die beruflichen wie privaten Gestaltungsmöglichkeiten. Ich schreibe diesen Text in Toronto, wo ich mit meiner Familie aus reiner Neugier ein halbes Jahr verbringe. Auch so etwas kann man sich zutrauen, wenn man das „frei" in „freiberuflich" wörtlich zu nehmen beginnt.

— *Gesine Schröder*

ERFAHRUNGSBERICHT
Mobiles Arbeiten: als Lektorin in Papua-Neuguinea

3.156   Zwischen Berlin und dem Independen Stet bilong Papua Niugini pendeln? Wo ist dieses „PNG" überhaupt? Ich will unbedingt meinen Beruf weiter ausüben – ist das machbar?

Die alles entscheidende Frage bei der Überlegung, mehrere Monate im Jahr auf der anderen Seite der Welt zu verbringen, war gewiss nicht die, ob's da noch Kannibalen gibt. (Nein!) Sondern: Ist ein Land, in dem laut Auswärtigem Amt 85 Prozent der Menschen noch heute von Tauschhandel und Subsistenzwirtschaft leben, im Internetzeitalter angekommen?

Aus der Ferne ist das Internet die berufliche Lebensader; ohne E-Mail geht gar nichts. Nach den ersten Erfahrungen mit tropischen Gewitterstürmen und deren Auswirkungen auf die Netzverbindung habe ich das Arbeitsfeld Unternehmenskommunikation auf Eis gelegt. Die Agentur war zwar regelrecht begeistert, dass die Texte um die halbe Welt reisten und dank der Zeitverschiebung – ich war acht, neun Stunden voraus – viel „über Nacht" erledigt wurde. Aber obwohl letztlich immer irgendwie alles termingerecht klappte, kosteten eilige Aufträge Nerven.

Dicke Wälzer sind da viel besser zu bewältigen. Die Kunden haben in der Regel überhaupt kein Problem damit, dass ich fünf bis sechs Monate im Jahr nicht persönlich greifbar bin. Hauptsache, es wird in gewohnter Qualität und termingerecht gearbeitet.

Die Kommunikation spielt eine große Rolle – die Kundinnen müssen vorab Bescheid wissen! Nicht zuletzt ist das regelmäßige Anlanden im Heimathafen mit persönlichen Treffen, Akquise und Fortbildungen unabdingbar, sonst verliert man irgendwann den Anschluss.

Wer was von der Welt sehen und trotzdem professionell lektorieren will, dem sei Mut gemacht: Es ist, gutes Zeit- und Selbstmanagement vorausgesetzt, durchaus machbar. Mein nächstes Ziel muss nicht unbedingt ein Inselstaat nördlich von Australien sein, denn die Distanz macht das Hin und Her auf Dauer anstrengend. Doch die Freiheit der Freiberuflerin möchte ich weiterhin nutzen.

— *Sibylle Strobel*

ERFAHRUNGSBERICHT
Freiberuflich arbeiten – flexibel, strukturiert und effektiv

3.157 Effektives Zeitmanagement, Festlegen von Prioritäten, ein hohes Maß an Flexibilität, Selbstdisziplin, strukturiertes Arbeiten und gute Organisation sind für eine erfolgreiche Freiberuflichkeit, vor allem mit Kindern, unabdingbar. Aber so wie die positive Rückmeldung der Kunden, die mit ihrer Entscheidung der Auftragsvergabe zufrieden sind und die angefragte Kompetenz zu schätzen wissen, gibt das glückliche Lächeln der Kinder Stärke und Motivation auch in schwierigen Zeiten, in denen alles zusammenkommt: Wenn Dauerkundin A den Auftrag umfangreich erweitert, ein Neukunde B eine lukrative und sehr dringende Anfrage stellt, die Vorsteuererklärung ansteht, der Drucker nicht funktioniert und dann noch die Kinder erkranken, sind Notfallpläne und Lösungsmöglichkeiten gefragt. Da die eingeplanten Zeitpuffer für alle Aufgaben nicht ausreichen, werden hin und wieder die Wochenenden und Abendstunden für die ausgefallene Arbeitszeit genutzt. Notwendige, aber nicht dringende Organisationsaufgaben wie Archivierung, Ablage oder Verwaltung sind variable Tätigkeiten und ermöglichen die kurzzeitige Arbeit in nächster Nähe zum Kind. Gut, wenn für die Betreuung während der Regenerationsphase oder für die Schulferien auf ein zuverlässiges privates Netzwerk zurückgegriffen werden kann.

Das Einplanen und Durchsetzen von Freiräumen ist häufig die größte Herausforderung. Werden die eigenen Kapazitäten über längere Zeit nicht nur ausgeschöpft, sondern Grenzen dauerhaft überschritten, folgen gesundheitliche Probleme, die wiederum zu beruflichen Komplikationen führen können.

Das berufliche Netzwerk erweitert mein individuelles Dienstleistungsspektrum – so werden große, nicht allein zu bewältigende Projekte durch Teamarbeit ermöglicht. Wenn die kompetente Kollegin aus dem Lektorenverband meine weitergeleitete Anfrage übernehmen oder ich ihr bei Kapazitätsengpässen helfen kann, so ist sowohl den Kunden und Kollegen als auch mir geholfen.

— *Sylvia Jakuscheit*

ERFAHRUNGSBERICHT
Freiberuflichkeit und Kind – ein (schöner) Balanceakt

3.158 Als Mutter eines Zweijährigen höre ich oft: „Das ist ja einfach mit Job und Kind, wenn man zu Hause arbeitet!" Dem ist nicht so! Sicher: Freiberufler sind meist flexibler. Aber auch Flexibilität hat Grenzen, vor allem im Werbelektorat. Kurzfristige Aufträge ohne Vorankündigung sind für mich Alltag.

Mit dem Kleinen zu Hause funktioniert konzentriertes Arbeiten nur eingeschränkt, da er Beschäftigung und Ansprache einfordert. Nur dann zu arbeiten, wenn er im Bett ist oder mein Mann sich kümmern kann (nicht zu vergessen, dass ich auch irgendwann erschöpft bin), ist nicht immer möglich. Der berufliche Alltag erfordert also eine Betreuung. Ob das die Oma, eine Tagesmutter oder, wie bei uns, eine Kita ist, ist eine Frage des Angebots, der Kosten und des persönlichen Empfindens – man muss sich damit wohlfühlen. Dabei hat jede Form Vor- und Nachteile. Und für Fälle, in denen die Betreuung ausfällt, braucht man einen Plan B: Nehme ich oder nimmt mein Partner frei? Kann eine andere Person einspringen? Bevor es so weit ist, gibt es noch viele andere Fragen zu klären: Wie schnell will/kann ich nach der Geburt wieder arbeiten? Nehme ich Elternzeit? Wie stabil sind meine Kundenbeziehungen, verliere ich durch eine Auszeit Kundinnen? Meine Erfahrung nach einem wunderbaren Jahr Elternzeit: Der Wiedereinstieg war zäh – außer bei Kunden, für die ich zwischendurch Aufträge erledigt oder zu denen ich anderweitig Kontakt gehalten hatte.

3.159 Wenn man Elterngeld beantragt, ist zu beachten, dass derzeit Einnahmen nach dem Zuflussprinzip mit dem Elterngeld verrechnet werden, unabhängig vom Zeitpunkt der Leistungserbringung. Schwangere sollten sich frühzeitig bei der Elterngeldstelle erkundigen und beraten lassen, welche Regelungen gelten und welche Optionen infrage kommen.

Das ist nur ein kleiner Einblick in ein komplexes Thema. Eins darf man nicht vergessen: Ein Kind ist immer mit Unwägbarkeiten verbunden – darüber sollte man nicht verzweifeln, sondern es als eine der schönsten Herausforderungen überhaupt sehen!

— *Katja Kollig*

Börsenblatt:
Der Rundumblick in die Branche

Das Börsenblatt.
Der wöchentliche Ausblick in die Branche.

Immer top informiert: Das Börsenblatt bietet Ihnen Woche für Woche aktuelles, relevantes und interessantes Branchenwissen. Unabhängig, kritisch und sorgfältig recherchiert. Da lohnt es sich, genauer hinzuschauen und sich keine Ausgabe entgehen zu lassen – ob gedruckt, als E-Paper oder online.

Börsenblatt. Lesen, was sich lohnt.
www.boersenblatt.net

börsenblatt

4 Tipps und Tricks für das Freie Lektorat

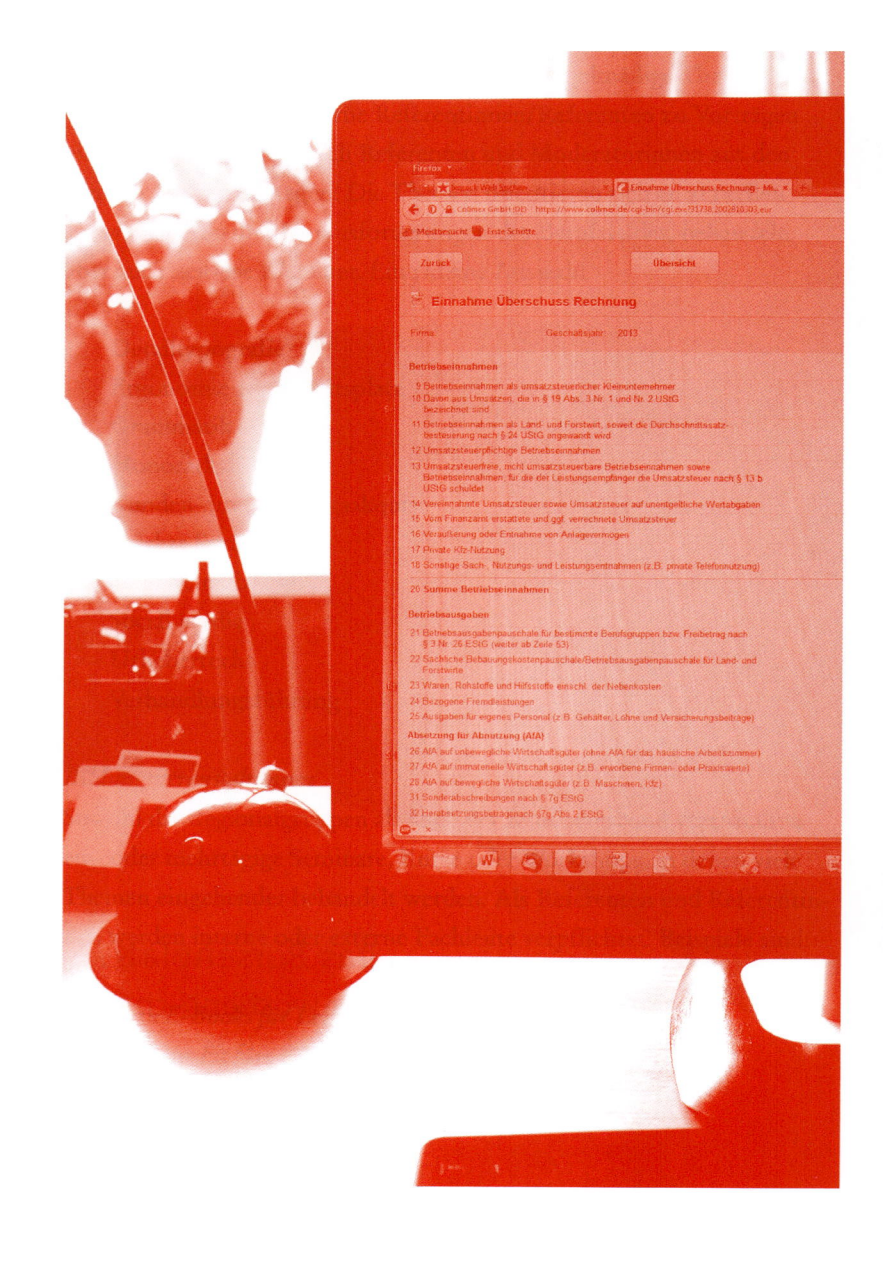

Hilfsmittel für den Berufsalltag

4.1 Mit welcher Ausstattung starte ich in meine Selbstständigkeit? Wie organisiere ich meine Adressen, meine Buchhaltung, meinen mobilen Arbeitsplatz? In diesem Kapitel geben erfahrene Kolleginnen und Kollegen Antworten auf diese und viele weitere Fragen.
Sie zeigen auf, was eine gelungene Außendarstellung ausmacht und wie man durch eine effektive Büroorganisation Zeit für das Wesentliche behält. Sie erläutern, wie wichtig die Zeiterfassung und das Controlling für unsere unternehmerische Existenz sind, und verraten Tipps und Tricks für einen erfolgreichen Lektoratsalltag.

Ausstattung

Hardware

4.2 In kaum einem anderen Beruf kann man sich so kostengünstig selbstständig machen! Ein Computer mit Internetanschluss und ein Telefon genügen. Für den Schwarz-Weiß-Druck ist ein Laserdrucker kostengünstiger als ein Tintenstrahldrucker. Ein Faxgerät wird heutzutage kaum noch gebraucht, dafür eher ein Scanner. Hier genügt meist ein All-in-one-Gerät (Scanner, Fax, Farbdrucker, Kopierer). Am besten mit Stapeleinzug, denn damit lassen sich Korrekturfahnen im Handumdrehen scannen und per E-Mail zurück an die Setzerei schicken. Größere Kopiervolumina bewältigt man besser im Copyshop an Hochleistungsgeräten.

Software

4.3 Das Minimum für unsere Selbstständigkeit sind ein Textverarbeitungs- und ein E-Mail-Programm. Open-Source-Software entbindet von kostenintensiven Updates und bietet meist die notwendigen Standards. Auftraggeber erwarten in der Regel jedoch Microsoft Office, das sich aus Gründen des Workflows und der wechselseitigen Kompatibilität empfiehlt. Tabellenkalkulationsprogramme eignen sich nicht nur für die Kalkulation und das Controlling, sondern auch für das Projektmanagement allgemein. Ein Virenschutzprogramm, ein sicherer Browser und eine Datensicherungsroutine, die alle Daten täglich einmal sichert, sind unerlässlich. Darüber hinaus ist für den Lektoratsalltag eine hochwertige PDF-Software (wie Adobe Acrobat, PDF-Annotator) hilfreich.

Datenorganisation

4.4 Gute Daten sind verfügbare Daten; daher geht in einem professionellen Bürobetrieb nichts über die (tägliche) Datensicherung. Am besten richtet man sich mit einer entsprechenden Software (etwa Syncovery) eine Speicherroutine ein, die einem diese Arbeit abnimmt. Wie die Organisation des Büros ist auch die Organisation der Daten letztlich eine Frage des Typs und der persönlichen Vorlieben. Ein schneller Zugriff auf unser Datenmaterial erleichtert uns das Arbeiten und ist insofern bares Geld wert. Nicht selten gilt dies auch für bereits abgeschlossene Projekte, die einfach in einem Alt-Ordner aus unserem täglichen Blickfeld verschwinden und dennoch stets zugriffsbereit sind. E-Mail-Ordner regelmäßig von großen Datenpaketen zu entschlacken ist äußerst sinnvoll für ein stabil funktionierendes E-Mail-Programm; ein manuelles Vorgehen ist für den laufenden Lektoratsbetrieb meist zielführender als eine automatisierte Einstellung (Ordnereinstellungen, Speicherzeiträume).

4.5 Und das Wichtigste zum Schluss: Ein Virus kann nicht nur alle Daten zerstören, sondern auch das ganze System. Jeder Kunde/jede Kundin kann zu Recht von einem seriösen und professionellen Anbieter ein Virenschutzprogramm verlangen (zum Beispiel Avast, Kaspersky).

Fachliteratur, Duden & Co.

4.6 Die am meisten genutzten Nachschlagewerke lassen sich in ihrer digitalen Ausführung schneller einsetzen als die papiernen Originale. Ein Wörterbuch (Duden oder Wahrig) und eine Grammatik der deutschen Sprache sind unverzichtbarer Bestandteil unserer Ausrüstung. Der amtliche Regeltext der deutschen Rechtschreibung ist online zugreifbar. Der „grüne Duden" (Bd. 9) ist eine willkommene „Nachhilfe" und erspart so manche Anfrage in der Mailingliste des VFLL. Freie Lektorinnen/Lektoren sollten Kenntnisse über Satz und Layout, Herstellung (Druck/Bindung), Digitalisierung und Typografie besitzen und nicht mehr präsentes Fachwissen wenigstens im Bücherregal nachschlagen können *(s. Literaturliste S. 220–229)*. Ein nützliches Standardwerk ist Brigitte Witzers „Satz und Korrektur" (Duden), das allerdings nur noch als E-Book (2. Aufl. 2009) oder antiquarisch erhältlich ist.

Büromaterial

4.7 Freiberuflich Tätige dürfen bei allen Büromaterialhändlern für Gewerbetreibende bestellen, auch wenn sie nicht als Gewerbetreibende eingestuft sind. Eine Registrierung erfolgt bei der Erstbestellung: Mit der Kundennummer lässt sich der Büroeinkauf künftig schnell und komfortabel erledigen. Das Angebot reicht von Papier und Toner über Ordner und Korrekturstifte bis zu Etiketten und Briefumschlägen etc. Für den Profibedarf sind diese Firmen meist besser und günstiger als der örtliche Papierwarenhandel. Aber Achtung: Die Katalogpreise sind Nettopreise! Für die Wahl des richtigen Anbieters empfiehlt sich ein Preisvergleich. Ein großes Angebot umweltfreundlicher Büromaterialien hat Memo (bis hin zur Büroausstattung); bei Otto Office erhalten Lektorinnen und Lektoren, die einen Datenbankeintrag bei lektorat.de haben, 10 Prozent Dauerrabatt.

4.8 — *Papier*
Wer Papier in großen Mengen benötigt und ausreichend Platz hat, kann es direkt in der Papierfabrik bestellen. Der Preis richtet sich nach Abnahmemenge, geliefert wird per Spedition. Kleinere Einheiten (500–5000 Blatt) lassen sich beim Büromaterialhändler ordern. Hier lohnt es sich, auf die Papier-Sonderangebote zu warten.

4.9 — *Briefumschläge & Co.*
Die üblichen Briefumschläge und Etiketten bieten alle Büromateriallieferanten an. Kartonagen, mit denen sich Manuskript- oder Fahnenstapel verschicken oder archivieren lassen, findet man in allen Größen und Varianten bei Verpackungshändlern. Diese führen auch Verpackungen für Bücher, Datenträger etc.

4.10 — *Briefmarken*
Briefmarken bestellt man am komfortabelsten bei der Philatelie der Deutschen Post: Dort lassen sich persönliche Briefmarkenfavoriten auswählen, die Marken kommen per Post, bezahlt wird bequem per Rechnung und Lastschrift. Die GoGreen-Aufkleber für den Klimaschutz erhält man bei der eFiliale der Deutschen Post.

Visitenkarten

4.11 Die Visitenkarte vermittelt in der Regel den ersten Eindruck – ob digital im Netz oder klassisch gedruckt. Eine einfache Textgestaltung, wie sie bei privaten Visitenkarten noch ausreichend ist, wirkt bei einem Einzelunternehmer bereits unprofessionell. Aus der Art und Weise, wie wir uns präsentieren, ziehen potenzielle Auftraggeberinnen und Auftraggeber Rückschlüsse auf die Qualität unserer Arbeit. Es empfiehlt sich eine professionell gestaltete Visitenkarte, am besten mit Logo und Hausschrift. Diese Elemente sollten sich auch auf dem Briefpapier und der Website wiederfinden.

Website

4.12 Je nach fachlicher Ausrichtung und Zielgruppe kann eine Website mehr oder weniger wichtig sein. Viele freie Lektorinnen und Lektoren werden seit Jahren auch ohne eine Internetpräsenz gut gebucht. Aber im Allgemeinen wird sie heute vorausgesetzt. Ein neuer Auftraggeber will sich informieren, für die Akquise ist sie unerlässlich und auch Kooperationspartner wissen sie zu schätzen. Je nach Dienstleistungsangebot und Zielgruppe kann sie einfacher oder komplexer ausfallen. Prinzipiell gilt im Netz: Weniger ist mehr! Die Leserschaft will sich vor allem schnell informieren.

Briefpapier

4.13 Wer benötigt heutzutage noch Briefpapier – in einem Zeitalter, in dem selbst Angebote, die laufende Projektkorrespondenz und Rechnungen digital erstellt werden? Zur Geschäftsausstattung gehört professionell gestaltetes Briefpapier dazu, und sei es nur digital. Wer nur das (farbige) Logo im Offsetverfahren drucken lässt und Adress- sowie Kontoangaben selbst mit dem Brieftext ausdruckt, hat auf diese Weise ein kostensparendes orts- und kontounabhängiges Briefpapier. Auch im Digitaldruck oder mit einem Tintenstrahldrucker lassen sich mittlerweile gute Ergebnisse erzielen.

Anrufbeantworter-Ansage und Autoresponder

4.14   Freie Lektorinnen/Lektoren sind Unternehmer – eine private Ansage auf dem Anrufbeantworter, Hintergrundgeräusche oder eine schlechte Aufnahmequalität sind unangemessen und wirken unprofessionell. Der Ansagetext ist das Pendant zur Visitenkarte: Der erste Eindruck zählt! Was der Ansagetext fürs Telefon, ist der Autoresponder für die E-Mail-Korrespondenz: Bei längeren Abwesenheiten empfiehlt es sich, die Absender darüber zu informieren. Die meisten Provider bieten diesen Service kostenfrei an, die Einrichtung ist einfach.

Adresskartei

4.15   Netzwerken ist für Freischaffende überlebensnotwendig – somit lohnt es sich, die Adressen von Auftraggebern, Autorinnen, Herstellern, Illustratorinnen, Grafikern, Agenturen und sonstigen Kooperationspartnern systematisch in einer Adresskartei anzulegen. Dies gilt vor allem für jene, die das Projektmanagement komplexer Projekte übernehmen. Auf Papier wird dies im E-Mail-Zeitalter nicht mehr gemacht. Wer PC, Laptop und Handy miteinander synchronisiert, ist zwar an die Software seines Gerätes bzw. Anbieters gebunden, kann so aber komfortabel von jedem Gerät auf stets aktuelle Daten zurückgreifen.

4.16   Auch Adressbücher von E-Mail-Programmen bieten einige Vorteile, wie digitale Visitenkarten anlegen und verschicken bei Outlook oder die schnelle Suche bei Thunderbird, die ein Ablegen in Projektordnern nahezu überflüssig macht. Tabellenkalkulationsprogramme bieten eine äußerst einfache und komfortable Übersicht über Datensätze, vor allem wenn man sie mit Suchkriterien verknüpft. Die neueren Excel-Versionen öffnen automatisch das E-Mail-Programm, wenn die Adresse angeklickt wird. Darüber hinaus gibt es zahllose Anbieter von Adressverwaltungssoftware, deren Nutzen man individuell für sich abwägen muss (etwa Combit, Outlook Business Contact Manager). Der Vorteil dieser Adressbücher ist, dass sie direkt mit dem E-Mail-Programm verknüpft sind. Mit der CueCard-Software lassen sich schnell und einfach digitale Karteikarten anlegen und Datensätze durchsuchen. Und wer besonders komplexe Projekte managt, wird langfristig die Vorteile einer Datenbank *(s. S. 192–193)* zu schätzen wissen (wie Access).

Buchhaltungsprogramme

4.17   Viele freie Lektorinnen/Lektoren nutzen Excel für die Einnahmenüberschussrechnung, einige verwenden es auch für die komplette Buchhaltung. Die Vorteile liegen auf der Hand: keine zusätzlichen Kosten, volle Transparenz bei jedem Buchungsschritt und die Möglichkeit, alles jederzeit zu ändern. Excel zwingt mich zwar, mich gut ins Thema einzuarbeiten, doch das kann für Freiberufler nur nützlich sein.

Freeware

4.18   Wer die Vorteile von Buchungsmasken, Auswahlmenüs und schon definierten Funktionen nutzen möchte, kann auch kostenlos fündig werden: Das Freeware-Programm Easy Cash & Tax wurde für Einzelunternehmer entwickelt und bietet eine einfache Eingabemaske für Buchungen oder Dauerbuchungen, errechnet Umsatz- und Vorsteuer, verbucht Abschreibungen und liefert alles via Elster ans Finanzamt. Ein Hilfemenü liefert kurze, prägnante Informationen.

Kostenpflichtige Programme

4.19   Deutlich mehr Funktionen bietet das kostenpflichtige WISO EÜR & Kasse von Buhl Data, das ebenfalls für Freiberufler gedacht ist. Es verfügt zusätzlich über ein Kassen- und Fahrtenbuch, gleicht auf Wunsch mit dem Online-Banking ab, hat eine Datenschnittstelle zum Steuerberater, eine Anlageverwaltung, eine Lohnbuchhaltung für Angestellte, verschiedene Berichts- und Analysefunktionen und vieles mehr.
Ein ausführliches Hilfemenü und die kostenlose Support-Hotline helfen bei Problemen weiter. Das Programm muss jährlich erworben werden (ab 35 Euro), bietet dafür aber die Gewähr, immer auf dem aktuellen Gesetzesstand zu sein. Diese Gewähr gibt auch der Lexware Buchhalter (ca. 130 Euro pro Jahr), der sich in ebenfalls übersichtlicher Form präsentiert. Er beherrscht darüber hinaus beides: EÜR und Bilanz, rechnet mit Kostenstellen und kann auch für mehrere Firmen genutzt werden. Wer also das komplette buchhalterische Programm absolviert, ist hier richtig. Nette Details: Man kann in der Buchungsmaske nach Begriffen suchen, wenn man das zugehörige Konto nicht kennt, verschiedene Nummernkreise für verschiedene Tätigkeiten anlegen und auf einfache Weise Berichte etwa zu Außenständen und Betriebsausgaben und vielem mehr erstellen.

Zeiterfassung

4.20 Zeit ist Geld! Eine präzise Zeiterfassung bildet die Grundlage unserer unternehmerischen Existenz: Auf ihrer Basis erstellen wir unsere Kalkulationen und an ihr orientieren wir uns bei der Durchführung des Auftrags oder schätzen rechtzeitig ab, ob eine Nachverhandlung nötig ist. Ob wir die Zeit für die Durchführung der unterschiedlichen Arbeitsschritte eines Projekts dabei analog oder digital erfassen, ist eine Frage der persönlichen Vorlieben. Nachfolgend werden die Vor- und Nachteile beider Zeiterfassungsarten einander gegenübergestellt.

Analoge Zeiterfassung

4.21 Eine analoge Zeiterfassung bietet sich vor allem bei größeren Auftragsvolumina an, bei denen in Viertelstunden abgerechnet wird. Ein einfaches Blatt Papier oder eine einmalig erstellte Mustervorlage mit den vier Spalten Datum, Uhrzeit (von ... bis), Arbeitsschritt, Stundenzahl ist bereits ausreichend. Darüber empfiehlt sich ein Projektkopf mit den wesentlichen Items (wie Auftraggeber, Projektname, Zeitraum). Unten werden pro Seite die Stundeneinheiten zusammengezählt und gegebenenfalls als Übertrag auf der Rückseite festgehalten. Fortlaufende Blätter werden durchnummeriert. Vorteile dieser Methode: Sie lässt sich jederzeit und überall ohne Vorbereitungen durchführen; man ist unabhängig von einem Computer. Nachteile: Das Addieren der Endsumme erfolgt manuell; das Zusammentragen einzelner Arbeitsschritte für die weitere Statistik ist mühselig und fehleranfällig.

Digitale Zeiterfassung

4.22 Um die Zeit digital zu erfassen, reicht eine einfache Excel-Tabelle aus, die wie die der analogen Zeiterfassung aufgebaut ist. Nachteil: Diese Art der Zeiterfassung bindet an den Computer. Sie erspart dafür aber das lästige Zusammenrechnen. Über Excel hinaus bietet sich jedes Zeiterfassungssystem an. Empfehlenswert ist beispielsweise die Freeware Time Stamp: Nach einem einmaligen Installationsaufwand wird für jedes Projekt ein Profil angelegt. Per Tastatur wird der Timer gestartet bzw. ausgeschaltet (etwa bei einem projektfremden Telefonanruf). Vorteil: Sekundengenaues Erfassen ist möglich; alle Items können komfortabel erhoben und für das Controlling *(s. S. 185)* miteinander verglichen werden.

Controlling

4.23 Es geht hier nicht darum, eine umfassende Einführung in das Thema „Controlling" zu geben. Vielmehr soll ein Tool in Form einer simplen selbst entworfenen Excel-Datei Anregung geben, wie man sich insgesamt und auch für jedes (Teil-)Projekt mit leichter Hand einen recht guten Überblick über seinen Arbeitsaufwand und seine Einkünfte verschaffen kann. Wie einträglich war Projekt X, wie zeitaufwendig Projekt Y in seinen verschiedenen Teilen? Wie groß war der Anteil der Zeit, den ich für meine Selbstorganisation benötigt habe (Arbeitsplanung/Marketing, Buchführung, Sonstiges)? All diese und andere Fragen lassen sich mit der Tabelle „Das Lektorjahr im Überblick" *(s. Folgeseite)* gut beantworten, sofern Arbeitsaufwand und Einnahmen für jedes Projekt möglichst genau protokolliert und eingetragen wurden. Die Datei ist sowohl für die Planung als auch für die Auswertung verwendbar. In Kursivschrift sind zum Beispiel angenommene oder geplante Daten leicht von nicht kursiv geschriebenen Ist-Daten zu unterscheiden.

4.24 Die vorliegende Tabelle (ein Grundentwurf) lässt sich auf vielfache Weise modifizieren und kann so noch besser auf die individuellen Bedürfnisse zugeschnitten werden. Wenn Lektorinnen/Lektoren sie verwenden, werden die entsprechenden Ideen nicht lange auf sich warten lassen.

Ziel ist es, mithilfe des Tabellenblattes möglichst viele für eine Auswertung der eigenen Arbeit wichtige Daten und Kennzahlen auf einen Blick parat zu haben, und das über ein ganzes Kalenderjahr. Das erleichtert die Auswertung eines Arbeitsjahres, es erlaubt den Vergleich verschiedener Arbeitsjahre, und dieselbe Tabelle kann auch bei der betriebswirtschaftlichen Planung eingesetzt werden, insbesondere dann, wenn die Erfahrung vergangener Jahre vorliegt.

Das Tabellenblatt „Das Lektorjahr im Überblick"

4.25 Die monatlichen Basisdaten sind von Hand einzutragen, daraus resultierende Summen werden in der Regel automatisch errechnet. Beispielhaft wurden Daten für Januar 2014 bereits in die Tabelle eingetragen.

Diese und weitere Tabellen gibt es für VFLL-Mitglieder auf der Website des VFLL *(Bonusmaterial zum Download)*.

Das Lektorjahr im Überblick
(Stand: 31.1.2014)

	A	B	C	D	E	F	G	H	I	J	K
1		Selbstorganisation				Projekte (Std.)					
2	Monat	Σ Selbstorganisation (Std.)	Buchführung (Std.)	Fortbildung/Marketing/Strategie (Std.)	Sonstiges (Std.)	X	Y	Z1	Z2	Z3	Σ Aufwand (Std.)
3	Jan	29,80	4,70	15,70	9,40	11,50	18,75	15,50	35,25	30,20	141,0
4	Feb	0,00									0,0
5	Mrz	0,00									0,0
6	Apr	0,00									0,0
7	Mai	0,00									0,0
8	Jun	0,00									0,0
9	Jul	0,00									0,0
10	Aug	0,00									0,0
11	Sep	0,00									0,0
12	Okt	0,00									0,0
13	Nov	0,00									0,0
14	Dez	0,00									0,0
15	Σ	*29,8*	*4,7*	*15,7*	*9,4*	*11,5*	*18,8*	*15,5*	*35,3*	*30,2*	*141,0*
16	relat. Anteil Arbeit (%):	21,1	3,3	11,1	6,7	8,2	13,3	11,0	25,0	21,4	100,0
17	in Euro:	0,00	0,00	0,00	0,00	*633*	*450*	*0*	*987*	*1.117*	**3.187**
18	relat. Anteil Umsatz (%):	0,0	0,0	0,0	0,0	19,8	14,1	0,0	31,0	35,1	100,0
19	Nettoumsatz pro bezahlte Arbeitsstunde (Euro):					*55,00*		*0,00*	*28,00*	*37,00*	**22,60**
20	Arbeitsstunden pro Werktag:	6,4 Std.									
21	Arbeitstage im Januar:	22 Tage									
22	Summe Zeit bezahlte Arbeit:	111,2 Std.									
23	Anteil bezahlte Arbeitszeit:	78,9 %									

(Grafik: Sylvia Jakuscheit)

4.26 Im Folgenden einige Erklärungen zur Tabelle:

C3 bis E3, C4 bis E4, …: Der monatliche Zeitaufwand für verschiedene Bereiche der (einkunftsfreien) Selbstorganisation (B3: Summe von C3 bis E3; …; C15 bis E15 und B15: Jahressummen).

F3 bis J3, F4 bis J4, …: Der monatliche Aufwand für verschiedene von einander abgrenzbare (Teil-)Projekte (K3: Summe von F3 bis J3; …; F15 bis J15 und K15: Jahressummen). Zeile 16 (B bis K) zeigt jeweils den kumulierten relativen Anteil an der gesamten Arbeitszeit.

4.27 Zeile 17 (B bis K) spiegelt den kumulierten mit jedem einzelnen (Teil-)Projekt erzielten Nettoumsatz wider. Kursiv gedruckt sind Umsatzschätzungen, da kein fester Stundenlohn oder monatlicher Festbetrag ausgemacht wurde. Zeile 18 gibt den kumulierten mit jedem einzelnen (Teil-)Projekt erzielten relativen Anteil am Nettoumsatz an. In Zeile 19 findet man die Höhe und Art der Honorierung der geleisteten Arbeit pro Arbeitsstunde.

Ein leeres Feld bedeutet, dass die Honorierung nicht auf den geleisteten Arbeitsstunden fußt. Im Projekt Y beispielsweise wird monatlich ein konstanter Betrag in Höhe von 450 Euro gezahlt.

Ein nicht kursiver Wert steht für eine fest vereinbarte Honorierung pro Arbeitsstunde.

Das Feld K19 zeigt den kumulierten Nettoumsatz pro bezahlter Arbeitsstunde.

4.28 Die Zeilen 16 und 18 informieren darüber, wie groß der relative Zeitaufwand und wie hoch die relativen Einkünfte in jedem einzelnen (Teil-)Projekt waren.

Zeile 22 gibt die kumulierte bezahlte Arbeitszeit an, Zeile 23 den Anteil der bezahlten Arbeitszeit an der gesamten Arbeitszeit. Das heißt im vorliegenden Beispiel, dass 21,1 Prozent der gesamten Arbeitszeit auf Selbstorganisation verwendet wurden.

Korrigieren und Kommentieren im PDF

4.29 In Zeiten zunehmender Digitalisierung des Publikationswesens wird immer weniger auf Papier Korrektur gelesen. Heute wird stattdessen digital „kommentiert". Die Rede ist vor allem von Projekten, die sich in der letzten Entstehungsphase befinden, die also mit einem Layoutprogramm gestaltet und als PDF ausgegeben wurden. Mit „Korrigieren und Kommentieren" sind immer Anweisungen für die Korrektur gemeint, nicht das Korrigieren (also das Verändern des Inhalts einer PDF-Datei) selbst, obwohl Letzteres durchaus auch möglich ist.

4.30 In fast allen PDF-Programmen – sogar im kostenlosen Adobe Reader – stehen Werkzeuge zum Kommentieren zur Verfügung, wobei Text- und Grafikkommentarwerkzeuge unterschieden werden. Textwerkzeuge sind zum Markieren von Dokumenttext und zur Eingabe von Text in Kommentarfenstern da. Mit Grafikwerkzeugen kann man Grafiken im Dokument auszeichnen oder eigene Korrekturanweisungen „malen".

Geschlossene versus offene Kommentare

4.31 Für die Zusammenarbeit mit Verlag und Setzerin ist die Unterscheidung zwischen geschlossenen und offenen Kommentaren von großer Bedeutung. *Geschlossene Kommentare* sind solche, die nur als kleine Symbole, allenfalls als Markierungen, am Bildschirm zu sehen sind und die ihren Inhalt erst beim Mauskontakt oder beim Doppelklicken auf das Symbol/die Markierung preisgeben (alternativ kann die Kommentarliste hinzugeschaltet werden). Gern benutzte Vertreter dieser Werkzeuggattung sind „Durchstreichen" und „Ersetzen". Bei offenen Kommentaren ist der Inhalt immer zu sehen; sie können nicht geschlossen werden.

4.32 Wenn es um Korrekturanweisungen für Setzer/Layouterinnen geht, bieten offene Kommentare Vorteile, weil alle Beteiligten sofort sehen, was auf welche Weise korrigiert worden ist. Die wichtigsten offenen Werkzeuge sind „Bleistift" und „Schreibmaschine". Als hilfreiche Ergänzung (nur im Vollprogramm Acrobat) bietet sich das Zusatztool pdf-Korrektor an, mit dem genormte Korrekturzeichen in das Dokument eingebracht, auf dem Rand wiederholt und in einem offenen Kommentar Korrekturanweisungen eingegeben werden können.

Mobiles Arbeiten mit Cloud Computing

4.33 Die Nutzung eines Online-Speichers, auch Cloud genannt, ist für Lektorinnen/Lektoren enorm praktisch. Dokumente werden dann nicht nur auf dem eigenen Computer, sondern auch online gespeichert. Die Cloud ist also eine Online-Festplatte, auf der Sie Ordner, zum Beispiel für Autorinnen und Autoren oder für Kundinnen und Kunden, freigeben können. Die Vorteile liegen auf der Hand. Sie vermeiden ein Chaos aus verschiedenen Dateiversionen, das durch ewiges Hin-und-her-Schicken entstehen kann. Sie haben außerdem immer ein Back-up Ihrer Daten parat. Wird Ihr Laptop gestohlen oder stürzt unrettbar ab – mit Online-Storage müssen Sie keinen Datenverlust fürchten. Und Sie können immer und überall online auf Ihre Daten zugreifen, zu Hause, im Büro, unterwegs, notfalls aus einem Internetcafé …

Eine Frage der Sicherheit

4.34 Die bekanntesten Online-Speicheranbieter sind Dropbox und Google Drive. Auch andere Anbieter offerieren meist eine begrenzte Speichergröße kostenfrei und Premium-Versionen zu erschwinglichen Preisen. Online-Speicher sind praktisch, mobil und günstig – wäre da nicht das leidige Thema der Sicherheit. Grundsätzlich gilt, dass die Sicherheit von Online-Daten immer Grenzen hat. Es kursieren jedoch auch viele Mythen über die angebliche Unsicherheit von Online-Speichern. Die zentrale Frage beim Cloud Computing ist aber, gegen welche Gefahr Sie sich absichern wollen. Ob die Cloud für Sie eine sichere Lösung ist, hängt von Ihren Bedürfnissen ab.

Datenverlust

4.35 Hier ist der Cloud-Speicher eine tolle Lösung. Technik und Sicherheit der Online-Anbieter sind in jedem Fall zuverlässiger als die Ihres eigenen Computers. Oder wie regelmäßig führen Sie zum Beispiel ein Back-up Ihrer gesamten Daten durch?

Unerwünschte Einblicke der Konkurrenz

4.36 In diesem Kontext leisten Cloud-Speicher gute Dienste; die Sicherheitsmaßnahmen und die Verschlüsselung von Cloud-Anbietern sind ausreichend. Sichern Sie außerdem Ihren Computer gut ab – beispielsweise durch sichere Benutzerpasswörter, eine Firewall und eine Computersperre, wenn Sie mit anderen Menschen im selben Raum arbeiten.

Malware und Viren
Auch hier sind alle großen Cloud-Anbieter sehr zuverlässig. E-Mails und Surfen im Netz verursachen meist größere Sicherheitsprobleme als die Nutzung einer Cloud.

Ausspähung durch Internet-Firmen
4.37 Wenn Sie nicht möchten, dass Google etwas über Sie weiß, dann nutzen Sie Google Drive nicht. Suchen Sie sich einen europäischen Anbieter, denn in Europa sind die Datenschutzbestimmungen schärfer als in den USA.

Ausspähung durch Geheimdienste
4.38 Ein Schutz vor der Ausspähung durch Geheimdienste ist in letzter Konsequenz nicht möglich, egal, ob Sie eine Cloud nutzen oder nicht. Dieses Problem lässt sich nicht technisch, sondern nur politisch lösen. Auf der sicheren Seite sind Sie nur, wenn Sie offline bleiben.

Wie sicher also ist Cloud Computing?
4.39 Technisch gesehen ist Cloud Computing sehr sicher. Natürlich gibt es immer wieder Sicherheitslücken, die geschlossen werden müssen. Das liegt jedoch in der Natur der Sache – auch Banken werden trotz aller Sicherheitsvorkehrungen immer wieder überfallen. Dennoch verzichten Sie nicht auf ein Bankkonto.

Technische Sicherheitsbedenken halten viele für unangebracht. Doch was ist, wenn Ihr Anbieter in Konkurs geht? Auch hier bleibt ein Restrisiko, aber vermutlich wird keine Internet-Firma von heute auf morgen ohne Vorwarnung ihre Türen schließen.

Es ist nicht leicht, eine gute Balance zwischen bedenkenlosem Leichtsinn und der Tendenz zum Verfolgungswahn zu finden. Die Nutzung von Cloud Computing ist jedoch bestimmt kein bedenkenloser Leichtsinn.

Fehlerquelle Mensch

4.40 Der größte Unsicherheitsfaktor ist der Mensch, der Cloud Computing nutzt. Sie verlieren Ihr Smartphone, oder Ihr Tablet wird geklaut. Sie lassen ein Gerät einmal irgendwo liegen – und sei es nur für einen Toilettenbesuch. Schon könnte jemand auf Ihre Daten zugreifen.
Bleibt die Frage, wer ein Interesse an Ihren Daten hat? Wirklich prekär sind vermutlich nur wenige Dateien, an denen Sie arbeiten. Bankdaten und Passwörter sind prekär, Arbeitsdaten sind es oft nicht. Eine weitere reale Gefahr sind zu einfache Passwörter, die eigentlich keine wirkliche Hürde für Datendiebe sind.

Ein guter Rat: Achten Sie auf Ihre Geräte, verleihen Sie weder Ihr Smartphone noch Tablet, wenn diese Zugriff auf prekäre Daten erlauben. Lassen Sie Ihren Computer nicht unverriegelt in offenen Räumen stehen. Und überlegen Sie sich ein gutes Konzept für Ihre Passwörter. Darüber hinaus: Nutzen Sie die Cloud nach Herzenslust!

Weitere Informationen
Eine fast vollständige Liste verschiedener Cloud-Anbieter mit Testergebnissen, Sicherheitschecks und Preisvergleich finden Sie unter:
www.cloudsider.com/cloud-speicher.

Wikis und Datenbanken für Netzwerke

4.41 Wenn wir Wiki hören, denken wir unweigerlich an Wikipedia, eine der ältesten und wohl größten Wiki-Anwendungen. Auch der VFLL hat ein eigenes Wiki, das übrigens auf demselben Wiki-Programm basiert wie Wikipedia: MediaWiki. Wikis werden nämlich mit speziellen Programmen „gemacht". Und davon gibt es etliche. Sie sind von der Bedienung her alle ähnlich, doch die technische Grundlage kann verschieden sein.

Was ist ein Wiki?

4.42 Ein Wiki ist laut Brockhaus eine ins „World Wide Web gestellte Sammlung von Seiten, die von den Benutzern nicht nur gelesen, sondern auch online geändert werden können und die miteinander verlinkt sind. […] Wikis können prinzipiell zu jedem beliebigen Thema erzeugt werden; sie eignen sich beispielsweise ideal als strukturierte Sammlung von Notizen, Protokollen oder Richtlinien. […] Auch Multimedia-Elemente können eingebunden werden, Formatierungs- und Layoutmöglichkeiten sind […] jedoch nur rudimentär vorhanden".

Lektoratswikis

4.43 Arbeiten mehrere Lektorinnen und Lektoren, die sich an unterschiedlichen Orten befinden, gleichzeitig an einem Projekt – das ist in heutiger Zeit der klassische Fall eines Lektoratsnetzwerks –, so können sie in einem eigenen, dem Projekt zugeordneten Wiki zum Beispiel sämtliche Besprechungsprotokolle, Daten der Projektbeteiligten, Schreibweisen, wichtige Vertragsdaten, ja sogar Termine festhalten. Vorteile:

— Alle Beteiligten können jederzeit darauf zugreifen,
— die zugreifbaren Informationen sind für alle Beteiligten immer auf demselben Stand,
— man weiß stets, wo man suchen muss; Zettelwirtschaft und das aufwendige Schreiben von Mails oder das Führen von Telefonaten zu den „harten" Projektdaten entfallen.

Um das Wiki lesen und bearbeiten zu können, muss man lediglich die Wiki-Website aufrufen und Benutzernamen und Passwort eingeben (ein Lektoratswiki kann und sollte immer passwortgeschützt sein).

Die Erfahrung zeigt, dass ein solches Wiki sehr schnell wächst und irgendwann erstaunlich wichtige Informationen in großer Zahl enthält. Es ist sinnvoll, dass in einem Team nicht mehr als zwei oder drei Personen die Pflege des Wikis übernehmen, während die anderen das Wiki als Leser nutzen. Das „Aufsetzen" eines Wikis sollte einem Technikexperten überlassen bleiben, ist aber weder zeitaufwendig noch teuer. Neben datenbankbasierten Wiki-Programmen (wie MediaWiki) gibt es textbasierte (wie DokuWiki). Letztere sind einfacher aufzusetzen, reichen für unsere Zwecke aber vollkommen aus.

Datenbanken

4.44 Größere Projekte ziehen sich über lange Zeiträume hin, und es fallen Informationen an, die typischerweise in Listen festgehalten werden: Abbildungsverzeichnisse, Aufgabenverteilungen, Status von Manuskripten, Meilensteine usw. Dabei ist es nahezu unvermeidlich, dass im Laufe des Projekts unter den Beteiligten mehrere Versionen solcher Listen existieren. Drohendem Chaos kann mit einer Projektdatenbank begegnet werden, die für alle Mitglieder eines Lektoratsnetzwerks jederzeit erreichbar ist und sich an einem zentralen Ort, nämlich im Internet, befindet. Neben kommerziellen (und teuren) Datenbanklösungen können Open-Source-Datenbanken eingerichtet werden, bei denen es sich praktisch immer um sogenannte MySQL-Datenbanken (SQL: Structured Query Language) handelt. Damit sie auf einfache Weise benutzt werden können und das Einrichten durch einen MySQL-Experten nicht zu viel kostet, sollten sie einfach aufgebaut sein.

4.45 In der Praxis haben sich Datenbanken bewährt, die aus einer kleinen Zahl an Feldern (nicht mehr als 20) bestehen, denn dann lassen sich alle Felder gleichzeitig mit einem Browser am Bildschirm darstellen (in Tabellen- oder Formularansicht). Bei der Eingabe der Daten spielt die Formatierung so gut wie keine Rolle; es kommt ausschließlich auf den Inhalt an. Manche Felder können nur Zahlen, andere nur Datumsangaben, wieder andere Text aufnehmen. Weitere Vorzüge:

— Inhalte sind hochaktuell (minutengenau).
— Daten werden mit einfachen Mitteln abgefragt, also analysiert.

DER GESUNDHEIT ZULIEBE :
Ergonomische Büroeinrichtung

4.46   Ein Schreibtisch, ein Stuhl, einige Regale – und das Lektorenbüro ist eingerichtet. Da wir viel am Computer sitzen, sollte der Bürostuhl mit besonderer Sorgfalt ausgewählt sein. Beim Zusammenspiel von Stuhl- und Tischhöhe, Monitor, Tastatur und Maus kommt es auf jeden Zentimeter an. Bereits eine geringe Abweichung vom individuellen ergonomischen Optimum führt langfristig zu Nackenverspannungen, Kopf- und Rückenschmerzen oder Sehnenscheidenentzündungen.

4.47   So schön der neue Laptop also auch sein mag, für den professionellen Dauerbetrieb empfiehlt sich ein Desktop-Gerät mit großem Monitor – blendfrei aufgestellt und höhenverstellbar selbstverständlich. Manche arbeiten bevorzugt mit drehbaren Monitoren (Pivot-Funktion), weil sich hiermit eine DIN-A4-Seite monitorfüllend im Hochformat darstellen lässt (auf dem Widescreen die Doppelseite).

4.48   Büroorganisation ist eine Typfrage und nicht zuletzt von der Projektart bzw. dem Projektstatus abhängig. Sinnvoll darauf abgestimmt sollte auch die Büroeinrichtung sein:

— vertikal (Ordner, Hängeregister) und horizontal (Ablagekästen, Fächer)
— digital (das papierlose Büro) und/oder analog (Ordnersystem)
— Ordner/Fächer (laufende Projekte) und Archivboxen (schrittweise Entsorgung)

Und last, but not least: Unsere Augen sind unser größtes Kapital; eine hochwertige Lichtausstattung zahlt sich langfristig aus!

ERFAHRUNGSBERICHT
Arbeiten mit einem eigenen Wiki

4.49 Irgendwann war ich es endgültig leid: Mein Ordner „Corporate Language" umfasste mittlerweile 46 Unterordner, gefüllt mit verschiedensten Word- und Excel-Dokumenten, die alle mehr oder weniger sortierte kundenspezifische Terminologien und Vorgaben enthielten. Viele dieser Dokumente sahen aus wie Kraut und Rüben und für das gute Dutzend Kunden, das mit regelmäßigen Publikationen bei mir anklopfte, wollte ich nun eine vernünftige Lösung für die Dokumentation finden.

Bei meiner Suche nach einem passenden elektronischen Werkzeug fiel die Wahl letztlich auf ein DokuWiki, ein spannendes Instrument zum Erstellen von Dokumentationen, das einfach zu benutzen ist und eine ebenso einfache Syntax hat. Neue Seiten anzulegen empfand ich anfangs zwar als etwas mühselig, aber ich gewöhnte mich rasch an das Prozedere. Schon nach kurzer Einarbeitungszeit hatte ich die Wordings meiner regelmäßigen Kunden in das Wiki eingearbeitet. Dank der wenigen Formatierungsmöglichkeiten war es nun endlich vorbei mit „Kraut und Rüben", alle Namensräume waren übersichtlich angelegt und die gewünschten Seiten genauso wie bei der „großen" Wikipedia mit wenigen Klicks zu erreichen.

4.50 Für das Verwalten von sensiblen Daten sollte man bei der Installation des Wikis zuallererst peinlich genau darauf achten, dass es nicht öffentlich zugänglich wird, sondern nur von autorisierten Usern mit Passwortschutz genutzt werden kann. Für diese User lassen sich individuelle, klare Regeln festlegen, was sie im Wiki tun dürfen und auf welche Namensräume sie zugreifen können. Das ist vor allem für eine über die Wording-Verwaltung hinausgehende Nutzung interessant. Mit dem Wiki lassen sich ganze Projekte mit verschiedenen Akteuren dokumentieren und abwickeln.

Fazit: Ein eigenes Wiki ist für die freie Lektoratsarbeit gewiss kein Must-have, aber es ist ein „Very-very-nice-to-have", ein schönes Instrument, um nicht nur Ordnung in seine Wörterlisten zu bekommen.

— *Herwig Frenzel*

5 Fortbildung – fit fürs Freie Lektorat

Berufsbild im Wandel

5.1 Lektorin/Lektor ist weder ein Ausbildungsberuf noch ein Studiengang. Und das bedeutet: Viele Wege führen ins Lektorat, sei es ins Verlagslektorat, sei es ins Freie Lektorat. Das Fehlen formaler Qualifikationsanforderungen lenkt den Blick auf die persönlichen Voraussetzungen bzw. Startbedingungen einerseits und auf eine ständige Fortbildung andererseits. Aber auch bei einer geregelten Ausbildung wäre lebenslanges Lernen (oder wie manche meinen: lebenslängliches Lernen) angesagt; wer heute einen Beruf erlernt, wird mit einem anderen in Rente gehen. Berufe ändern sich und mit ihnen die Anforderungen, die Arbeitsinhalte und Arbeitsprozesse an uns stellen. Seit etlichen Jahren ist das Verlagswesen einem mächtigen Strukturwandel unterworfen. Neue Publikationsformen und -wege (E-Publishing, Self-Publishing) ziehen Veränderungen in und außerhalb der Verlagsbranche nach sich. Das hat auch Auswirkungen auf das Freie Lektorat. Es sind zwei Trends zu beobachten: zum einen weg von den Verlagen hin zu anderen Geschäfts- und auch Privatkunden, zum anderen von Texten zu Contents. Dies erfordert angepasste Kompetenzprofile – als Lektorin und als Freiberufler.

5.2 Gefragt ist damit eine Fortbildung, die an vorhandenen Kompetenzen ansetzt und sie entwickelt (Kompetenzorientierung) und die von alltäglichen, typischen Arbeitssituationen ausgeht und zu ihnen hinführt (Situationsorientierung, Handlungsorientierung).

Eine solche situations-, handlungs- und kompetenzorientierte Bildung für das Freie Lektorat wird im Folgenden skizziert.

Viele Wege, ein Ziel – Freies Lektorat

5.3 Viele Wege führen ins Freie Lektorat: der Lektor, der sich nach Jahren der Festanstellung in einem Wissenschaftsverlag selbstständig macht, der Physiklehrer, der, statt zu unterrichten, lieber Physiklehrbücher gestalten möchte, die promovierte Anglistin, die sich von der Uni verabschiedet und als Übersetzerin und Fremdsprachenlektorin tätig wird, der Journalist, der eine neue berufliche Perspektive sucht, die Buchwissenschaftlerin, die nach Studium und Verlagspraktikum als freie Lektorin arbeitet.

5.4 Gold wert – wenn auch nicht immer viel Geld wert – ist nach wie vor ein Praktikum oder besser Volontariat in einem Verlag. Denn hier können Lektorinnen und Lektoren ihr Handwerk von der Pike auf lernen und wertvolle Kontakte knüpfen. In den letzten Jahren haben sich viele angestellte Verlagslektoren in die Freiberuflichkeit begeben – oder begeben müssen. Denn auch in den Verlagen hat sich das Berufsbild der Lektorin/des Lektors stark verändert: Sie sind heute Projekt- oder Produktmanager und ihre ursprüngliche Kernaufgabe, die Arbeit am Text und mit der Autorin/dem Autor, wurde weitgehend ausgelagert – oder ganz aufgegeben; Chance und Risiko für die Freien. Neben der praktischen Tätigkeit in einem Verlag vermitteln Studien- bzw. Ausbildungsgänge rund um das Buch, die Hochschulen, Fachhochschulen und Berufsakademien anbieten, eine solide Grundlage. Manche Studiengänge sind eher medientechnisch oder betriebswirtschaftlich, andere stärker kommunikationswissenschaftlich ausgerichtet.

5.5 Fünf Beispiele für viele:
— Bachelor-/Masterstudiengang Buchwissenschaft an der Friedrich-Alexander-Universität Erlangen-Nürnberg
— Bachelor-/Masterstudiengang Kommunikations- und Medienwissenschaft an der Universität Leipzig
— Bachelor-/Masterstudiengang Buchwissenschaft an der Johannes Gutenberg-Universität Mainz
— Bachelor-/Masterstudiengang Buchwissenschaft an der Ludwig-Maximilians-Universität München
— Bachelorstudiengang Mediapublishing an der Hochschule der Medien in Stuttgart

5.6 Ein einschlägiges Studium empfiehlt sich im Fach- und Wissenschaftslektorat. Ob wirtschaftswissenschaftliche Bachelor- oder Masterarbeiten lektoriert, juristische oder medizinische Fachpublikationen redigiert werden – stets spielen fachwissenschaftliche Inhalte und Gepflogenheiten eine Rolle. Beim Schulbuchlektorat wird auch eine didaktische Qualifikation erwartet, etwa als Lehrerin/Lehrer. Und im Bereich des Corporate Publishing ist journalistisches Wissen und Können angesagt. Egal, in welchem Lektoratsbereich man sich profilieren möchte, immer sind auch zwei fachübergreifende Voraussetzungen geboten:

5.7 — Zum einen Sprachgefühl, Stil- und Grammatiksicherheit: Dies gilt nicht nur, aber natürlich besonders im Belletristiklektorat. Nur wer Stilfehler erkennen, Stilebenen handhaben, Verständlichkeit herstellen und sich auf Stilbesonderheiten einlassen kann, vermag Texte zu verbessern. Diese Art Lektorat ist bei fast jedem Text angezeigt.

5.8 — Zum anderen ein sehr gutes Allgemeinwissen: Dies spielt nicht nur bei Sachbüchern, sondern bei Texten jeder Art eine Rolle. Nur wer über Allgemeinwissen und gesunden Menschenverstand verfügt, kann scheinbar klare Zahlen, Daten, Fakten hinterfragen. Aber natürlich erweitert und vertieft man sein Allgemeinwissen auch mit jedem Projekt; niemand wird als wandelndes Lexikon geboren.

5.9 Freies Lektorat bedeutet auch Freiberuflichkeit, mit allen Vor- und Nachteilen, Chancen und Risiken der Selbstständigkeit *(s. S. 167–174)*. Wer schlaflose Nächte angesichts unsicherer Auftragslage verbringt (und anderntags unkonzentriert bei der Arbeit ist), wer keine Selbstdisziplin aufbringt (und Abgabetermine versäumt), wer sich nicht vermarkten kann oder will (und keine Kunden gewinnt), kurzum: Wer sich als Existenzgründer und Selbstständiger schwertut, der wird kaum Erfolg haben und von diesem Beruf nicht leben können. Außerdem ist es keine gute Voraussetzung, sich als freie Lektorin/freier Lektor selbstständig zu machen, weil man keine Alternativen sieht.

Wenn man sich jedoch im vollen Bewusstsein dessen dafür entscheidet, dann erwartet einen ein anspruchsvoller und abwechslungsreicher Beruf, wie der folgende Erfahrungsbericht zeigt.

ERFAHRUNGSBERICHT
Ein Tag im Leben einer Lektorin

5.10   Halb neun. Der Rechner meldet sich zum Dienst, kümmert sich aber, bevor er sich um meine Belange kümmert, zunächst um seine eigenen: Virenprogramm aktualisieren und iTunes updaten. Ich lasse ihn gewähren, immerhin brauche ich ihn als Freund. Mit dem ersten Kaffee in der Hand gönne ich mir einen Blick auf die Branchennews im Netz: Die Self-Publisher haben erstmals die komplette Kindle-Top-10 belegt. Ich freue mich für die Einzelkämpfer unter meinen Kunden und twittere die Neuigkeit gleich weiter. Fühle mich bei unnützer Tätigkeit ertappt, als das Telefon klingelt: „Hallo, Frau Albert! Könnten Sie mal eben einen Brief an Herrn … (einen berühmten englischen Kunstkritiker) schreiben? Finden Sie raus, wo er wohnt. Bitte gleich, er ist sehr betagt. Es geht um seine Biografie."
Ich liebe solche Abwechslungen, rufe freudig „Yes, I can" und gehe im Geiste die englischen Freunde durch, die eventuell Korrektur lesen könnten. Vermerke „Kunstkritiker-Recherche: __ Stunden" auf einem Post-it, um die Berechnung des Auftrags nicht zu vergessen, und werfe die Notiz auf den farbenfrohen Haufen mit kryptischen Zahlen und Zeichen, der den Fuß meines Monitors inzwischen komplett bedeckt. Löse ein weiteres Post-it vom Block: „Excel-Tabelle für die Zeiterfassung anlegen, dringend."
Ich bin ein Morgenmensch und muss die beste Konzentration für das anstehende Krimilektorat nutzen: Telefon stumm, Mailprogramm aus, Eintauchen in die New Yorker Unterwelt. Nach eineinhalb Stunden Textarbeit wird in einem Tiefkühlhaus ein Mord mit Trockeneis verübt, das Opfer erstickt. Ist das logisch? Wird Trockeneis in der Kälte dieses Kühlhauses überhaupt gasförmig? „Sublimieren" heißt das, lerne ich bei meiner Recherche, die mir ansonsten eine Menge unnützer Fakten beschert. Es geht schon auf die Mittagszeit zu, als mich endlich die schlichte Erkenntnis ereilt: Der Autor hat recht, es gibt keinen Grund, etwas zu ändern. Warum hat diese Erleuchtung nur so lange gedauert? Zurück im Text schlägt der Mafiaboss im Separee eines dunklen Nobelrestaurants auf und mir knurrt der Magen. Zeit für eine Pause.

Zurück am Schreibtisch checke ich die Mails. Ein Privatkunde schreibt: „Liebe Frau Albert! Danke für Ihre Mühe. Leider hat mein Word für Mac Ihre Word-für-andere-Gurken-Kommentare verschluckt. Helfen Sie mir!" Wie schön, dass es die Mailingliste gibt. Ich hoffe auf eine der legendären Antworten von Walter Greulich, die mich mit den Word-, Excel- und PDF-Versionen aller Zeiten aussöhnen wird. Zurück zum Posteingang: Ein Autor aus dem Ausland bittet um einen Gesprächstermin via Skype. Prüfe kurz, was er sieht, wenn ich die Laptopkamera einschalte: den Schatten von drei leeren Kaffeetassen, die noch nicht abgehefteten Unterlagen der letzten E-Book-Fortbildung und unzählige Fingerfarben-Kunstwerke meiner Kinder an der Wand hinter mir. Wie muss ich den Laptop nur positionieren, damit der 20-bändige Kindler erscheint? Nachdem ich kurz darauf zwei Pakete für die Nachbarn angenommen habe (die ja alle eine „richtige" Arbeit haben und tagsüber nicht zu Hause sind), breche ich zum Coachingtermin mit meiner Lieblingsautorin auf. Wir treffen uns in einem Café, halten kurz Small Talk, kommen dann zu ihrer neuen Buchidee. „Sie müssen mir helfen, dass es ein Bestseller wird!" Ich muss sie erden, einen Bestseller kann man nicht herbeizerren. Vor ihrer Kreativität und ihrer Schreiberfahrung habe ich jedoch großen Respekt und so reden wir zwei Stunden über Erzählperspektiven, Spannungsbögen und Figurenkonstellationen. Am Ende ist die Autorin zwar etwas kleinlaut, aber noch immer hoch motiviert. Gute Startposition! Zurück im Büro, klassisches Nachmittagstief. Das beste Rezept dagegen ist, Rechnungen zu schreiben. Muss ich bei dem Kunden aus der Schweiz eigentlich Umsatzsteuer ausweisen? Das Unternehmen hat zwar eine Umsatzsteuernummer, aber das hilft ihm ja auch nicht in die EU. Mein Buchhaltungsprogramm setzt mich ins Bild und bekommt zum Dank meine neusten Zahlen gefüttert. Fühle mich erbaut und nehme mir sogleich den Post-it-Haufen vor: „Website aktualisieren". Ich lade Referenzen hoch und verlinke endlich meine Website mit den Social-Web-Accounts. Gerade als ich den Computer herunterfahren und mich auf den Weg zur Kita machen will, ruft ein lieber Kollege an: Ob ich einen Beitrag zum neuen VFLL-Leitfaden schreiben möchte?

— *Thirza Albert*

Von der Handlungssituation zur Lernsituation

5.11 Der Erfahrungsbericht von Thirza Albert ist typisch und untypisch zugleich. Untypisch deshalb, weil jeder Arbeitstag jeder freien Lektorin/jedes freien Lektors anders aussieht. Und typisch, weil freie Lektoren tagtäglich vielen verschiedenen Herausforderungen gegenüberstehen, etwas, das den Beruf ebenso anspruchs- wie reizvoll macht.

Handlungssituationen als Ausgangspunkte

5.12 Betrachtet man den Berufsalltag von Lektorinnen/Lektoren genauer, so findet man wiederkehrende Handlungssituationen, die sich durch drei A auszeichnen: Sie umfassen Aufgaben, enthalten Abläufe und stellen Anforderungen dar. Verwandte Handlungssituationen können zu Handlungsfeldern gebündelt werden, was die folgende Zusammenstellung illustriert *(vgl. auch die beiden Folgeabschnitte)*:

— Arbeit am Text: Manuskript lektorieren (auf Papier bzw. am Bildschirm), Korrektur lesen (Beispiel: Thirza Alberts Krimilektorat)
— Leistungen rund um die Publikation: Autoren akquirieren, Kunden beraten, Gutachten verfassen, Register erstellen, Recherche betreiben, Rechte einholen, Bildredaktion machen, Satz besorgen, Producing übernehmen (Beispiel: Thirza Alberts Autorinnencoaching)
— Marketing: Profil bilden/schärfen, Website erstellen/pflegen, Honorar kalkulieren, Akquisegespräch führen, Messe besuchen, Angebot erstellen, Vertrag aushandeln, Markt beobachten (Beispiel: Thirza Alberts Pflege der Website)
— Verwaltung: Akten verwalten, Computer administrieren, Buchführung erledigen (Beispiel: Thirza Alberts Rechnungsstellung)
— Fortbildung: Fachliteratur lesen, Bildungsveranstaltung besuchen, Webinar absolvieren (Beispiel: Thirza Alberts E-Book-Fortbildung)
— Selbstmanagement: Arbeit und Zeit planen (Beispiel: Thirza Alberts geplante, aber noch der Realisierung harrende Zeiterfassung)

Für eine praxis- und handlungsorientierte Fortbildung gilt es, an solche Felder und Situationen anzuknüpfen und sie fruchtbar zu machen.

Umwandlung von Handlungsfeldern in Lernfelder

5.13   Im Sinne des Lernfeldkonzeptes, das insbesondere in der beruflichen Bildung propagiert und praktiziert wird, stellen die Handlungsfelder das Rohmaterial dar, das in curriculare Lernfelder überführt werden muss. Dazu werden die Handlungsfelder thematisch gestrafft, ergänzt und geordnet:

```
      Arbeiten                        Lernen
(Handlungskompetenz)          (Handlungsorientierung)


                    Transformation
  Handlungsfelder   ───────────▶   Lernfelder


                       Transfer
 Handlungssituationen ◀──────── Lernsituationen
```

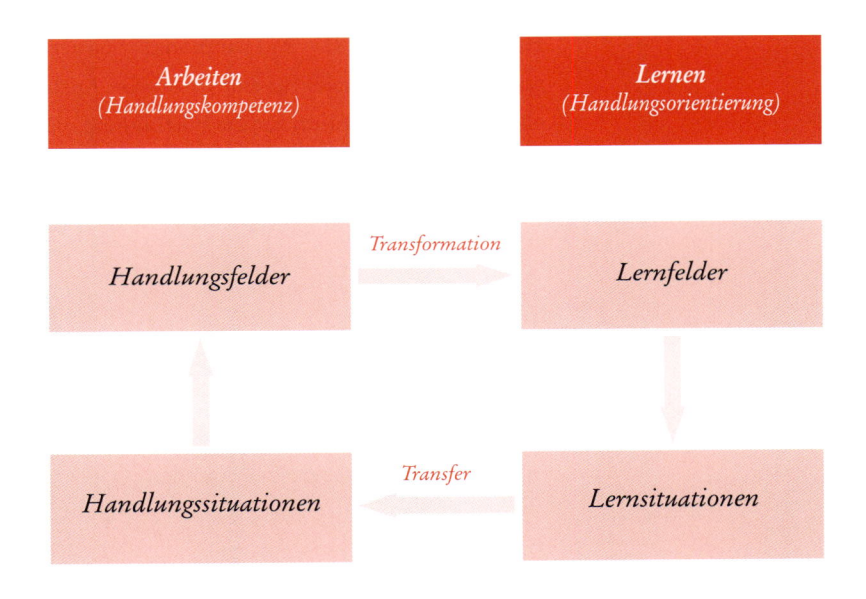

(Grafik: Sylvia Jakuscheit)

Fortbildungskonzept für das Freie Lektorat

So gewinnt man systematische Lernfelder als „Unterrichtsfächer", wie:
— Textarbeit als Kern des Freien Lektorats
— Dienstleistungen im Freien Lektorat
— Professionalität als freie Lektorin/freier Lektor
— Effektives Selbstmarketing
— Effiziente Verwaltung

Lernsituationen zum Kompetenzaufbau

5.14   Aus Lernfeldern werden dann für konkrete Bildungsmaßnahmen exemplarische, komplexe Lernsituationen abgeleitet, an denen die

Lernenden praxisrelevante Kenntnisse, Fertigkeiten und Fähigkeiten erwerben können. Im Lernfeld Textarbeit etwa könnten beispielhafte Lernsituationen gestaltet werden, wie eine Erzählung sprachlich lektorieren (Manuskript), eine Masterarbeit formal lektorieren (Word), ein Rezeptbuch inhaltlich lektorieren (CMS) oder eine Werbebroschüre Korrektur lesen (PDF).

Ein solches situations- und handlungsorientiertes Lernen ist dann nicht nur ein Gedankenspiel für eine imaginäre Ausbildung, sondern auch eine realistische Option für die Fortbildung, verbunden mit der Hoffnung, dass ein Transfer in die Praxis gelingt.

Kompetenzen im Freien Lektorat

5.15 Die genannten Handlungssituationen zeigen es: Freie Lektorinnen und Lektoren müssen vielfältige Herausforderungen meistern und dazu über zahlreiche Kompetenzen verfügen. Die Einzelkompetenzen lassen sich in sechs Kompetenzbereiche einteilen *(vgl. Grafik rechts)*.

Fachkompetenz

5.16 Fachliche Kompetenz meint Fachwissen und -methoden, zum Beispiel die Kenntnis von Korrekturzeichen oder Souveränität im publizistischen Workflow. Je nach Arbeitsbereich kommen weitere Teilkompetenzen hinzu: Schreibkunst beim Belletristik-, disziplinäres Wissen beim Wissenschafts-, Mediendidaktik beim Schulbuch-, Managementwissen beim Wirtschaftslektorat. Zur Fachkompetenz gehören auch unternehmerische Kenntnisse sowie – nur ein scheinbarer Widerspruch – überfachliches Allgemeinwissen. Denn immer gilt: Man sollte wenigstens verstehen und bestenfalls kennen, was man lektoriert.

Methodenkompetenz

5.17 Überfachliche Methoden spielen in vielen Handlungssituationen eine Rolle: Textverarbeitung beim Korrektorat, Projektmanagement beim Producing, Gesprächstechniken beim Autorencoaching oder in Verhandlungen, Kreativitätstechniken beim Marketing, Lerntechniken beim Webinar, Techniken der Arbeits- und Zeitplanung bei der Verwaltung.

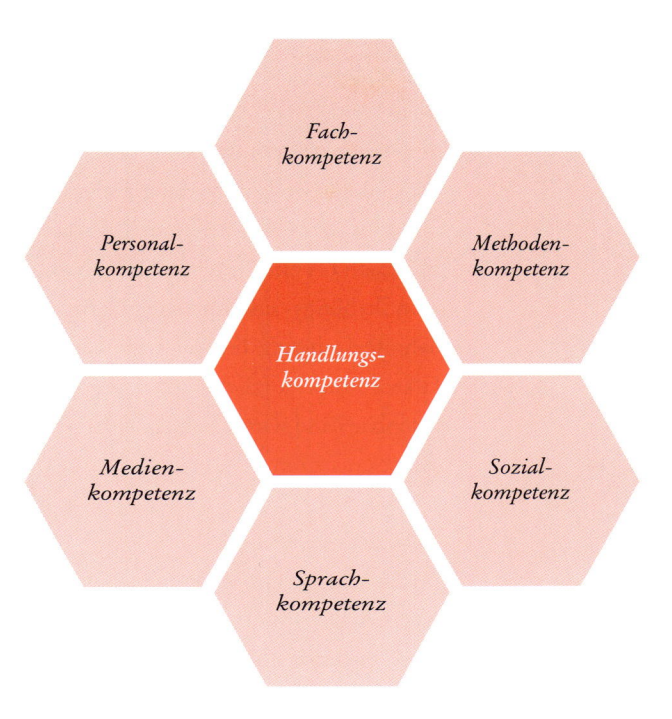

(Grafik: Sylvia Jakuscheit)

Handlungskompetenz im Freien Lektorat

Sozialkompetenz

5.18 Wenngleich Lektorinnen/Lektoren es mit analogen oder digitalen Contents zu tun haben – dahinter stehen Menschen aus Fleisch und Blut. Kompetenzen sind daher auch im zwischenmenschlichen Bereich gefragt: Einfühlungsvermögen und Behutsamkeit bei der Autorin, Kompromissbereitschaft beim Übersetzer, Kooperationsfähigkeit bei der Agenturchefin, Konfliktfähigkeit beim Verlagslektor.

Sprachkompetenz

5.19 Sprache ist sozusagen das Material, mit dem Lektorinnen/Lektoren arbeiten. Ohne Sprachgefühl, Stilempfinden, Sicherheit in Grammatik und Rechtschreibung geht es nicht, ohne die Duden-Bände allerdings auch nicht, ist doch die deutsche Sprache ziemlich vertrackt. Beim Übersetzungslektorat ist zusätzlich Fremdsprachenkompetenz gefragt.

Medienkompetenz

5.20 Befasste sich das klassische Lektorat vor allem mit Büchern, so sind in den letzten Jahren durch die Ausweitung der Lektoratsarbeit und die technologische Entwicklung andere Medien hinzugekommen, an und mit denen freie Lektorinnen/Lektoren arbeiten: Die Palette reicht vom Hörbuch bis zum Internet. Die alten und neuen Medien erfordern Handhabungs- und Nutzungskompetenzen, die sich aber nicht auf die dahinterstehende Technik beziehen. Eine freie Lektorin/ein freier Lektor muss lediglich wissen, was etwa bei einem E-Book technisch machbar (und wirtschaftlich vertretbar) ist, es aber in der Regel nicht selbst umsetzen.

Personalkompetenz

5.21 Nicht zuletzt: Um ihren beruflichen Alltag erfolgreich zu gestalten sowie Arbeit und Familie/Freunde/Freizeit auszubalancieren, brauchen Freiberuflerinnen und Freiberufler auf die eigene Person, auf das Selbst bezogene Kompetenzen. Disziplin ist unerlässlich, gerade wenn man zu Hause arbeitet und vielfältige Ablenkungen drohen. Belastbarkeit und Stressresistenz ebenfalls, wenn zeitkritische Aufträge anliegen. Ebenso braucht man Ausdauer und Gründlichkeit, Lernfähigkeit und Veränderungsbereitschaft. Mit einer Prise Humor lässt sich manches leichter ertragen – auch hier ist Thirza Alberts Beitrag beispielhaft.

Merke: Freies Lektorat hat zwei Seiten – Lektorat und Freiberuflichkeit. Man sollte sich daher stets bewusst sein, dass zu einer erfolgreichen Berufstätigkeit Kompetenzen auf beiden Seiten gehören.

Qualität in der Weiterbildung

5.22 Qualität und Qualitätsmanagement in der Weiterbildung – für manche Menschen Reizwörter und Dinge, die nicht zusammenpassen. Und tatsächlich unterscheidet sich Erwachsenenbildung in zweierlei Hinsicht von den Produkten, für die Qualitätsmanagementsysteme (QM-Systeme) ursprünglich entwickelt worden sind: Weiterbildung ist eine Dienstleistung und damit anderen Regeln und Maßstäben unterworfen. Und Weiterbildung ist eine besondere Dienstleistung, eher dem Handeln der Ärztin vergleichbar als dem der Servicekraft. Denn Weiterbildung funktioniert nicht ohne Mitwirkung des Kunden. Ebenso wenig wie der Arzt für den ungesunden Lebenswandel der Patientin verantwortlich ist, ist die Weiterbildnerin verantwortlich für den ausbleibenden Lern- und Transfererfolg des Teilnehmers (Output und Outcome). Lernen muss dieser schon selbst. Der Bildungswissenschaftler Horst Siebert hat das einmal so ausgedrückt: „Erwachsene sind lernfähig, aber unbelehrbar."

5.23 Gleichwohl sind Bildungsanbieter und Lehrende dafür verantwortlich, dass Lernende möglichst gut und viel lernen können. Die makro- und mesodidaktischen Gegebenheiten des Anbieters (Bedarfsanalyse, Curriculum, Lernressourcen, Trainerqualifikation, Management etc. als Inputvariablen) und die mikrodidaktische Gestaltung des Lehrenden (Arrangement von Lehr-Lern-Situationen und Steuerung bei Lernschwierigkeiten als Prozessvariablen) sind Voraussetzungen für gelingendes Lernen. Die einschlägige DIN ISO 29990 *Lerndienstleistungen für die Aus- und Weiterbildung* regelt diese und weitere Aspekte, die Qualität in der Weiterbildung ausmachen.

5.24 Dabei müssen sich die Einschätzung von Lehrenden und Lernenden durchaus nicht decken. Oft bringen Teilnehmer ihre Zufriedenheit mit der tollen Referentin und den anderen tollen Teilnehmerinnen zum Ausdruck – ohne dass sie im Sinne professioneller Erwachsenenbildung ihre Alltagstheorien, Deutungs- und Handlungsmuster hinterfragt, geschweige denn verändert hätten. Und darum geht es letztlich bei der Entwicklung überfachlicher Kompetenzen. Wohlverstandene Weiterbildung ist weit mehr als ein Fachvortrag und Qualität in der Weiterbildung weit mehr als gefühltes Infotainment.

Das Fortbildungsangebot des VFLL

Der VFLL bietet seinen Mitgliedern, aber auch Nichtmitgliedern, eine breite Palette von Fortbildungsmöglichkeiten: Themenabende, Bildungsveranstaltungen, Lektorentage und Kooperationen.
Eine aktuelle Übersicht findet sich unter *www.vfll.de/fortbildung*.

Themenabende

5.25 Die Regionalgruppen des VFLL veranstalten regelmäßige Themenabende, zu denen sowohl externe Referentinnen/Referenten zu Vorträgen eingeladen werden als auch Referenten und Moderatorinnen aus den eigenen Reihen beitragen. Die Themen orientieren sich an aktuellen Entwicklungen und Herausforderungen des Berufsfeldes, behandeln aber auch zeitlose Klassiker. Eine kleine Auswahl:

— Detailtypografie
— Ergonomie am Arbeitsplatz
— Grammatik
— Honorarkalkulation
— Kunden- und Auftragsakquise
— Leichte Sprache
— Rechtschreibung
— Social Media
— Urheberrecht
— Verhandlungsführung

Bildungsveranstaltungen

5.26 Sowohl die Regionalgruppen als auch der Bundesverband veranstalten ein- oder mehrtägige Seminare, Kurse oder Workshops, in denen viele Themen eingehender behandelt werden. Als Referenten und Referentinnen werden interne oder externe Fachleute verpflichtet. Beispiele sind:

— Kurs *E-Books für Lektoren I/II*
— Seminar *Fit fürs Freie Lektorat I/II*
— Kurs *InDesign für Lektoren*
— Kurs *Self-Publishing*
— Workshop *Textarbeit*

Lektorentage

5.27 Einmal jährlich richtet der VFLL eine Fachtagung mit einem thematischen Schwerpunkt aus, an die auch die Mitgliederversammlung angedockt ist. Im Rahmen dieser Lektorentage werden – zum Teil öffentliche – Fachvorträge, Podiumsdiskussionen, Workshops, Kurzseminare und Ähnliches angeboten. Zudem gibt es genügend Raum für den kollegialen Austausch.

Kooperationen

Außerdem arbeitet der VFLL mit anderen Bildungsträgern zusammen, bei deren Veranstaltungen seine Mitglieder Ermäßigungen erhalten *(s. den folgenden Abschnitt)*.

Tipp für die Praxis

5.28 Bei zahlreichen Bildungsveranstaltungen des VFLL kann die Bildungsprämie in Anspruch genommen und damit die Hälfte der Teilnahmegebühr gespart werden, sofern die Voraussetzungen auf Seiten des Teilnehmers/der Teilnehmerin erfüllt sind. Die Voraussetzungen und Verfahrensregeln sowie weitere Informationen finden sich unter *www.bildungspraemie.info*. Dem Bildungsanbieter, in diesem Fall dem VFLL, muss mit der Anmeldung ein Prämiengutschein vorgelegt werden, den lokale Beratungsstellen ausstellen. Es empfiehlt sich, rechtzeitig einen Beratungstermin zu vereinbaren, aber auch, die Gültigkeit des Gutscheins von einem halben Jahr im Blick zu behalten, da ein Gutschein unter Umständen für mehrere Bildungsveranstaltungen eingesetzt werden kann. Ob ein Bildungsangebot förderfähig ist, ist bei der Ausschreibung auf der VFLL-Website vermerkt. Der VFLL erfüllt die entsprechenden Qualitätsanforderungen und verfügt über ein QM-System.

Bildungsanbieter und Kooperationspartner

5.29 Neben dem VFLL gibt es mehrere Bildungseinrichtungen, die sich mit Fortbildungsangeboten an freie Lektorinnen und Lektoren wenden. Die *Akademie des Deutschen Buchhandels* (Buchakademie) in München bietet ein vielfältiges Programm für Fach- und Führungskräfte der Verlags- und Medienbranche. In Zusammenarbeit mit dem VFLL unterbreitet sie ein spezielles Angebot für freie Lektorinnen und Lektoren, insbesondere die Seminarreihe *Freies Lektorat (I Sicher redigieren, II Kunden finden und binden, III Die bessere Lösung finden und begründen)*. Freie Lektorinnen und Lektoren können aber auch andere Seminare besuchen, beispielsweise zum Wissenschafts- oder Übersetzungslektorat. VFLL-Mitglieder erhalten Rabatt. Website: *www.buchakademie.de*.

5.30 Der *Mediacampus* in Frankfurt ist die zentrale Aus- und Weiterbildungseinrichtung für Fach- und Führungskräfte des Börsenvereins des Deutschen Buchhandels. Zum Angebot gehören beispielsweise das *Lektoren-Seminar* und *Handwerkszeug im Lektorat*. Der Mediacampus ist ebenfalls ein Kooperationspartner des VFLL und gewährt dessen Mitgliedern Rabatt. Website: *www.mediacampus-frankfurt.de*.

Die Landesverbände des *Börsenvereins* bieten ebenfalls Seminare fürs Lektorat an. Website: *www.fortbildung-verlag.com*.

5.31 Die *XML-Schule* in Taching bei München bietet Weiterbildung im Bereich des elektronischen Publizierens und Produzierens (zum Beispiel E-Books). Auch sie kooperiert mit dem VFLL und gibt seinen Mitgliedern Rabatt. Website: *www.xml-schule.de*.

5.32 An den Fortbildungen der *BücherFrauen* und des *VdÜ* können VFLL-Mitglieder zum Mitgliederpreis teilnehmen und umgekehrt. Auch andere Bildungsanbieter haben vereinzelt etwas für Lektorinnen und Lektoren im Programm. Eine Internetrecherche oder ein Blick in die Datenbank der Bundesagentur für Arbeit *(www.kursnet.arbeitsagentur.de)* oder der Seminarboerse.de GmbH *(www.seminarboerse.de)* kann sich lohnen.

EIN BUCH OHNE LEKTORAT ...

... ist nur eine halbe Sache. Und ein gut lektoriertes Buch ohne professionelle Veröffentlichung ebenso.

Seit 15 Jahren bieten wir hochwertige Publikationsdienstleistungen rund um Print oder E-Book. Ob preiswert als PDF oder inklusive Satz und Grafik. Aus der eigenen Druckerei als Book on Demand oder in fester Auflage, mit weltweiter Lieferbarkeit in allen Barsortimenten, als E-Book in allen gängigen Formaten und in allen wichtigen Shops.

Werden Sie unser Partner, um Ihren Autoren den bestmöglichen Rundum-Service zu ihrem Buch zu bieten. Mit persönlichen Ansprechpartnern, fair und zuverlässig. Nutzen Sie unsere Erfahrung auch für Ihre Kunden.

RUCKZUCKBUCH.DE

Initiator von
fair / öffentlichen

QUALITÄTS-CHECK BILDUNGSANGEBOTE

5.33 Fortbildung kostet Zeit und Geld, ist eine Investition, die sich für einen Freiberufler rechnen muss. Was macht die Qualität von Bildungsangeboten aus und wie kann eine Interessentin sie beurteilen? Eine Checkliste:

Bildungsanbieter
- ■ Der Bildungsanbieter genießt einen guten Ruf.
- ■ Der Bildungsanbieter plant und veröffentlicht ein Programm.
- ■ Der Bildungsanbieter hat und befolgt ein QM-System.

Organisation
- ■ Die Ausschreibung enthält Informationen zu Ziel, Inhalten, Methoden, Voraussetzungen, Dauer, Termin, Ort und Kosten.
- ■ Das Anmeldeverfahren ist einfach und eindeutig.
- ■ Die Organisation verläuft reibungslos.

Bildungsstätte
- ■ Die Unterrichtsräume sind geeignet und Lernressourcen vorhanden.
- ■ Das Essen ist gesund und schmackhaft.
- ■ Das Zimmer ist ruhig und sauber.
- ■ Das Ambiente ist ansprechend und lernförderlich.

Referent und Referentin
- ■ Der Referent ist fachlich qualifiziert/kompetent.
- ■ Die Referentin ist didaktisch qualifiziert/kompetent.

Gestaltung
- ■ Die Bedürfnisse der Teilnehmenden werden berücksichtigt.
- ■ Die Lerninhalte sind relevant für die berufliche Tätigkeit.
- ■ Die Methoden sind zielgerichtet, kurzweilig und aktivierend.
- ■ Die Zeit für Anwendungen und Übungen ist ausreichend.
- ■ Die Medien und Handouts sind ausreichend und hilfreich.
- ■ Die Lernergebnisse werden gesichert und Lerntransfer angebahnt.

Evaluation
- ■ Die Bildungsveranstaltung wird evaluiert.

ERFAHRUNGSBERICHT
Fit fürs Freie Lektorat?

5.34 Das ist wohl die Frage, die alle Teilnehmer – ob Einsteigerin oder Fortgeschrittener – vor Beginn des VFLL-Doppelseminars umgetrieben hat. Was ist beim Urheberrecht zu beachten, wie ist ein Verlag strukturiert und last, but not least: Wo kann ich mich als Lektorin/Lektor am Markt verorten (Aufgaben, Produktpolitik) und wie organisiere ich meinen Arbeitsalltag (Selbstmanagement)?
Die Themen des ersten Seminars hatten vor allem zum Ziel, einen allgemeinen Überblick über wichtige „Nebenschauplätze" zu vermitteln und in die Kernthemen der Lektoratsarbeit einzuführen. Letztere wurden im direkt anschließenden zweiten Seminar, in dem die Vertriebs-, Preis- und Produktpolitik im Vordergrund standen, vertieft. Abgerundet wurde das Programm durch einen vorgeschalteten Block zu den rechtlichen Aspekten des Lektoratsalltags (Verträge, Steuern, Versicherungen).
Schon dieser kurze Abriss zeigt, dass sich die Referentinnen/Referenten nicht mehr und nicht weniger vorgenommen hatten, als den Teilnehmern das Rüstzeug für einen erfolgreichen Start in das Berufsfeld Lektorat zu vermitteln. Nach drei intensiven Seminartagen kann festgehalten werden: Es ist ihnen gelungen! Dabei waren es nicht nur die Inhalte, sondern vor allem auch deren anschauliche und praxisnahe Vermittlung in angenehmer Atmosphäre, die das Doppelseminar zu einem Gewinn gemacht haben. Selbst vermeintlich „trockene" Themen wurden gleichermaßen informativ wie unterhaltsam präsentiert und hinterließen einen bleibenden Eindruck. Wesentlichen Anteil daran hatten die gewählten Vermittlungsformen, die neben der Kommunikation untereinander auch immer wieder Zeit für Gruppen- und Einzelarbeit zuließen. Hierbei konnte beispielsweise die eigene Produktpolitik auf den Prüfstand und die Honorarkalkulation auf eine wirtschaftlich tragfähige Basis gestellt werden. Zahlreiche Handreichungen, Literaturhinweise und persönliche Tipps rundeten das Konzept ab und lassen auf eine Fortführung der Seminare in dieser oder ähnlicher Form hoffen.

— *Olaf Goldstein*

6 Der Verband der Freien Lektorinnen und Lektoren (VFLL)

Berufsverband, Interessenvertretung, Netzwerk

6.1   Was „nützt" mir die Mitgliedschaft im Verband der Freien Lektorinnen und Lektoren? Was genau macht er eigentlich, und welche Aktivitäten gibt es? Kann ich mich dort einbringen? Antworten auf diese Fragen liefert dieses Kapitel in einer Zusammenfassung.

Ein Verband, der ganz auf den eigenen Berufsstand zugeschnitten ist, bietet viele Vorteile gegenüber weniger spezifischen Vereinigungen. Der Verband der Freien Lektorinnen und Lektoren ist – wie der Name schon sagt – für zwei große Bereiche zuständig: die Freiberuflichkeit und den Berufsstand Lektorin/Lektor sowie ähnliche Tätigkeitsbereiche, beispielsweise Redakteurin oder Korrektor.

Diese Spezialisierung, verbunden mit dem ebenfalls recht speziellen Berufsbild Freier Lektor/Freie Lektorin, ist es, die den VFLL so attraktiv für seine Mitglieder macht.

Seit seiner Gründung im Jahr 2000 leistet er wertvolle Arbeit durch und für seine Mitglieder. Er bezieht Stellung in der Öffentlichkeit und begleitet den Wandel in der Medienwelt, der in den vergangenen Jahren an Tempo zugelegt hat – Stichwort Digitalisierung – und das Berufsbild Lektorin/Lektor nachhaltig beeinflusst.

Einer von vielen Meilensteinen der Verbandsgeschichte ist der Verhaltenskodex, der 2013 in Kraft trat und für alle Mitglieder verbindlich ist *(s. S. 218–219)*.

Der VFLL im Überblick

6.2 Als Soloselbstständige ganz allein die eigene Arbeit zu tun und sich nötige Fachinformationen mühsam zusammenzusuchen, muss nicht sein. Der Verband der Freien Lektorinnen und Lektoren e.V. (VFLL) bietet seinen Mitgliedern ein starkes Netzwerk. Hier finden sie Kontakt, Fortbildung und die Vertretung ihres Berufsstands nach außen.

Kontakt zu Kolleginnen und Kollegen

6.3 Eine Möglichkeit, Kolleginnen und Kollegen zu treffen, bieten die Regionalgruppen. Sie gestalten ihre Treffen, Themenabende und Workshops in Eigenregie und nach Wünschen der Mitglieder. Zudem gibt es überregionale Arbeitsgruppen, beispielsweise zu den Themen Fortbildung und Digitalisierung. Auch im Internet findet ein reger Austausch statt: über die Mailingliste, in der fachliche Fragen erörtert werden, sowie über die Social-Media-Kanäle und den Blog *(s. Linkliste)*.

Außenkommunikation

6.4 Ein wichtiges Verbandsziel besteht darin, das Berufsbild Freie Lektorin/Freier Lektor noch bekannter zu machen – sowohl der Wirtschaft und damit Auftraggebern als auch der Öffentlichkeit und politischen Gremien. Dafür betreiben Mitglieder ehrenamtlich Lobbyarbeit, beispielsweise indem sie den VFLL in für den Berufsstand relevanten Gremien vertreten. Das Presseressort bringt den VFLL in die Medien – und verantwortet den Auftritt des Verbands in den sozialen Netzwerken.

Struktur

6.5 Höchstes beschlussfassendes Gremium des VFLL ist die Mitgliederversammlung. Sie wählt den Vorstand und verabschiedet einmal jährlich den Verbandshaushalt. Der Vorstand besteht aus fünf bis sieben Mitgliedern und lenkt die Geschicke des Verbandes. Beraten wird er hierbei vom Regionalrat, der aus den Delegierten der Regionalgruppen besteht.

Vorteile für Mitglieder

6.6 Selbstständige müssen über Themen wie Steuern, Akquise, juristische Grundlagen und Versicherungen (etwa KSK) Bescheid wissen. Auch hierfür bietet der VFLL Informationen und Service, zum Beispiel eine kostenlose juristische Erstberatung. Außerdem erhalten Mitglieder auf Wunsch einen kostenlosen Eintrag in die Online-Datenbank *(www.lektoren.de)*. An den zahlreichen regionalen wie überregionalen Fortbildungen können sie zu einem ermäßigten Preis oder sogar kostenlos teilnehmen.

6.7 Die Mitgliedschaft im VFLL ist ein Qualitätsmerkmal und damit eine wichtige Entscheidungshilfe für Auftraggeber – aus mehreren Gründen: Zum einen sind Mitglieder an den verbandseigenen Verhaltenskodex gebunden, der eine erfolgreiche und konstruktive Zusammenarbeit fördern soll *(s. S. 218–219)*. Zum anderen qualifiziert sich für die ordentliche Mitgliedschaft nur, wer hinreichende Erfahrung aus publizistischer Tätigkeit als Lektor, Redakteurin und/oder Korrektor vorweisen kann und daraus ein Mindestjahreseinkommen erzielt.

6.8 Der Lektorenverband lebt von den Aktivitäten und Ideen seiner Mitglieder. Viele arbeiten ehrenamtlich, zum Beispiel als Sprecherin einer Regionalgruppe, Erster Vorsitzender, Organisatorin einer AG, Autor für den VFLL-Blog oder Delegierte im Regionalrat. Beim Vorstand sind jederzeit Vorschläge für weitere Themen und Gruppen willkommen, das Presseressort freut sich über Ideen-Input und weitere Mitschreiberinnen am Blog oder Koadministratoren bei Facebook und Twitter. Ebenso gern gesehen sind Mitglieder, die ihr Fachwissen an andere weitergeben. Dabei ist vieles denkbar: von „Tricks und Tipps für Word" über „erfolgreiche Verhandlungsführung" bis hin zu „Selbstmarketing".

6.9 Mitglied im Lektorenverband zu sein bringt also eine ganze Menge – persönliche Kontakte und Austausch, Information und Beratung, Weiterbildung und Qualifizierung. Das Label „Mitglied im Verband der Freien Lektorinnen und Lektoren e. V." ist zudem ein Qualitätsmerkmal, das gewinnbringend für das Selbstmarketing eingesetzt werden kann und sollte. Dank des Verbandes und seiner engagierten Mitglieder wird der Berufsstand Freie Lektorin/Freier Lektor immer bekannter, was die eigene Arbeit erleichtert, beispielsweise bei der Akquise. Nicht zuletzt sind die Treffen – etwa in den Regionalgruppen oder bei den Lektorentagen – eine Bereicherung sowohl für das berufliche als auch private Leben.

VERHALTENSKODEX FÜR LEKTORINNEN UND LEKTOREN IM VFLL

6.10   *Richtlinien für das Freie Lektorat*

Präambel:
Freie Lektorinnen und Lektoren sind bei der Konzeption, Entwicklung und Aufbereitung von Medieninhalten, insbesondere Texten, schöpferisch, gestalterisch und unterstützend tätig. Sie agieren in einem globalen Medienmarkt, der von raschem technologischem Wandel, hoher Fluktuation sowie verkürzten Produktionszyklen geprägt ist. In diesem Umfeld sichern sie die Qualität von Inhalt und Präsentation. Als Freiberufler erbringen sie eine persönliche, eigenverantwortliche und fachlich unabhängige Dienstleistung, die auf einem besonderen Vertrauensverhältnis zum Auftraggeber beruht.

Ihr Kapital sind in erster Linie individuelles Wissen und berufliche Erfahrung. Aufgrund dessen können sie ihre Produktivität nicht durch Expansion ihres Unternehmens beliebig vervielfachen, sondern nur durch kompetentes und professionelles Verhalten wahren und steigern. Kunden und Kolleginnen und Kollegen gegenüber fair und loyal zu bleiben, mit Sprache gesellschaftlich verantwortungsvoll umzugehen und die Qualität der Arbeit zu sichern sind Aufgaben, die freie Lektorinnen und Lektoren nur durch reflektiertes, verantwortungsbewusstes Handeln bewältigen können. Berufsethische Normen wie der folgende Verhaltenskodex stellen dabei eine Unterstützung dar.

Um das Ansehen des Berufsstands zu wahren, verpflichten sich die Mitglieder des VFLL, die folgenden Richtlinien einzuhalten:

1. Freie Lektorinnen und Lektoren im VFLL sind sich ihrer gesellschaftlichen und kulturellen Verantwortung im Umgang mit Sprache und mit Texten bewusst. Mit ihrem Verhalten, ihrer Sorgfalt und ihrer qualitativ hochwertigen Arbeit tragen sie dem Rechnung.

2. Sie bearbeiten und unterstützen keine Publikationen, deren Inhalte die Menschenwürde verletzen.

3. Sie sichern und verbessern die Qualität ihrer Leistungen durch kontinuierliche Weiterbildung, denn solides handwerkliches Können, profundes Fachwissen sowie reflektierte Erfahrungen im Umgang mit Menschen und Institutionen sind für Freiberufler in Kultur- und Medienberufen unentbehrlich.

4. Freie Lektorinnen und Lektoren im VFLL verhalten sich im geschäftlichen Umgang fair, respektvoll und kooperativ. Kommunikations- und Kritikfähigkeit sind sowohl bei der Bearbeitung von Texten als auch im Dialog unverzichtbar.

5. Sie geben keine vertraulichen Informationen an Dritte weiter und wahren die Geschäftsgeheimnisse ihrer Kunden.

6. Freie Lektorinnen und Lektoren im VFLL respektieren das Urheberrecht und weisen ihre Auftraggeber darauf hin, wenn sie während der Arbeit am Projekt Urheberrechtsverstöße bemerken sollten.

7. Sie führen Lektoratsaufträge – wenn nicht anders vereinbart – persönlich aus, da diese Dienstleistung aufs Engste mit ihrem Wissen, ihrer individuellen Kompetenz und ihrer Kreativität verbunden ist.

8. Freie Lektorinnen und Lektoren im VFLL verschaffen sich ein möglichst genaues Bild vom Projekt, bevor sie mit ihren Kunden Art und Umfang der Dienstleistung, Honorierung sowie Termine verbindlich vereinbaren. Auf unvorhergesehene Umstände, die im Laufe eines Projekts auftreten, weisen sie ihre Auftraggeber rechtzeitig hin.

9. Freie Lektorinnen und Lektoren im VFLL halten die Regeln für einen lauteren Wettbewerb ein. Sie machen weder in ihrer Werbung noch ihren Auftraggebern gegenüber unrichtige oder irreführende Angaben und unterlassen Werbeaussagen, die eine hundertprozentige Fehlerfreiheit in Texten versprechen.

Link- und Literaturliste

Einige Links führen zu Unterseiten einer Domain und sind so lang, dass man sich beim Abtippen leicht verschreiben kann. Wir verwenden daher eine Kurzform – eine sogenannte TinyURL – die ebenfalls zum gewünschten Link führt. In Klammern wird die Ursprungsdomain der Internetadresse angegeben.

A.1 **Links zu:**
- Arbeitsfelder
- Urheber- und Verlagsrecht
- Rund um die Selbstständigkeit
- Voraussetzungen, Fort- und Weiterbildung
- Verbände und Institutionen
- Brancheninformationen
- Verband der Freien Lektorinnen und Lektoren (VFLL)

A.2 **Literatur zu:**
- Berufsbild Lektorin/Lektor
- Arbeitsfelder
  - Lektorat im Verlagsbereich
  - Branchenperiodika
  - Unternehmenskommunikation
  - Wissenschaftslektorat
  - Video- und Audio-Texte
  - E-Books, Apps & Co.
  - Dienstleistungen rund um die Publikation
- Fachwissen für den Lektoratsalltag
  - Deutsche Sprache
  - Englische Sprache
  - Satz und Korrektur
  - Textverarbeitung
  - Urheber- und Verlagsrecht
- Rund um die Selbstständigkeit
  - Marketing und Preisgestaltung
  - Selbstständigkeit und Versicherungen

Links

A.3 *Arbeitsfelder*
- Akademie des Deutschen Buchhandels: *www.buchakademie.de*
- Forum Corporate Publishing (FCP): *www.forum-corporate-publishing.de*
- Self-Publishing: *www.selfpublisherbibel.de*
- Self-Publishing: *www.literaturcafe.de*
- Selfpublishing-Markt.de (Forum von Matthias Matting/selfpublisherbibel.de): *www.selfpublishing-markt.de*
- Online-Schreibkurs des renommierten Werbetexters Aurel Gergey: *www.gergey.com/besser-schreiben-lernen.pdf*
- Autorenwelt (Forum des Uschtrin-Verlags): *www.autorenwelt.de*
- Verband der Redenschreiber deutscher Sprache: *www.vrds.de*
- Deutsche Public Relations Gesellschaft e. V.: *www.dprg.de*
- Sciencegarden – Linktipps für die wissenschaftliche Informationssuche: *http://tinyurl.com/mojwfyy (www.sciencegarden.de)*
- Netzwerk Recherche e. V. – Netzwerk für investigativen Journalismus: *www.netzwerk-recherche.de*
- Recherchefibel: *www.recherchefibel.de*
- Deutsches Netzwerk der Indexer: *www.d-indexer.org*
- Society of Indexers (Großbritannien): *www.indexers.org.uk*
- The Indexer: The International Journal of Indexing: *www.theindexer.org*
- Wolfgang Beinert, Typolexikon.de: *www.typolexikon.de*

A.4 *Urheber- und Verlagsrecht*
- Bundeszentrale für politische Bildung: *www.bpb.de/gesellschaft/medien/urheberrecht*
- Institut für Urheber- und Medienrecht: *www.urheberrecht.org*
- iRights.info, Urheberrecht und digitales Schaffen in der kreativen Welt: *http://irights.info*
- Urheberrechtsgesetz: *http://dejure.org/gesetze/UrhG*
- Urheberrechtsgesetz: *www.gesetze-im-internet.de/urhg*
- Recht im Internet: *www.e-recht24.de*

A.5 *Rund um die Selbstständigkeit*
- Goetz Buchholz, Ratgeber Selbstständige online: *http://tinyurl.com/njt599k (https://www.mediafon.net)*
- Beratungsnetz für Solo-Selbstständige: *www.mediafon.net*
- Informationen zur Rechtsform GbR [Kooperationen]: *http://tinyurl.com/mey2cs3 (Handelskammer Hamburg, www.hk24.de)*
- Gesetz über Partnerschaftsgesellschaften Angehöriger Freier Berufe (PartGG) vom 25. Juli 1994 [Kooperationen]: *http://tinyurl.com/qazszom (www.gesetze-im-internet.de)*

- Daniel Rettig und Katharina Heckendorf: Auslaufmodell Festanstellung, 21.2.2014: *www.zeit.de/karriere/beruf/2014-02/freiberufler-selbststaendigkeit*
- Andreas Lutz, Gründungszuschuss.de [Unternehmerwissen]: *www.gruendungszuschuss.de*
- Jürgen Busch, Erfolg-als-Freiberufler.de. Praxis-Tipps zum unternehmerischen Handeln: *www.erfolg-als-freiberufler.de*
- Künstlersozialkasse (KSK): *www.kuenstlersozialkasse.de*
- Altersvorsorge: *www.deutsche-rentenversicherung.de*
- Stiftung Warentest, Versicherungen [unter anderem Altersvorsorge-Rente, Riester-Rente, Rürup-Rente]: *www.test.de/versicherungen*
- Versicherungsberatung: *www.verbraucherzentrale.de*
- Versicherungsberatung: *www.verbund-deutscher-honorarberater.de*
- Presse-Versorgung – Versicherer für die Kommunikations- und Medienbranche: *www.presse-versorgung.de*

A.6 *Voraussetzungen, Fort- und Weiterbildung*

- Deutsche Gesellschaft für Qualität: *www.dgq.de*
- Verband der Freien Lektorinnen und Lektoren: *www.vfll.de*
- Akademie des Deutschen Buchhandels: *www.buchakademie.de*
- Mediacampus Frankfurt/Die Schulen des deutschen Buchhandels: *www.mediacampus-frankfurt.de*
- Börsenverein des Deutschen Buchhandels: *www.fortbildung-verlag.com*
- XML-Schule in Taching bei München: *www.xml-schule.de*
- BücherFrauen-Akademie: *www.buecherfrauen.de*
- Verband deutschsprachiger Literaturübersetzer VdÜ: *www.vdue.org*
- Bundesagentur für Arbeit: *www.kursnet.arbeitsagentur.de*

A.7 *Verbände und Institutionen*

- Börsenverein des Deutschen Buchhandels: *www.boersenverein.de*
- Deutscher Kulturrat: *www.kulturrat.de*
- Deutsche Literaturkonferenz, Sektion Wort des Deutschen Kulturrats: *www.literaturkonferenz.de*
- Rat für deutsche Rechtschreibung: *www.rechtschreibrat.com*
- Society for Editors and Proofreaders (SfEP, Großbritannien): *www.sfep.org.uk*
- BücherFrauen (Women in Publishing), Netzwerk von Frauen für Frauen rund ums Buch: *www.buecherfrauen.de*
- Deutsches Netzwerk der Indexer (DNI): *www.d-indexer.org*
- Society of Indexers (Großbritannien): *www.indexers.org.uk*
- Illustratoren Organisation (IO): *www.io-home.org*
- Verband deutschsprachiger Literaturübersetzer (VdÜ): *www.literaturuebersetzer.de*

- Vereinte Dienstleistungsgewerkschaft (ver.di): *www.verdi.de*
- Assoziierte Dolmetscher und Übersetzer in Norddeutschland (ADÜ Nord): *www.adue-nord.de*
- Bundesverband der Dolmetscher und Übersetzer (BDÜ): *bdue.de*
- Fachverband freier Werbetexter: *www.texterverband.de*
- Texttreff.de – das Netzwerk textstarker Frauen: *www.texttreff.de*

A.8 *Brancheninformationen*
- Börsenblatt für den Deutschen Buchhandel: *www.boersenblatt.net*
- BuchMarkt: *www.buchmarkt.de*
- buchreport: *www.buchreport.de*
- journalist: *www.journalist.de*
- KunstundKultur: *www.kunstundkultur-online.de*
- M – Menschen Machen Medien: *mmm.verdi.de*

A.9 *Verband der Freien Lektorinnen und Lektoren (VFLL)*
- VFLL: *www.vfll.de*
- VFLL: *www.lektoren.de*
- Blog: *www.lektorenverband.de*
- Facebook: *www.facebook.com/lektorenverband*
- Twitter: *www.twitter.com/lektorenverband*

Literatur

A.10 *Berufsbild Freie Lektorin/Freier Lektor*
- Fetzer, Günther: Berufsziel Lektorat: Tätigkeiten – Basiswissen – Wege in den Beruf. UTB, Stuttgart 2014.
- Hömberg, Walter: Lektor im Buchverlag. Repräsentative Studie über einen unbekannten Kommunikationsberuf. 2., überarb. Aufl. UVK Verlagsgesellschaft, Konstanz 2011.
- Moczall, Andreas/Oberlander, Willi: Lektorat als Freier Beruf. Institut für Freie Berufe, Nürnberg 2009.
- Nickel, Gunther (Hg.): Krise des Lektorats? Hg. i. A. der Deutschen Literaturkonferenz. Wallstein Verlag, Göttingen 2006.

Arbeitsfelder

A.11 *Lektorat im Verlagsbereich*
- Bramann, Klaus-W./Plenz, Ralf (Hg.): Verlagslexikon. 1500 Stichwörter, praxisnahe Definitionen, Literaturtipps. Bramann Verlag, Frankfurt/Main 2002.
- Brauner, Detlef Jürgen/Weigert, Martin (Hg.): Lexikon des Verlagswesens. Oldenbourg Wissenschaftsverlag, München 1997.

- Frieling, Wilhelm Ruprecht/Huffmann, Johann-Friedrich: Wörterbuch der Verlagssprache. Der aktuelle Führer durch das Fachchinesisch der Verleger, Redakteure und Drucker. Frieling, Berlin 2005.
- Groothuis, Rainer: Wie kommen die Bücher auf die Erde? Überarb. u. erw. Neuausgabe. DuMont-Literatur-und-Kunst-Verlag, Köln 2007.
- Heinold, Wolfgang E.: Bücher und Büchermacher. 6., von Ulrich Ernst Huse, Klaus-W. Bramann und Hans-Heinrich Ruta neu bearb. Aufl. Bramann Verlag, Frankfurt/Main 2009.
- Hiller, Helmut/Füssel, Stephan: Wörterbuch des Buches. Klostermann Vittorio, Frankfurt/Main 2006.
- Röhring, Hans-Helmut: Wie ein Buch entsteht. Einführung in den modernen Buchverlag. Überarb. u. akt. von Klaus-W. Bramann. 9. Aufl. Primus Verlag, Darmstadt 2011.
- Schickerling, Michael/Menche, Birgit: Bücher machen. Ein Handbuch für Lektoren und Redakteure. 3., akt. u. erw. Aufl. Bramann Verlag, Frankfurt/Main 2012.
- Schiffrin, André: Verlage ohne Verleger. Über die Zukunft der Bücher. Nachwort von Klaus Wagenbach. Verlag Klaus Wagenbach, Berlin 2000.
- Schütz, Erhard u. a. (Hg.): Das BuchMarktBuch. Der Literaturbetrieb in Grundbegriffen. Rowohlt Verlag, Reinbek bei Hamburg 2010.
- Zender, Joachim Elias: Lexikon Buch, Druck, Papier. Haupt Verlag, Bern 2008.

A.12 *Branchenperiodika*
- Börsenblatt – Wochenmagazin für den Deutschen Buchhandel. Verlag der Buchhändler-Vereinigung, Frankfurt/Main [erscheint wöchentlich, dazu fünf Sondernummern; s. a. *www.boersenblatt.net*].
- BuchMarkt. BuchMarkt Verlag K. Werner, Meerbusch [erscheint monatlich; s. a. *www.buchmarkt.de*].
- buchreport. Harenberg Verlag, Dortmund [der buchreport.express erscheint wöchentlich, das buchreport.magazin monatlich; s. a. *www.buchreport.de*].

A.13 *Unternehmenskommunikation*
- Mast, Claudia: Unternehmenskommunikation. 5. Aufl. UVK Verlagsgesellschaft, Konstanz/München 2013.
- Piwinger, Manfred/Zerfaß, Ansgar (Hg.): Handbuch Unternehmenskommunikation. Gabler Verlag, Wiesbaden 2007.

A.14 *Wissenschaftslektorat*
- Ebel, Hans F./Bliefert, Klaus/Greulich, Walter: Schreiben und Publizieren in den Naturwissenschaften. 5. Aufl. Wiley-VCH, Weinheim 2006.
- Eco, Umberto: Wie man eine wissenschaftliche Abschlussarbeit schreibt. Doktor-, Diplom- und Magisterarbeiten in den Geistes- und Sozialwissenschaften. 13. Aufl. C. F. Müller Verlag, Heidelberg 2010.

— Franck, Norbert/Stary, Joachim: Die Technik wissenschaftlichen Arbeitens. Eine praktische Anleitung. 16. Aufl. Schöningh Verlag, Paderborn 2011.
— Reinhardt, Klaus: Vom Wissen zum Buch. Fach- und Sachbücher schreiben. 2. Aufl. Verlag Hans Huber, Bern 2011.
— Theisen, Manuel René: Wissenschaftliches Arbeiten: Technik, Methodik, Form. 15. Aufl. Verlag Franz Vahlen, München 2011.

A.15 *Video- und Audio-Texte*
— Eschke, Gunther/Bohne, Rudolf: Bleiben Sie dran!: Dramaturgie von TV-Serien, 1. Aufl. UVK Verlagsgesellschaft, Konstanz 2010.
— Koschmieder, Annette: Stoffentwicklung in der Medienbranche. Von der Idee zum Markt. Cornelsen Scriptor, Berlin 2011.
— McKee, Robert: Story: Die Prinzipien des Drehbuchschreibens. 7., unveränd. Aufl. Alexander Verlag, Berlin 2011.

A.16 *E-Books, Apps & Co.*
— Castro, Elizabeth: EPUB für iPad & Co. Ebooks erstellen und optimieren von Text bis Multimedia. Addison-Wesley, München 2011.
— Heck, Sacha/Apel, Yves: ePub für (In)Designer. Mit InDesign Schritt für Schritt zum E-Book. dpunkt.verlag, Heidelberg 2012.
— Henzler, Harald/Kern, Fabian: Mobile Publishing: E-Books, Apps und Co. De Gruyter, Berlin/Boston, Massachusetts 2014.
— Matrisch, Uwe/Welsch, Ursula: E-Books konzipieren und produzieren. 2. Aufl. MedienEdition Welsch, Taching am See 2011.

A.17 *Dienstleistungen rund um die Publikation*
— Ackstaller, Susanne/Evers, Momo/Hacke, Constanze (Hg.): Treffpunkt Text. Das Handbuch für Freie in Medienberufen. Bramann, Frankfurt/Main 2006.
— Baumert, Andreas: Professionell texten: Grundlagen, Tipps und Techniken. 3. Aufl. Deutscher Taschenbuch Verlag, München 2011.
— Bergmann, Monika: Die Bilderjagd. Beruf des Bildredakteurs. Presse Informations AG (PIAG) Verlag, Sinzheim 2006.
— Blana, Hubert: Die Herstellung. Ein Handbuch für die Gestaltung, Technik und Kalkulation von Buch, Zeitschrift und Zeitung. 4., überarb. Ausg. Verlag K. G. Saur, München 1998.
— Browne, Glenda/Jermey, Jon: The Indexing Companion. Cambridge University Press, Melbourne 2007.
— Calleen, Florine: Texten fürs Social Web. Das Handbuch für Social-Media-Texter. BusinessVillage, Göttingen 2012. [Inhaltlich empfehlenswert, jedoch mit vielen Rechtschreibfehlern.]
— Clark, Roy Peter: Die 50 Werkzeuge für gutes Schreiben – Handbuch für Auto-

ren, Journalisten. Autorenhaus Verlag, Berlin 2008.
— Crofts, Andrew: Ghostwriter. Bücher schreiben lassen: Schreiben und schreiben lassen. Autorenhaus Verlag, Berlin 2007.
— Englert, Sylvia: Autoren-Handbuch. So finden Sie einen Verlag für Ihr Manuskript. Schritt für Schritt zur eigenen Veröffentlichung. 7., überarb. u. erw. Aufl. Autorenhaus Verlag, Berlin 2012.
— Frosch, Günther: Texten für Trainer, Berater, Coachs. 4. überarb. Aufl. Gabal Verlag, Offenbach 2012.
— ISO 999: Guidelines for the content, organization and presentation of indexes. ISO (International Organization for Standardization), Genf 1996.
— Klinghammer, Wolfgang: Handbuch Ghostwriting. Marktumfeld und Arbeitstechniken. Books on Demand, Norderstedt 2007.
— Mulvany, Nancy C.: Indexing Books. 2nd edition. University of Chicago Press, Chicago 2005.
— Uschtrin, Sandra/Hinrichs, Heribert (Hg.): Handbuch für Autorinnen und Autoren: Informationen und Adressen aus dem deutschen Literaturbetrieb und der Medienbranche. 7., völlig überarb. u. erw. Aufl. Uschtrin Verlag, Inning am Ammersee 2010. [Völlig überarb. 8. Aufl. für Februar 2015 in Vorbereitung].
— The Indexer: The International Journal of Indexing. Society of Indexers, London [erscheint vierteljährlich, s. a. *www.theindexer.org*].

Fachwissen für den Lektoratsalltag

A.18   *Deutsche Sprache*
— Dudenredaktion (Hg.): Der Duden in zwölf Bänden. Das Standardwerk zur deutschen Sprache: Bd. 1 Rechtschreibung (26. Aufl. 2013 – Buch, App & Software); Bd. 2 Stilwörterbuch (9. Aufl. 2010); Bd. 3 Bildwörterbuch (6. Aufl. 2005); Bd. 4 Grammatik (8. Aufl. 2009); Bd. 5 Fremdwörterbuch (10. Aufl. 2010); Bd. 6 Aussprachewörterbuch (6. Aufl. 2006); Bd. 7 Herkunftswörterbuch (5. Aufl. 2013); Bd. 8 Synonymwörterbuch (6. Aufl. 2010); Bd. 9 Richtiges und gutes Deutsch (7. Aufl. 2011); Bd. 10 Bedeutungswörterbuch (4. Aufl. 2010); Bd. 11 Redewendungen (4. Aufl. 2013); Bd. 12 Zitate und Aussprüche (3. Aufl. 2008). Dudenverlag, Berlin/Mannheim/Zürich.
— Dudenredaktion (Hg.): Das Wörterbuch der Abkürzungen. 6. Aufl. Bibliographisches Institut, Berlin 2011.
— Duden Ratgeber – Handbuch Zeichensetzung: Der praktische Ratgeber zu Komma, Punkt und allen anderen Satzzeichen von Christian Stang und Anja Steinhauer. 2. Aufl. Bibliographisches Institut, Berlin 2014.
— Häberlin, Susanne/Schmid, Rachel/Wyss, Eva L.: Übung macht die Meisterin. Ratschläge für einen nichtsexistischen Sprachgebrauch. Verlag Frauenoffensive, München 2002. [Nur noch antiquarisch erhältlich.]

— Helbig, Gerhard/Buscha, Joachim: Deutsche Grammatik. Ein Handbuch für den Ausländerunterricht. Langenscheidt, Berlin und München 2008. [Für DaF-Lehrer gedacht, jedoch eine gut handhabbare Grammatik für Sprachprofis.]
— Langer, Inghard/Schulz von Thun, Friedemann/Tausch, Reinhard: Sich verständlich ausdrücken. 9. Aufl. Ernst Reinhardt Verlag, München 2011.
— Österreichisches Wörterbuch. Hg. v. Bundesministerium für Unterricht, Kunst und Kultur. 42., neu bearb. Aufl. Österreichischer Bundesverlag, Wien 2012.
— PONS-Redaktion (Hg.): Die deutsche Rechtschreibung. Für Beruf, Schule und Allgemeinbildung. Auf der Grundlage der amtlichen Regeln. 1. Aufl. PONS, Stuttgart 2013.
— Schneider, Wolf: Deutsch für Profis: Wege zu gutem Stil. 15. Aufl. Goldmann Verlag, München 2001.
— Schneider, Wolf: Deutsch! Das Handbuch für attraktive Texte. Rowohlt Verlag, Reinbek bei Hamburg 2007.
— Textor, A. M.: Sag es treffender. Ein Handbuch mit über 57 000 Verweisen auf sinnverwandte Wörter und Ausdrücke für den täglichen Gebrauch. 14. Aufl. Ernst Heyer Verlag, Essen 2009.
— WAHRIG-Redaktion (Hg.): Brockhaus WAHRIG. Die deutsche Rechtschreibung. 8. Aufl. wissenmedia, Gütersloh/München 2011.

A.19 *Englische Sprache*
— New Hart's Rules. The Handbook of Style for Writers and Editors. 39th edition. Oxford University Press, Oxford 2005.
— New Oxford Style Manual. 2nd edition. Oxford University Press, Oxford 2012.
— The Chicago Manual of Style. The Essential Guide for Writers, Editors, and Publishers. 16th edition. University of Chicago Press, Chicago 2010. [15. Aufl. auch auf CD-ROM erhältlich.]
— The Oxford Guide to Style. The Style Bible for All Writers, Editors, and Publishers. Oxford University Press, Oxford 2002.

A.20 *Satz, Typografie und Korrektur*
— Deutsches Institut für Normung (Hg.): Schreib- und Gestaltungsregeln für die Textverarbeitung. Sonderdruck von DIN 5008 (2011). 5. Aufl. Beuth Verlag, Berlin/Wien/Zürich 2011.
— Deutsches Institut für Normung (Hg.): Korrekturzeichen und deren Anwendung nach DIN 16511. 2., vollständig überarb. Aufl., bearb. von Barbara Hoffmann. Beuth Verlag, Berlin/Wien/Zürich 2006.
— Forssman, Friedrich/de Jong, Ralf: Detailtypografie. Nachschlagewerk für alle Fragen zu Schrift und Satz. 4., verb. Aufl. Verlag Hermann Schmidt, Mainz 2008.

— Kreutzmann, Werner: Die Praxis des Korrekturlesens. 2., verb. Aufl. VEB Verlag für Buch- u. Bibliothekswesen, Leipzig 1962. [Nur noch antiquarisch erhältlich.]
— Willberg, Hans Peter/Forssman, Friedrich: Lesetypografie Softcover. 5. Aufl. Verlag Hermann Schmidt, Mainz 2010.
— Witzer, Brigitte (Hg.): Satz und Korrektur. Texte bearbeiten, verarbeiten, gestalten. Dudenverlag, Mannheim u. a. 2003. [Nur noch als E-Book, 2. Aufl. 2009, oder antiquarisch erhältlich.]

A.21   *Textverarbeitung*

— Franz, Susanne: E-Manuskripte mit MS Word 2010. MedienEdition Welsch, Taching am See 2013.
— Franz, Susanne: Wissenschaftliche Arbeiten mit Word 2013. Vierfarben Verlag, Bonn 2013 (mit CD). [Auch für Word 2010 erhältlich.]
— Lambrich, Sabine: Microsoft Word 2013 auf einen Blick, hg. v. Microsoft Press. O'Reilly Verlag, Köln 2013. [Auch für Word 2010 erhältlich.]
— Nicol, Natascha/Albrecht, Ralf: Wissenschaftliche Arbeiten schreiben mit Word 2010. Addison-Wesley, München 2010.
— Peyton, Christine: Word 2013 – der umfassende Ratgeber. Vierfarben Verlag, Bonn 2013 (mit CD). [Auch für Word 2010 erhältlich.]
— Powers, Hilary: Making Word Work for You. An Editor's Intro to the Tool of the Trade. Publisher: Editorial Freelancers Association 2009.

A.22   *Urheber- und Verlagsrecht*

— Lettl, Tobias: Urheberrecht. 2., neu bearb. Aufl. C. H. Beck Verlag, München 2013.
— Plinke, Manfred: Recht für Autoren. Urheberrecht, Verlagsrecht, Musterverträge. 3. Aufl. Autorenhaus Verlag 2012.
— Schulze, Gernot: Meine Rechte als Urheber: Urheber- und Verlagsrechte schützen und durchsetzen. 6. Auflage. Deutscher Taschenbuch Verlag, München 2009 (Beck Rechtsberater im dtv).
— Wegner, Konstantin/Wallenfels, Dieter/Kaboth, Daniel: Recht im Verlag. Handbuch. 2. Auflage. C. H. Beck Verlag, München 2011.

Rund um die Selbstständigkeit

A.23   *Marketing und Preisgestaltung*

— Bernecker, Michael/Gierke, Christiane/Hahn, Thorsten: Akquise für Trainer, Berater, Coachs. 5. Aufl. Gabal Verlag, Offenbach 2011.
— Düssel, Mirko: Praktische Grundlagen für aktives Pricing. Cornelsen Verlag, Berlin 2005.
— Friedrich, Kerstin: Erfolgreich durch Spezialisierung. Redline Verlag, Heidelberg 2007.

— Frisch, Jacques: Facebook für Selbstständige – 10 Lektionen für Ihren Geschäftserfolg. Addison-Wesley Verlag, München 2012. [Inhaltlich empfehlenswert, jedoch mit vielen Rechtschreibfehlern.]
— Kuntz, Bernhard: Die Katze im Sack verkaufen. Wie Sie Bildung und Beratung mit System vermarkten – offline und online. 4. Aufl. ManagerSeminare Verlag, Bonn 2013.
— Remy, Volker: Wie man Aufträge angelt und mit Fischen spricht … Graco Verlag, Berlin 2007.
— Wilms, Falko E. P.: Der Berater als Unternehmer. Ökonomische Toolbox für Trainer, Coachs und Fachberater. Haupt Verlag, Bern/Stuttgart/Wien 2004.

A.24 *Selbstständigkeit und Versicherungen*
— Bröckling, Ulrich: Das unternehmerische Selbst. Soziologie einer Subjektivierungsform. Suhrkamp Verlag, Frankfurt/Main 2007.
— Buchholz, Goetz: Der Ratgeber Selbstständige. www.mediafon-ratgeber.de. Hg. v. Vereinte Dienstleistungsgewerkschaft ver.di. mediafon Selbstständigenberatung, Berlin 2011.
— Hacke, Constanze: Selbstständig und dann? Wie Freiberufler langfristig erfolgreich werden. Wiley-VCH, Weinheim 2011.
— Hahn, Nicco: Gesellschaft bürgerlichen Rechts (GbR). C. H. Beck Verlag, München 2009.
— Hofert, Svenja: Praxisbuch für Freiberufler. 5. Neuaufl. Gabal, Offenbach 2012.
— Hogarth, Peter: Die Partnerschaftsgesellschaft – Rechtsform für Freiberufler. Books on Demand, Norderstedt 2011.
— Lutz, Andreas: Jetzt sind Sie Unternehmer. Was Sie von Anfang an wissen müssen von Ablage bis Zeitmanagement. 5., akt. Aufl. Linde Verlag, Wien 2014.
— Passig, Kathrin/Lobo, Sascha: Dinge geregelt kriegen – ohne einen Funken Selbstdisziplin. Rowohlt Verlag, Reinbek 2010.
— Stiftung Warentest/Finanztest (Hg.): Der Versicherungs-Ratgeber. Was wirklich wichtig ist für Familie, Recht, Eigentum, Auto und Gesundheit. 2., akt. Aufl. Stiftung Warentest, Berlin 2012.
— Stiftung Warentest/Finanztest (Hg.): Private Altersvorsorge. Einfach einsteigen. 7., akt. Aufl. Stiftung Warentest, Berlin 2012.
— Stiftung Warentest/Finanztest (Hg.): Riester. Das bringt die staatlich geförderte Altersvorsorge. Stiftung Warentest, Berlin 2012.
— Verbraucherzentrale Nordrhein-Westfalen (Hg.): Berufsunfähigkeit gezielt absichern. Der Weg zum besten Vertrag. 5., akt. Aufl. Verbraucherzentrale Nordrhein-Westfalen, Düsseldorf 2013.

Verzeichnis der Autorinnen und Autoren

Thirza Albert, Studium Germanistik u. Romanistik. Seit 2006 freie Lektorin und Schreibcoach (www.lektorat-albert.com). VFLL (RG Frankfurt/Main). – Autorin von: Erfahrungsbericht Angebote, S. 117; Buchhaltungsprogramme, S. 183; Erfahrungsbericht Ein Tag …, S. 200–201; Koautorin von: Bildredaktion, S. 78–79; Textrechte, S. 80–81.

Friederike Arnold, Studium Skandinavistik u. Neuere deutsche Literatur (M. A.). Seit 2007 freie Lektorin (www.friederike-arnold.net). – Autorin von: Erfahrungsbericht Belletristik, S. 23.

Berit Lina Barth, Studium Amerikanistik, Publizistik u. Kunstgeschichte (M. A.). Acht Jahre Berufserfahrung als fest angestellte Lektorin, seit 2003 freiberuflich tätig (www.berit-lina-barth.de). Spezialisiert auf das Erstellen von Kurzfassungen. VFLL (RG Stuttgart). – Koautorin von: Das klassische Buchlektorat, S. 14–22.

Ulrike Barzik, Studium Altamerikanistik, Ethnologie u. Soziologie (M. A.). Seit 2003 freie Lektorin (www.barzik-lektorat.de). VFLL (RG Berlin). – Autorin von: Erfahrungsbericht Steuerberater ja oder nein?, S. 145.

Silke Behling, Sozialwissenschaftlerin u. Pädagogin (Diplom). Freie Lektorin und Redakteurin (www.ab-satz.com) aus Osnabrück. VFLL (RG Niedersachsen). – Autorin von: Arbeitsfelder rund um die Publikation, S. 70.

Inga Beißwänger, Übersetzerin (Diplom) und BA of Popular Music and Media. Seit 2013 freie Lektorin, Texterin, PR- und Social-Media-Managerin (www.dasgepflegtewort.de). VFLL (RG Köln/Bonn). – Autorin von: Social-Media-Management, S. 90–91; Eigen-PR und Selbstmarketing, S. 104; Der VFLL, S. 215–217.

Claudia Boss-Teichmann, Studium Neuere Geschichte und Neuere deutsche Literatur (M. A.), Verlagsvolontariat und acht Jahre Redakteurin in Sachbuch- und Ratgeberverlagen, seit 1999 freiberufliche Lektorin, Autorin und Korrektorin (www.value-edit.de). VFLL (RG Rhein-Neckar). – Autorin von: Aufträge bearbeiten – Qualität sichern, S. 126–131 u. 134.

Carola Brinkers, Steuerberaterin, Gutachterin, Autorin, Fachreferentin. 1999 Gründung der Steuerkanzlei Brinkers mit Schwerpunkt wirtschaftliche und steuerrechtliche Betreuung von Freiberuflern (www.kanzleibrinkers.de). Steuerberaterin des VFLL. – Autorin von: Was Sie beachten müssen, S. 137; Buchhaltung, S. 138–141; Steuern, S. 142–144.

Marina Burwitz, Studium Amerikanistik, Geschichte u. Germanistik (M. A.). Seit 1999 freie Lektorin (www.das-blaue-buero.de). VFLL (RG München). – Autorin von: Krankenversicherung, Altersvorsorge, Berufsunfähigkeitsversicherung, Rechtsschutzversicherung, Arbeitslosenversicherung, S. 165–166.

Silke Buttgereit, die webagentin (www.diewebagentin.de), studierte einst Deutsche u. Französische Literatur. Onlinerin der ersten Stunde, begeisterte Cloud-Nutzerin und Expertin für Webkonzepte & Weiterbildung. – Autorin von: Mobiles Arbeiten mit Cloud Computing, S. 189–191.

Elisabeth Dorner, Studium Anglistik u. Germanistik (1. u. 2. Staatsexamen). Redakteurin bei verlag moderne industrie und Oldenbourg Schulbuchverlag. Seit 1997 freie Lektorin im Bereich Sachbuch/Bildungsmedien (www.lektorat-dorner.de). VFLL (RG Berlin). – Autorin von: Das professionelle Angebot, S. 115–116.

Momo Evers, Studium Geschichte, Germanistik u. Erwachsenenbildung (M. A.). Selbstständig seit 2002. Schwerpunkte: Lektorat, Ghostwriting, Online-Redaktion, Exposé-Seminare, Übersetzungen aus dem Englischen (www.haus-der-sprache.de). VFLL (RG Leipzig). – Autorin von: Autorenakquise, S. 74–75.

Jochen Fassbender, Studium Informationswissenschaft (FH Hannover). Seit 1991 in den Bereichen Informationsarchitektur (Entwicklung kontrollierter Vokabulare, z. B. Thesauri) und Indexing tätig, seit 2003 als Freelancer. Deutsches Netzwerk der Indexer (DNI). – Autor von: Registererstellung, S. 92–93, Register, S. 238–247.

Matthias Felsch, Studium Mathematik u. Geografie (1. u. 2. Staatsexamen). Seit 2001 freier Lektor (www.Lmedien.de). VFLL (RG Berlin). – Autor von: Erfahrungsbericht Verlässlich arbeiten auch ohne schriftlichen Vertrag?, S. 153.

Herwig Frenzel, Studium Germanistik u. Politikwissenschaft (M. A.). Seit 2003 freier Lektor, Schwerpunkt Unternehmenskommunikation (www.lectormedia.de). VFLL (RG Berlin). – Autor von: Vorwort, S. 6–7; Erfahrungsbericht Agenturen, S. 51; Honorare, S. 118–122 u. 124; Erfahrungsbericht Wiki, S. 195.

Maike Frie, Studium Skandinavistik, Germanistik u. Angewandte Kulturwissenschaften; geprüfte PR-Beraterin (DPRG). Seit 2005 freie Lektorin (www.skriving.de), Dozentin für Norwegisch u. Kreatives Schreiben u. Autorin (www.maikefrie.de). VFLL (RG Rhein/Ruhr). – Autorin von: PR-Arbeit, S. 88–89.

Joachim Fries, Studium Deutsch, Pädagogik, Erziehungswissenschaft, Erwachsenenbildung u. Personalentwicklung (1. u. 2. Staatsexamen, M. A.). Seit 2010 freier

Lektor und Trainer (www.lernwert.de). VFLL (RG Berlin). – Autor von: Berufsbild im Wandel, S. 197–199, S. 202–210 u. 212.

Günther Frosch, Studium Germanistische Linguistik, Deutsch als Fremdsprache (M. A.). TextCoach München (www.frosch.biz). Seit 1999 selbstständig als TextCoach für Bildungsunternehmen, Leiter des Seminars „Akquise jenseits der Verlagsbranche" (ADB). – Autor von: Arbeitsfelder jenseits der Verlagsbranche, S. 38–39.

Dörte Fuchs, Studium Neuere deutsche Literaturgeschichte, Philosophie u. Geschichte (M. A.). Seit 1993 freie Lektorin, Übersetzerin und Autorin (www.text-fuchs.de). VFLL (RG Freiburg/Südbaden). – Koautorin von: Kooperationsformen, S. 154–157; Gründung von (Büro-)Gemeinschaften, S. 158.

Gesa Füßle, Studium Skandinavistik, Germanistik u. Anglistik in Deutschland, Schweden und Frankreich. Seit 2010 freie Lektorin, Autorin und Übersetzerin (www.textfuss.de), seit 2013 Bloggerin (www.gesakram.de). VFLL (RG Hamburg). – Autorin von: Netzwerken, S. 106–108.

Olaf Goldstein, Studium Ur- und Frühgeschichte, Kunstgeschichte u. Mittelalterliche Geschichte (M. A.). Seit 2011 freier Lektor. – Autor von: Erfahrungsbericht Fit fürs Freie Lektorat?, S. 213.

Walter Greulich, Studium Physik (Diplom). 1999 Gründung der WGV Verlagsdienstleistungen GmbH (www.wgv-net.de). Fachautor u. Seminarleiter, Lehrbeauftragter (HdM Stuttgart u. DHBW Mannheim). Mitglied VFLL. – Autor von: Content Management, S. 94–95 Korrigieren und Kommentieren im PDF, S. 188; Koautor von: Wikis und Datenbanken, S. 192–193.

Lars Günther, Studium Geschichte, Germanistik u. Philosophie (M. A.). Seit 2001 freier Lektor (www.larsguenther.net) und Mitglied der Redaktionsgruppe Loop (http://loop-redaktionsgruppe.de). VFLL (RG Rhein/Ruhr). – Autor von: Erfahrungsbericht Self-Publishing, S. 69.

Gisela Hack-Molitor, Studium Anglistik, Germanistik u. Slavistik (Promotion). Seit 1999 freie Lektorin, Autorin, Buchproduzentin (www.litbuero.de). Beiratsmitglied Künstlersozialkasse. VFLL (RG Stuttgart). – Autorin von: Praxistipp Unteraufträge, S. 158; Künstlersozialkasse, S. 161–162; KSK-Versicherungspflicht, S. 170.

Hergen Hillen, Studium Sozialwissenschaften u. Kriminologie (Diplom), Ökonomie u. Germanistik; seit 1995 freier Lektor u. Autor, Schreibberater, Lehrbeauftragter für wissenschaftliches Schreiben und Arbeiten (www.fachlektorat-hamburg.de). VFLL (RG Hamburg). – Autor von: Erfahrungsbericht Kontra Probelektorat, S. 113.

Hildegard Hogen, Studium Germanistik, Philosophie u. Kunstgeschichte (Promotion). Redakteurin seit 1991, freiberuflich seit 2011 (www.hildegardhogen.de); denkt und arbeitet medienneutral – die Inhalte sind wichtiger! VFLL (RG Frankfurt/Main). – Autorin von: Erfahrungsbericht E-Books, S. 37.

Elke Homburg, Studium Germanistik, Theaterwissenschaft u. Philosophie (M. A.); Ausbildung zur Journalistin. Nach Jahren als Verlagsredakteurin seit 2014 wieder freie Buchautorin, Journalistin, Texterin, Übersetzerin und Lektorin (www.text-welten.de). Spezialgebiete: Reise & Touristik, Essen & Trinken. – Autorin von: Texten, S. 84–85.

Sylvia Jakuscheit, Studium Geografie, Geschichte, Amerikanistik, BWL (M. A.). Ab 2000 Verlagsredaktion Schul-, Sach-/Fachbuch, Wissenschaft. Freie Redakteurin/Lektorin/Autorin seit 2011 (http://redaktion.jakuscheit.de). Digitale Medien, Karten, Layout, Indexing. VFLL (RGs Frankfurt/Main u. Jena). – Autorin von: Erfahrungsbericht Freiberuflich arbeiten, S. 173.

Olaf Kahl, Studium Biologie (Promotion, Habilitation), Spezialgebiet Zecken. 1999–2003 Programmleiter Biologie im Blackwell Wissenschaftsverlag (Berlin), seit 2005 freier Lektor (Autorenbetreuung, Projektmanagement), Mitbegründer des Unternehmens tick-radar. VFLL (RG Berlin). – Autor von: Controlling, S. 185–187.

Ulrich Kilian, Studium Physik (Promotion). Seit 1998 freier Redakteur, Autor, Dozent (www.science-and-more.de). Mitglied VFLL. – Koautor von: Wikis und Datenbanken, S. 192–193.

Katja Kollig, Ausbildung zur Fremdsprachenkorrespondentin, Studium Publizistik, Anglistik u. Amerikanistik (M. A.) Seit 2006 freie Lektorin, Schwerpunkt Werbelektorat (www.lektorat-katja-kollig.de). VFLL (RG Frankfurt/Main). – Autorin von: Erfahrungsbericht Freiberuflichkeit und Kind, S. 174.

Monika Kopyczinski, Studium Philosophie, Französische Literatur- und Sprachwissenschaft u. Editionswissenschaft. Seit 2001 freie Lektorin. VFLL (RG Berlin). – Autorin von: Hilfsmittel für den Berufsalltag, S. 177; Ausstattung, S. 178–182; Zeiterfassung, S. 184; Ergonomische Büroeinrichtung, S. 194.

Annette Koschmieder, Berlin. Autorin, Lektorin für audiovisuelle Medien, Script Consultant, Filmdozentin (www.annette-koschmieder-film.de). – Autorin von: Audiovisuelle Medien, S. 58–59.

Jutta Krautscheid, Studium Kunstgeschichte, Anglistik u. Germanistik. Seit 2002 freie Lektorin, Texterin und Autorin (www.juttakrautscheid.de). – Koautorin von: Bildredaktion, S. 78–79; Textrechte, S. 80–81.

Christian Kühn, seit 1986 Rechtsanwalt in Hamburg, 2010–2013 Justiziar des VFLL. – Autor von: Rechnungen stellen, S. 132–133; Vertragsrecht und Haftungsfragen, S. 146–152.

Traudl Kupfer, Studium Anglistik u. Germanistik (1. u. 2. Staatsexamen). Seit 2002 freie Lektorin (deutsch/englisch), Übersetzerin und Autorin (www.traudl-kupfer.de). VFLL (RG Berlin). – Autorin von: Erfahrungsbericht Schwierige Kunden, S. 135; Koautorin von: Marketing und Kommunikation, Einleitung, S. 97.

Bettina Liebler, Kiel. Studium Pädagogik (Diplom). Seit 2000 freie Lektorin, Konzeptionerin und Texterin (www.textwerk-liebler.de). Außerdem Tätigkeiten als Dozentin, Gründungscoach und Marketingberaterin. – Autorin von: Marketing, Werbung, Akquise, S. 98–101; Kundenkontakte pflegen, S. 102–103.

Wanda Löwe, Studium Klassische Archäologie, Alte Geschichte u. Ur- und Frühgeschichte (Promotion). Seit 1998 freie Lektorin. VFLL (RG Berlin). – Autorin von: Erfahrungsbericht Lektorat von Ausstellungskatalogen, S. 24; Koautorin von: Von der Anfrage bis zur Rechnung, Einleitung, S. 114.

Claudia Lüdtke, Studium Germanistik, Filmwissenschaft u. Russistik (M. A.); Volontariat bei Ratgeberverlag. Seit 2004 freie Lektorin (www.derspringendepunkt.de). Tätigkeitsfelder: Sachbuch, Schulbuch, Corporate Publishing, Werbung. VFLL (RG Berlin). – Autorin von: Erfahrungsbericht Gemeinsam an Projekten arbeiten, S. 160.

Hildegard Mannheims, Studium Volkskunde, Kunstgeschichte u. Ethnologie (Promotion). Seit 2002 freie Lektorin (www.lektorat-und-text.de). VFLL (RG Köln/Bonn). – Autorin von: Erfahrungsbericht Steuerberater ja oder nein?, S. 145.

Jutta Orth, Studium Neuere deutsche Literaturgeschichte, Kunstgeschichte u. Ethnologie (M. A.). Seit 1993 freie Lektorin, Übersetzerin und Autorin (www.orth-fuer-texte.de). VFLL (RG Freiburg/Südbaden). – Koautorin von: Kooperationsformen, S. 154–157; Gründung von (Büro-)Gemeinschaften, S. 158.

Mihrican Özdem, Studium Psychologie (Diplom). Seit 2001 freie Lektorin (www.lektorat-oezdem.de). Fachlektorin und Fachredakteurin für Psychologie. Verantwortliche Redakteurin und Mitautorin von „Der Brockhaus Psychologie" (2009), Mitautorin von „Der Cocktailparty-Effekt" (2011). Mitglied VFLL. – Autorin von: Erfahrungsbericht Nische besetzen, S. 111.

Wolfgang Pasternak, LL.M., Studium Rechtswissenschaften (Promotion); Rechtsanwalt, Steuerberater, staatlich geprüfter Übersetzer EN<>DE. Seit 2011 freier Fachlektor und Fachübersetzer für Recht, Steuern und Wirtschaft (www.wolfgang-pasternak.de). VFLL (RG Berlin). – Autor von: Erfahrungsbericht Pro Probelektorat, S. 112.

Katja Rasmus, Studium Germanistik u. Sozialpsychologie (M. A.). Seit 2005 freie Lektorin (www.textfuehlung.de), seit 2007 Schwerpunkt im Zeitschriftenlektorat. VFLL (RG Niedersachsen). – Autorin von: Zeitschriftenlektorat, S. 28–29.

Corina Retzlaff, Kauffrau, Pädagogin, Kulturjournalistin und Kinderbuchautorin. Seit 2009 freie Lektorin (www.writers-assistance.com). VFLL (RG Leipzig). – Koautorin von: Marketing und Kommunikation, Einleitung, S. 97; Von der Anfrage bis zur Rechnung, Einleitung, S. 114; Die Selbstständigkeit, Einleitung, S. 136.

Marianne Rudolph, Bankkauffrau; Studium Empirische Kulturwissenschaft u. Germanistik. Mehrjährige Tätigkeit als Medizinlektorin. Seit 2002 freie Fach- und Sachbuchlektorin (www.mariscript.de), Hauptkunden sind Buchverlage. VFLL (RG Stuttgart). – Autorin von: Weitere Versicherungen, Haftpflicht, S. 164.

Friederike Schmitz, Studium Deutsch, Politische Wissenschaften, Psychologie u. Pädagogik. Seit 2002 freie Lektorin (www.prolitera.de) für Verlage, Firmen u. Self-Publishing-Autoren. VFLL (RG Frankfurt/Main). – Autorin von: Self-Publishing, S. 66–68.

Birgit Scholz, Studium Geschichte u. Deutsch (1. u. 2. Staatsexamen, Promotion). Seit 2005 freie Lektorin (www.lektorat-zeitstrahl.de). VFLL (RG Berlin). – Autorin von: Lektorat im Verlagsbereich, Einleitung, S. 13; Recherche, S. 82–83; Erfahrungsbericht Honorarverhandlungen, S. 125; Koautorin von: Selbstständigkeit, Einleitung, S. 136.

Rainer Schöttle, Studium Sozialwissenschaften, Publizistik- u. Kommunikationswissenschaft (Promotion). Nach langjähriger Verlagstätigkeit als Lektor, Programm- und Redaktionsleiter seit 2002 freier Lektor und Producer (www.schoettle-lektorat.de). VFLL (RG Bayern). – Autor von: Alles aus einer Hand – Producing, S. 71–73.

Gesine Schröder, Studium Literaturwissenschaften, Philosophie u. Psychologie (M.A.). Nach mehreren Verlagspraktika seit 2006 freie Lektorin und Literaturübersetzerin aus dem Englischen. VFLL (RG Berlin). – Autorin von: Erfahrungsbericht Freiberuflichkeit – nur für starke Nerven?, S. 171.

Kerstin Schuster, Studium Germanistik, Romanistik u. VWL (M. A.). Seit 2006 Texterin und Lektorin für Wirtschaft und Finanzen (www.kerstinschuster.de). VFLL (RG Freiburg/Südbaden). – Autorin von: Unternehmenskommunikation, S. 40–45.

Anja Sieber, Studium Romanistik, Theater-, Film- u. Fernsehwissenschaften (M. A.), Meisterschülerin von Ute Wöllmann (Malerei). 1992 Mitgründerin Avinus Verlag, seit 2001 freie Autorin/Lektorin, seit 2003 Leitung Avinus Lektoratsservice, seit 2008 bildende Künstlerin. VFLL (RG Berlin). – Autorin von: Ghostwriting, S. 86–87.

Angela Stangl, Studium Anglistik u. Germanistik (M. A.). 2008–2010 in den Lektoraten der Verlage Kreuz u. Herder angestellt. Seit 2010 freie Lektorin (Sachbuch) und Texterin (www.lektorat-stangl.de). – Autorin von: Mutterschaftsgeld, S. 163.

Evelyn Sternad, Studium Englisch u. Wirtschaft (1. u. 2. Staatsexamen); ausgebildete Bilanzbuchhalterin. Seit 2013 freie Lektorin, Übersetzerin und Texterin (www.textwerk-freising.de). VFLL (RG Bayern). – Autorin von: Erfahrungsbericht Akquise für Anfänger, S. 110.

Sibylle Strobel, Studium Geschichte, Germanistik u. Kommunikation (Promotion). Dozentin, Journalistin, Globetrotterin, seit 2002 freie Lektorin (www.lektorat-strobel.de). VFLL (RG Berlin). – Autorin von: Wissenschaftliche Arbeiten und Publikationen, S. 52–56; Erfahrungsbericht Mobiles Arbeiten, S. 172.

Lothar Strüh, Studium Neuere Deutsche Literatur, Sprachwissenschaft u. Politik (M. A.). Seit 1994 freier Lektor u. Autor, Schwerpunkt Belletristik und Lektorat mit Autorenbetreuung. VFLL (RG Berlin). – Autor von: Autorenberatung, S. 76–77.

Marion Voigt, Studium Slawistik, Osteuropäische u. Mittelalterliche Geschichte (M. A.). Seit 1996 selbstständig (www.folio-lektorat.de). VFLL (RG Bayern). – Autorin von: Freiberuflich arbeiten, S. 167–169; Praxistipp Coaching und Auszeiten, S. 170.

Sybil Volks, freie Lektorin und Autorin, Berlin. Studium Germanistik, Philosophie, Psychologie. Seit 1998 Lektorate für Buchverlage und Agenturen; belletristische Publikationen, zuletzt „Torstraße 1", Roman, dtv. – Autorin von: Das Freie Lektorat, S. 9–11; Koautorin von: Das klassische Buchlektorat, S. 14–22.

Edda Vorrath-Wiesenthal, Studium Translations-, Sprach- und Kulturwissenschaft, Englisch, Französisch (Diplom); Industriekauffrau (IHK Hamburg). Seit 2007 freie Lektorin (www.evw-redaktion.de). VFLL (RG Stuttgart). – Autorin von: Erfahrungsbericht Schulbuchlektorat, S. 25.

Ursula Welsch, Spezialistin und Trainerin für digitales Publizieren und die crossmediale Produktion (bes. Markup-Sprache XML). Dozentin an der Akademie des Deutschen Buchhandels und an der Universität München (www. welschmedien.de). VFLL (RG Bayern). – Autorin von: Digitale Publikationen, S. 60–64.

Andrea Wicke, Studium Literaturwissenschaft (Promotion). Freie Autorin und Lektorin für Wissenschaft, Werbung und Weiteres (www.diewicke.de). VFLL (RG Frankfurt/Main). – Autorin von: Erfahrungsbericht Wissenschaftslektorat, S. 57.

Annette Windus, freie Lektorin/Redakteurin Wortschatz Redaktionsbüro|Lektorat (www.wortschatz-experte.de). Texte für Online-Medien; Seminare zu Öffentlichkeitsarbeit, neuen Medien u. Selbstmarketing; Lernberaterin Alphabetisierung. VFLL (RG Frankfurt/Main). – Autorin von: Erfahrungsbericht Netzwerken, S. 109.

Alfons Winkelmann, Studium Deutsch u. Chemie (1. Staatsexamen). Gründer des Literaturbüros Südniedersachsen in Göttingen, mehrjährige Tätigkeit dort (u. a. Autorenberatung). Seit 1989 freier Literaturübersetzer, seit 2003 freier Lektor (www. alfonswinkelmann.de). VFLL (RG Köln/Bonn), VdÜ (Übersetzerverband). – Autor von: Übersetzungslektorat, S. 26–27.

Antje Winkler, Fachausbildung Korrektorat mit erweitertem Deutschabschluss; Tätigkeiten als Korrektorin/Lektorin in Verlagen, Werbeagentur und Wirtschaftsprüfungsgesellschaft. Seit 1997 freie Lektorin und Korrektorin vorwiegend für Wirtschaft und Werbung (www.lektorat-correct.de). VFLL (RG Leipzig). – Autorin von: Werbelektorat, S. 46–49.

Felix Wolf, Studium Geschichte, Neuere deutsche Literatur u. Englische Sprache. Seit 2011 Freier Lektor für Sachbuch, Reiseführer, digitale Medien (www.textbuero-felix-wolf.de). Mitbegründer des eBookCamps Hamburg. VFLL (RG Hamburg). – Autor von: E-Books, S. 32–36.

Susanne Zeyse, Studium Anglistik, Amerikanistik, Germanistik u. VWL (M. A.). Lektorin bei Reader's Digest Auswahlbücher, seit 1997 freie Lektorin (www.lektorat-zeyse.de). VFLL (RG Berlin), BücherFrauen (RG Berlin). – Autorin von: Kurzfassungen, S. 30–31.

Sylvia Zirden, Studium Philosophie u. Germanistik (Promotion). Freie Lektorin von wissenschaftlichen Publikationen und Ausstellungskatalogen, Übersetzerin aus dem Englischen für Texte aus Kunst und Geisteswissenschaften (www.sylvia-zirden. de). VFLL (RG Berlin). – Autorin von: Erfahrungsbericht Bürogemeinschaft, S. 159.

Register

Fundstellen = Kapitel-/Absatz-Nummern

Abbildungen 2.54
Abschlussarbeiten, studentische 2.106–2.107
Abschreibungen 3.93–3.94
Absprache (Rücksprache)
    mit Autoren 2.7, 2.16
    mit Übersetzern 2.6, 2.16
    mit Verlag 2.15
Absprachen (Verträge) *siehe* Verträge
Adresskarteien und -bücher 4.15–4.16
AGB (Allgemeine Geschäftsbedingungen) 3.113–3.114
Agenturen *siehe* Bildagenturen; Kommunikationsagenturen
Akademie des Deutschen Buchhandels 5.29
Akquise
    Allgemeines 2.67
    von Autoren 2.172
    von Kunden 3.2, 3.4–3.7, 3.27
Aktivitäten, von VFLL-Mitgliedern 6.8
Allein arbeiten 3.143
Allgemeine Geschäftsbedingungen (AGB) 3.113–3.114
Allgemeinwissen 5.8
Altersvorsorge 3.138
Amazon, Createspace 2.151
Änderungsmodus, Word 2.43, 2.95
Angebote (für Projekte)
    Allgemeines 3.33
    Erfahrungsberichte 3.39–3.41, 3.54
    gestaffelte 3.41
    Kalkulation 2.195, 3.34, 3.49, 3.147
    rechtliche Bindung 3.38
    Wissenschaftslektorat 2.116
Anmeldung, Selbstständigkeit 3.79
Anrufbeantworter 4.14
Apps 2.130, 2.138
Arbeitsabläufe
    digitale Medien 2.48–2.50
    digitale Produkte 2.143
    Verlagslektorat 2.3, 2.5
    Werbelektorat 2.94–2.95
Arbeitsaufwand *siehe* Zeitaufwand
Arbeitsjahr 4.24–4.28
Arbeitslosenversicherung 3.141
Arbeitszimmer 3.92

Audiotexte A.15
Audiovisuelle Medien 2.123–2.126
Aufträge *siehe* Projekte
Auftraggeber *siehe* Kunden
Auftragnehmer
    Feedback von 3.74
    Kundenmeinung über 3.61
Augmented Reality 2.131
Ausbildung
    Studiengänge 5.4–5.5
    siehe auch Fort- und Weiterbildung
Ausgaben
    Abschreibungen 3.93–3.94
    Arbeitszimmer 3.92
    Bewirtungskosten 3.87
    Bildbeschaffung 2.181
    Reisekosten 3.88–3.91
    Zu- und Abflussprinzip 3.84, 3.85
Aushandeln, Honorar 3.54
Auslandsaufenthalt 3.151, 3.156
Ausspähung, von Daten 4.36–4.38
Ausstattung, Freies Lektorat 4.2–4.3, 4.6–4.16
Ausstellungskataloge 2.27
Auszeichnung, von Inhalten 2.145, 2.148
Auszeichnungssprachen *siehe* Markup
Auszeiten 3.154
Autoresponder 4.14
Autorinnen und Autoren
    Absprache mit 2.7, 2.16
    Akquise von 2.172
    Beratung von 2.175–2.178
    Kompetenzen 2.170, 2.173
    Kontaktliste 2.174
    Kontaktpflege 2.171
    Self-Publishing-Autoren 2.154

Bearbeitungszeit *siehe* Zeitaufwand
Beiträge, KSK 3.132
Belege 3.86
Belletristik
    Autorenberatung 2.177
    Kürzung 2.42
    Lektorat 2.6–2.7, 2.26, 2.30
Belohnung, Selbst- 3.144
Beratung
    von Autoren 2.175–2.178
    siehe auch Coaching; Steuerberater
Berufsalltag 5.10–5.12

Berufsethik 6.10
Berufshaftpflichtversicherung 3.136
Berufsunfähigkeitsversicherung 3.139
Bestätigung, Projekt- 3.115
Betriebshaftpflichtversicherung 3.136
Bewertung
    audiovisuelle Medien 2.125
    siehe auch Gutachten
Bewirtungskosten 3.87
Bezahlung *siehe* Honorare
Bezugsgruppen, bei Unternehmenskommunikation 2.75
Bildagenturen 2.182
Bildbeschaffung 2.181–2.182
Bildrechte 2.183
Bildredaktion 2.179–2.180
Bildungsmedien, Lektorat 2.28
Bildungsprämie 5.28
Blogs 2.214
Brancheninfos A.8
Branchenperiodika A.12
Briefmarken 4.10
Briefpapier 4.13
Briefumschläge 4.9
Buchakademie 5.29
Bücher
    Gutachten zu 2.18
    Registerumfang 2.221
    Self-Publishing 2.151
    siehe auch E-Books; Fachbücher; Hörbücher; Sachbücher
Buchhaltung
    Zu- und Abflussprinzip 3.82–3.85
    Anforderungen 3.81
    Belege 3.86
    EÜR 3.80
    Software für 4.17–4.19
    siehe auch Ausgaben; Einnahmen
Büroeinrichtung, ergonomische 4.46–4.48
Bürogemeinschaften 3.120, 3.123, 3.125
Büromaterial 4.7–4.10, 4.13

Cloud Computing 4.33–4.40
CMS *siehe* Content-Management-Systeme
Coaching 2.107, 3.153
Computer 4.47
Content *siehe* Inhalte
Content Management 2.225–2.226
Content-Management-Systeme (CMS) 2.227–2.231
Content Marketing 2.128
Controlling 4.23–4.28
Corporate Publishing 2.79, 3.47
Createspace 2.151

Dateien
    Lektorat in 2.17
    im Werbelektorat 2.94–2.95
    siehe auch PDF-Dateien
Dateiformate *siehe* EPUB; XML
Daten
    medienneutrale 2.48–2.49
    Metadaten 2.229
    Sicherung 4.4
    Verwalten 4.4, 4.49–4.50
Datenbanken
    CMS 2.228
    für Projektmanagement 4.44–4.45
    für Recherchieren 2.194
Datenschutz 4.36–4.38, 4.40, 4.50
Datensicherheit 4.34–4.35, 4.39
Dauerfristverlängerung 3.98
Desktop-Computer 4.47
Deutsche Sprache 2.97, A.18
    siehe auch Rechtschreibung
Didaktik 5.23
Dienstverträge, vs. Werkverträge 3.107–3.109
Digitale Medien
    Allgemeines 2.44
    Arbeitsabläufe 2.48–2.50
    Erläuterungen 2.133–2.137, 2.139
    Kompetenzen 2.47
    medienneutrale Daten 2.48–2.49
    Strukturierung 2.49, 2.50, 2.57, 2.61–2.62
    als Tätigkeitsbereich für Freies Lektorat 1.7
    Unternehmenskommunikation mit 2.82
    und Verlage 2.45
    Zeitschriften 2.134–2.136
    siehe auch E-Books; Internet
Digitale Produkte 2.127–2.144
Digitales Publizieren, in Wissenschaft 2.114
Diskretion 3.12
Dramaturgische Analyse 2.125
Duden 2.97, A.18

E-Books
    Aufbereitung 2.52–2.56
    EPUB 2.61
    Erfahrungsberichte 2.63–2.66, 2.158
    Erläuterung 2.60
    Erstellung 2.58
    Lektorat 2.46
    Literaturhinweise A.16
    Qualitätssicherung 2.59
    Self-Publishing 2.152–2.153, 2.158
    Software für Erstellung 2.51
    Tags 2.61
E-Journals 2.134
E-Learning 2.137
E-Mail, Autoresponder 4.14
E-Mail-Programme, Adressbücher von 4.16
E-Paper 2.136
E-Zines 2.135
Easy Cash & Tax (Software) 4.18
Eigen… *siehe* Selbst…
Einbettungsindexieren 2.223
Eingriffe (Text)
    in Manuskript 2.6, 2.7, 2.15–2.16
    bei Wissenschaftslektorat 2.109, 2.118
Einheitliche Schreibweise 2.92, 2.96
Einkommen
    Jahres- 3.43, 3.49, 3.132, 3.133
    siehe auch Honorare
Einkommensteuer 3.100
Einnahmen, Zu- und Abflussprinzip 3.83
Einnahmenüberschussrechnung (EÜR) 3.80
Elektronische … *siehe* Digitale …
Elterngeld 3.159
Embedded Indexing 2.223
Englische Sprache A.19
Entgelt *siehe* Honorare
EPUB 2.61
Erfahrung 2.21
Erfahrungsberichte
    Akquise von Kunden 3.27
    Angebote (für Projekte) 3.39–3.41, 3.54
    Ausstellungskatalog-Lektorat 2.27
    Belletristiklektorat 2.26
    Bürogemeinschaften 3.125
    E-Books 2.63–2.66, 2.158
    Fachlektorat 3.28
    Freiberuflichkeit 3.155–3.159
    Kommunikationsagenturen 2.100–2.102

Erfahrungsberichte *(Fortsetzung)*
    Lektoratsalltag 5.10–5.11
    Probelektorat 3.29–3.30
    schriftliche Verträge 3.116
    Schulbuchlektorat 2.28
    schwierige Kunden 3.76
    Self-Publishing 2.158
    Social Media 3.26
    Steuerberater 3.103–3.104
    Teamarbeit 3.126
    VFLL-Seminar 5.34
    Wiki, eigenes 4.49–4.50
    Wissenschaftslektorat 2.119–2.122
ERGO Versicherung 3.135
Ergonomische Büroeinrichtung 4.46–4.48
Erstaufträge 3.29–3.30
Erwerbsunfähigkeitsversicherung 3.139
EÜR (Einnahmenüberschussrechnung) 3.80
Excel 4.17, 4.24–4.28
Extended Markup Language *siehe* XML
Externe Unternehmenskommunikation 2.78, 2.80

Facebook 2.216
Fachbücher
    Grundausstattung 4.6
    Lektorat 2.8, 3.28
    populäre 2.105
Fachkompetenz 1.6, 5.6, 5.16
Fact Checking 2.190
Fähigkeiten *siehe* Kompetenzen
Fahrtkosten 3.89
Fälligkeit 3.71
Feedback 3.74
Fehler, eigene 3.15
Fehlerhafte Leistung 3.110–3.111, 3.134
Fehlerkorrekturen *siehe* Korrekturen
Fehlerquelle Mensch 4.40
Felder (Datenbank) 4.45
Fertigkeiten *siehe* Kompetenzen
Finanzamt, Anmeldung beim 3.79
Finanzkommunikation 2.80
Flauten, Auftrags- 3.148
Flexibilität 2.93, 2.203
Flyer 3.9
Fort- und Weiterbildung
    Allgemeines 5.2
    Coaching 2.107, 3.153
    E-Learning 2.137

Fort- und Weiterbildung *(Fortsetzung)*
    Lernfelder und -situationen 5.13–5.14
    Links A.6
    PR 2.209
    Qualität 5.22–5.24, 5.33
    Schreiben 2.198
    VFLL-Angebote 5.25–5.28, 5.34
    VFLL-Kooperation mit Anbietern 5.29–5.32
Freeware 4.18, 4.22
Freiberuflichkeit
    allein arbeiten 3.143
    Allgemeines 3.77, 3.142, 3.150
    Anmeldung 3.79
    Auszeiten 3.154
    Erfahrungsberichte 3.155–3.159
    Jahreseinkommen 3.132, 3.133
Freies Lektorat
    Allgemeines 1.1, 4.1
    Ausstattung 4.2–4.3, 4.6–4.16
    Berufsalltag 5.10–5.12
    Eignung für 5.9
    Jahreseinkommen 3.43, 3.49
    Professionalität 3.8, 3.32
    selbstständiges Arbeiten 2.15, 2.22
    Tätigkeitsbereiche 1.3–1.7, 2.2, 2.71
    Vielseitigkeit 1.8
    Wege ins 5.3
    Werbung für 3.52, 3.149
    siehe auch Akquise; Ausbildung; Buchhaltung;
        Honorare; Kunden; Projekte; Qualifikation;
        Rechtliche Aspekte; Steuern; Versicherungen
Fremdsprachen *siehe* Englische Sprache

GbR (Gesellschaft bürgerlichen Rechts) 3.121
Geheimdienste 4.38
Genres *siehe* Belletristik; Fachbücher; Sachbücher;
    Wissenschaftliche Publikationen
Gesamtumsatz 3.42, 3.96
Geschäftspartner, Kontaktpflege 3.14
Geschlossene Kommentare 4.31
Gesellschaft bürgerlichen Rechts (GbR) 3.121
Gestaffelte Angebote 3.41
Gewerbliche Tätigkeit 3.79, 3.114
Ghostwriting 2.201–2.205
Gutachten 2.18
Gutschein, Bildungs- 5.28

Haftpflichtversicherungen 3.134–3.136
Haftung, für Richtigkeit 3.111
Handlungssituationen und -felder 5.12–5.13
Hardware 4.2, 4.47
    siehe auch Mobilgeräte
Honorare
    Allgemeines 3.44
    Anspruch auf 3.109–3.110
    Basis für 3.35
    für Corporate Publishing 3.47
    für Ghostwriting 2.204
    Kalkulation 2.195, 3.34, 3.49, 3.147
    von Kommunikationsagenturen 2.102
    Nettoumsatz 4.27
    und Qualität 3.62
    schlechte 3.50, 3.53
    für Schreiben 2.200
    für Textrechte-Nutzung 2.188
    für Textrechte-Recherche 2.187
    Übersetzungslektorat 2.32
    von Unternehmen und Verbänden 3.48
    für Unternehmenskommunikation 2.86
    Verhandlungen 3.54
    von Verlagen 3.45, 3.51
    von Werbe- und PR-Branche 3.46
    für Wissenschaftslektorat 2.113
    Zahlungsverzug 3.70–3.73
    siehe auch Angebote (für Projekte);
        Jahreseinkommen
Hörbücher, Kurzfassung 2.41
Hotelkosten 3.90
HTML-Editoren 2.64

IAB (Investitionsabzugsbetrag) 3.101
Identifikationsnummer, Umsatzsteuer- 3.102
Imprimatur 2.20
Indexerstellung 2.218–2.224
Inhalte
    Auszeichnung 2.145, 2.148
    von digitalen Produkten 2.142, 2.144
    Lektorat 2.11
    von Social Media 2.211
    Strukturierung 2.49, 2.50, 2.61–2.62
    und Technik 2.132
    siehe auch Content Management
Institutionen *siehe* Verbände und Institutionen
Interne Unternehmenskommunikation 2.77

Internet
  Besonderheiten des Mediums 2.212
  Cloud Computing 4.33–4.40
  Recherchieren im 2.192–2.194
  rechtliche Aspekte 2.215
  Websites 2.139, 4.12
  Wikis 4.41–4.43, 4.49–4.50
  siehe auch E-Mail; Social Media
Interpunktion 2.13
Investitionsabzugsbetrag (IAB) 3.101
Investor Relations 2.80

Jahreseinkommen 3.43, 3.49, 3.132, 3.133
Jahrestagungen (VFLL) 5.27
Juristische Aspekte *siehe* Rechtliche Aspekte

Kalkulation, Honorar 2.195, 3.34, 3.49, 3.147
Kataloge, Ausstellungs- 2.27
Kenntnisse *siehe* Kompetenzen
Kinder, und Freiberuflichkeit 3.157, 3.158–3.159
Kleinunternehmer, Gesamtumsatz 3.96
Kochbücher, Texten für (Bsp.) 2.197
Kommentare, in PDF-Dateien 4.29–4.32
Kommunikation 2.23, 2.178
  siehe auch Unternehmenskommunikation
Kommunikationsagenturen 2.100–2.102
Kompetenzen
  Allgemeines 5.15
  Allgemeinwissen 5.8
  audiovisuelle Medien 2.126
  Auszeichnungssprachen 2.147
  von Autoren 2.170, 2.173
  Belletristiklektorat 2.6, 2.7, 2.30
  digitale Medien 2.47
  Fachkompetenz 1.6, 5.6, 5.16
  Ghostwriting 2.205
  Kommunikation 2.23
  aus Lernsituationen 5.14
  mangelnde 2.160
  Medienkompetenz 5.20
  Methodenkompetenz 5.17
  Personalkompetenz 5.21
  PR 2.207
  Registererstellung 2.222
  Sach- und Fachbuchlektorat 2.8
  Schreibkompetenz 2.173
  Sozialkompetenz 5.18
  Sprachkompetenz 5.7, 5.19

Kompetenzen *(Fortsetzung)*
  Unternehmenskommunikation 2.84
Kontaktpflege
  zu Autoren 2.171
  zu Geschäftspartnern 3.14
  zu Kollegen 6.3
  zu Kunden 3.7, 3.12–3.13
Kooperation
  Allgemeines 3.117, 3.119
  Bürogemeinschaften 3.120, 3.123, 3.125
  GbR 3.121
  Partnerschaftsgesellschaft 3.122
  mit Verlagen 2.21–2.24
  des VFLL mit Fortbildungsanbietern 5.29–5.32
  Vorteile 3.118
  siehe auch Teamarbeit
Korrekturen 4.32, A.20
Korrekturlesen 2.13–2.14
Kosten *siehe* Ausgaben
Kostenvoranschlag *siehe* Angebote (für Projekte)
Krankenversicherung 3.137
KSK *siehe* Künstlersozialkasse
Kunden
  Agenturen 2.101
  Akquise von 3.2, 3.4–3.7, 3.27
  Arten 1.5
  und eigene Fehler 3.15
  Feedback von 3.74
  Kontaktpflege 3.7, 3.12–3.13
  Meinung über Auftragnehmer 3.61
  Privatkunden 1.6, 3.39–3.41
  Qualität von 3.60
  schwierige 3.76
  Werbelektorat 2.99
  Wertschätzung für 2.72
  Wissenschaftslektorat 2.120
Kundenkommunikation 2.78
Künstlersozialkasse (KSK)
  Allgemeines 3.127–3.128
  Beiträge 3.132
  Mitgliedschaft in 3.130
  Mutterschaftsgeld 3.133
  Publizist (Begriff) 3.129
  Versicherungsbeginn 3.131
  Versicherungspflicht 3.152
Künstlersozialversicherungsgesetz 3.127, 3.152
Kurse *siehe* Fort- und Weiterbildung
Kurzfassungen 2.38–2.43

Layout 2.167
Leistungskatalog 3.36, 3.68
Lektorat
    Allgemeines 2.1, 5.1
    audiovisuelle Medien 2.123–2.126
    Ausstellungskataloge 2.27
    Belletristik 2.6–2.7, 2.26, 2.30
    Bezeichnungen 2.69
    Bildredaktion 2.179–2.180
    in Dateien 2.17
    E-Books 2.46
    Fachbücher 2.8, 3.28
    inhaltliches 2.11
    komplette Aufträge 2.159
    Literaturhinweise A.10
    Marketing-Texte, eigene 3.10
    Probelektorat 3.29–3.30
    und Producing 2.168–2.169
    Qualitätssicherung 3.55, 3.63
    Sachbücher 2.8
    Schulbuchredaktion 2.9, 2.28
    Self-Publishing 2.155–2.156
    stilistisches 2.12, 2.34
    Textarbeit 1.4, 2.4, 2.10–2.14
    Übersetzungen 2.6, 2.29–2.32
    Unternehmenskommunikation 2.83
    Vermittlung von Projekten 3.124
    weitere Tätigkeiten 2.19
    Zeitschriftenredaktion 2.33–2.37
    siehe auch Freies Lektorat; Verlagslektorat;
      Werbelektorat; Wissenschaftslektorat
Lektoratswikis 4.43
Lektorentage (VFLL) 5.27
Lektorenverband *siehe* VFLL
Lektorjahr im Überblick (Controlling-Bsp.)
  4.24–4.28
Lernfelder und -situationen 5.13–5.14
Lexware Buchhalter (Software) 4.19
Lineare Abschreibung 3.94
Links 2.55, A.1, A.3–A.9
Literatur
    Zeitschriften 2.134–2.136, A.12
    siehe auch Bücher
Literaturhinweise A.2, A.10–A.24
Lizenz, Packaging auf 2.164
Lobbyarbeit *siehe* PR-Arbeit
Logline 2.124

Mahnung 3.72
Mangelhafte Leistung 3.110–3.111, 3.134
Mangelnde Kompetenzen 2.160
Manuskripte
    Eingriffe in 2.6, 2.7, 2.15–2.16
    Gutachten zu 2.18
    siehe auch Texte
Marketing und Werbung
    Allgemeines 2.68, 3.1, 3.3
    Content Marketing 2.128
    Flyer 3.9
    für Freies Lektorat 3.52, 3.149
    Honorare für 3.46
    Kundenkommunikation 2.78
    Lektorat von eigenem 3.10
    Literaturhinweise A.23
    Mundpropaganda 3.11
    Selbstdarstellung 2.88, 3.16, 3.18–3.19
    Visitenkarten 4.11
    Website 4.12
    siehe auch Akquise
Markup 2.61–2.62, 2.65, 2.146–2.147
Mediacampus Frankfurt 5.30
Medienkompetenz 5.20
Medienneutrale Daten 2.48–2.49
Mehrwertsteuer 3.96–3.98, 3.102
Metadaten 2.229
Methodenkompetenz 5.17
Microsoft Word 2.43, 2.95, A.21
Mietverträge 3.120
Mitarbeiterkommunikation 2.77
Mitgliedschaft
    in KSK 3.130
    im VFLL 6.6–6.9
Mobilgeräte 4.40
    siehe auch Apps
Multimedia-Elemente 2.56
Multimedia-Produkte 2.129
Mündliche Absprachen 3.106
Mundpropaganda 3.11
Munzinger Archiv 2.194
Mutterschaftsgeld 3.133
MySQL-Datenbanken 4.44

Nettoumsatz 4.27
Netzwerke(n) 3.2, 3.17, 3.20–3.25
    siehe auch Kontaktpflege; Social Media
Neue Medien *siehe* Digitale Medien

Normseite 3.37
Nutzungshonorar, für Textrechte 2.188

Offene Kommentare 4.32
Öffentlichkeitsarbeit *siehe* PR-Arbeit
One-Stop-Tools 2.51
Online *siehe* Internet
Originalausgaben, Belletristiklektorat 2.7
Orthografie 2.13, 2.97

Packaging 2.162, 2.163, 2.164–2.166
   siehe auch Producing
Paginierung 2.53
Papier 4.8, 4.13
Partner *siehe* Geschäftspartner
Partnerschaftsgesellschaft 3.122
PDF-Dateien, Kommentare in 4.29–4.32
PDF-Korrektor (Tool) 4.32
PDF-Programme 4.30, 4.32
Personalkompetenz 5.21
Plagiate 2.121
PR-Arbeit 2.81, 2.206–2.209, 6.4
PR-Branche, Honorare von 3.46
Praktika, in Verlagen 2.25, 5.4
Private Haftpflichtversicherung 3.136
Privatkunden 1.6, 3.39–3.41
Probelektorat 3.29–3.30
Producing 1.3, 1.8, 2.161–2.162, 2.163, 2.165, 2.167–2.169
Professionalität 3.8, 3.32
Programme *siehe* Software
Projekte
   abgeschlossene 3.75
   Ablehnung 3.53
   Allgemeines 3.31
   Anforderungen 3.66
   Annahme 3.64
   Bearbeitung 3.67
   Bestätigung 3.115
   Bildredaktion 2.180
   Buchprojekt-Abläufe 2.3, 2.5
   Flauten 3.148
   komplette 2.159
   Leistungskatalog 3.36, 3.68
   PR-Arbeit 2.208
   Qualitätssicherung 3.55, 3.63
   Teamarbeit 3.126
   Unternehmenskommunikation 2.87

Projekte *(Fortsetzung)*
   Vermittlung von 3.124
   Wissenschaftslektorat 2.104–2.105, 2.115
   Zeitaufwand 3.65
   Zeitschriftenredaktion 2.34
   siehe auch Angebote (für Projekte); Erstaufträge; Packaging; Producing
Projektmanagement
   Controlling 4.23–4.28
   Datenbanken 4.44–4.45
   Lektoratswikis 4.43
   Zeiterfassung 4.20–4.22
   siehe auch Zeitplanung
Public Relations *siehe* PR-Arbeit
Publizist, Erläuterung 3.129

Qualifikation 3.59, 3.68
   siehe auch Kompetenzen
Qualität
   von Auftragnehmer 3.61
   Erläuterung 3.56–3.57
   von Fortbildung 5.22–5.24, 5.33
   und Honorar 3.62
   Kompromisse 3.146
   von Kunden 3.60, 3.68
   von Recherche-Ergebnissen 2.192
   von Registern 2.219, 2.222
   VFLL-Mitgliedschaft als Merkmal für 6.7
Qualitätsmanagement 3.57–3.58
Qualitätssicherung 2.36, 2.59, 3.55, 3.63, 3.68
Quellen, fürs Recherchieren 2.191
Quittungen 3.86

Recherchieren
   Allgemeines 2.190
   Bildrechte 2.183
   im Internet 2.192–2.194
   Kalkulation 2.195
   Textrechte 2.185–2.187
   Vorgehen beim 2.191
Rechnungen 3.69, 3.73
Rechtliche Aspekte
   Allgemeines 3.105
   Angebotsbindung 3.38
   Bildrechte 2.183
   Honoraranspruch 3.109–3.110
   Internet 2.215
   mangelhafte Leistung 3.110–3.111, 3.134

Rechtliche Aspekte *(Fortsetzung)*
    Plagiate 2.121
    Rechnungen 3.69, 3.73
    Urheberrecht 3.112, A.4, A.22
    Verlagsrecht A.22
    Zahlungsverzug 3.70–3.73
    siehe auch Textrechte; Versicherungen; Verträge
Rechtschreibung 2.13, 2.97
Rechtsformen 3.121–3.122
Rechtsschutzversicherung 3.140
Redaktion *siehe* Lektorat
Registererstellung 2.218–2.224
Reisekosten 3.88–3.91
Rentenversicherung 3.138
Rücksprache *siehe* Absprache

Sachbücher
    Autorenberatung 2.176
    Lektorat 2.8
    Übersetzungslektorat 2.31
    siehe auch Kochbücher
Satz 2.167, A.20
Satzspiegel 2.39
Schlussredaktion 2.34, 2.35–2.36
Schreiben 2.196–2.200
    siehe auch Ghostwriting
Schreibkompetenz 2.173
Schreibweise, einheitliche 2.92, 2.96
Schriftliche Verträge 3.106, 3.116
Schulbuchredaktion 2.9, 2.28
Seite, Norm- 3.37
Seitennummerierung 2.53
Selbstbelohnung 3.144
Selbstdarstellung 2.88, 3.16, 3.18–3.19
Selbstpublizieren *siehe* Self-Publishing
Selbstständiges Arbeiten 2.15, 2.22
Selbstständigkeit 3.77–3.79, A.5, A.24
    siehe auch Freiberuflichkeit
Self-Publishing
    Allgemeines 2.149
    Autoren 2.154
    Bücher 2.151
    E-Books 2.152–2.153, 2.158
    Erfahrungsbericht 2.158
    Lektorat 2.155–2.156
    Markt 2.157
    Plattformen 2.150, 2.151
Seminare *siehe* Fort- und Weiterbildung

Social Media
    Blogs 2.214
    eigene Aktivitäten 2.217
    Erfahrungsbericht 3.26
    Facebook 2.216
    Inhalte 2.211
    Selbstdarstellung 3.18
    Twitter 2.213
    Xing 3.24
Social-Media-Management 2.210–2.211
Soft Skills 5.18
Software
    Apps 2.130, 2.138
    für Buchhaltung 4.17–4.19
    CMS 2.227–2.231
    für E-Book-Erstellung 2.51
    für E-Learning 2.137
    Grundausstattung 4.3
    HTML-Editoren 2.64
    MS Word 2.43, 2.95, A.21
    PDF-Programme 4.30, 4.32
    für Registererstellung 2.223
    für Zeiterfassung 4.22
    siehe auch Datenbanken; E-Mail-Programme; Freeware; Tabellenkalkulationsprogramme
Software-Funktionen 2.43, 2.95, 4.30
Soziale Medien *siehe* Social Media
Sozialkompetenz 5.18
Spiele 2.141
Sprachkompetenz 5.7, 5.19
Stand-alone Indexing 2.223
Steuerberater 3.103–3.104
Steuererklärungen 3.99
Steuern
    Arten 3.95
    Einkommensteuer 3.100
    bei Selbstständigkeit 3.78
    Umsatzsteuer 3.96–3.98, 3.102
Stilistisches Lektorat 2.12, 2.34
Studentische Abschlussarbeiten 2.106–2.107
Studiengänge 5.4–5.5
Style Guides A.19
Suche *siehe* Akquise; Recherchieren
Suchmaschinen 2.192–2.193
Symbole, für Kommentare in PDFs 4.31

Tabellen 2.54
Tabellenkalkulationsprogramme 4.16
    siehe auch Excel

Tags 2.61–2.62, 2.65, 2.146–2.147
Tagungen, Jahres- (VFLL) 5.27
Teamarbeit 2.228, 3.126, 4.43
Technik, und Inhalte 2.132
Technische Dokumentation 2.140
Telefon, Anrufbeantworter 4.14
Termintreue 2.24
Texte
    Audio- und Videotexte A.15
    Kurzfassungen 2.38–2.43
    Rolle von 2.70
    im Werbelektorat 2.98
    Zielgruppe von 2.199
    siehe auch Eingriffe (Text); Manuskripte
Texten *siehe* Schreiben
Texetage (Bürogemeinschaft) 3.125
Textprobe 2.108, 2.117, 3.40
Textrechte
    Allgemeines 2.184
    Honorare für Recherche 2.187
    Klärung 2.185–2.187
    Nutzungshonorar 2.188
    verwaiste Werke 2.189
Textredaktion 1.4, 2.4, 2.10–2.14
Textverarbeitung *siehe* Word
Themenabende (VFLL) 5.25
Time Stamp (Software) 4.22
Twitter 2.213
Typografie 2.91, A.20

Übernachtungskosten 3.90
Übersetzerinnen und Übersetzer, Absprache mit 2.6, 2.16
Übersetzungen
    Lektorat 2.6, 2.29–2.32
    Textrechte 2.186
Umsatz *siehe* Gesamtumsatz; Nettoumsatz
Umsatzsteuer 3.96–3.98, 3.102
Umschläge, Brief- 4.9
Unsicherheitsfaktor Mensch 4.40
Unterhaltungsliteratur *siehe* Belletristik
Unternehmen, Honorare von 3.48
Unternehmenskommunikation
    Allgemeines 2.73
    Bezugsgruppen 2.75
    Corporate Publishing 2.79, 3.47
    mit digitalen Medien 2.82
    Erläuterung 2.74, 2.76

Unternehmenskommunikation *(Fortsetzung)*
    externe 2.78, 2.80
    Honorare 2.86
    interne 2.77
    Kompetenzen 2.84
    Lektorat 2.83
    Literaturhinweise A.13
    Projekte 2.87
    Selbstdarstellung für 2.88
    Zeitplanung 2.85
Urheberrecht 3.112, A.4, A.22

Verbände und Institutionen
    Honorare von 3.48
    Indexing-Verbände 2.224
    Links A.7
    siehe auch VFLL
Verfassen *siehe* Schreiben
Verfasser *siehe* Autorinnen und Autoren
Vergütung *siehe* Honorare
Verhalten, in Netzwerken 3.22
Verhaltenskodex (VFLL) 6.10
Verhandlungen, Honorar 3.54
Verlage
    Absprache mit 2.15
    und digitale Medien 2.45
    Gesamtumsatz 3.42
    Honorare von 3.45, 3.51
    Kooperation mit 2.21–2.24
    und Packaging 2.163, 2.166
    Praktika in 2.25, 5.4
    und Producing 2.163
    Strukturwandel 2.1, 3.42, 5.1
    Tätigkeitsbereiche 1.3, 2.5
    Tätigkeitsverlagerung 1.2, 5.4
Verlagslektorat, Arbeitsabläufe 2.3, 2.5
Verlagsrecht A.4, A.22
Verlagswesen A.11
Vermittlung, von Projekten 3.124
Vermögensschaden-Haftpflichtversicherung 3.134–3.135
Vernetzung *siehe* Netzwerke(n)
Versicherungen
    Arbeitslosigkeit 3.141
    Berufsunfähigkeit 3.139
    Haftpflicht 3.134–3.136
    Kranken- 3.137
    Künstlersozialversicherungsgesetz 3.127, 3.152

Versicherungen *(Fortsetzung)*
    Literaturhinweise A.24
    Rechtsschutz 3.140
    Renten- 3.138
    siehe auch Künstlersozialkasse
Verträge
    AGB 3.113–3.114
    Mietverträge 3.120
    mündliche vs. schriftliche 3.106, 3.116
    Werk- vs. Dienstverträge 3.107–3.109
Vertraulichkeit 3.12
Verwaiste Werke 2.189
Verzug, Zahlungs- 3.70–3.73
VFLL
    Allgemeines 6.1
    Aufbau 6.5
    Fortbildungsangebote 5.25–5.28, 5.34
    Fortbildungskooperation mit Anbietern 5.29–5.32
    Funktionen 6.2
    Kontakt zu Kollegen 6.3
    Lektorentage 5.27
    Links A.9
    Lobbyarbeit 6.4
    Mitgliedschaft 6.6–6.9
    Verhaltenskodex 6.10
Videotexte A.15
Viren 4.5
Visitenkarten 4.11
Voranmeldungen, Umsatzsteuer- 3.97–3.98

Websites 2.139, 4.12
Weiterbildung *siehe* Fort- und Weiterbildung
Werbelektorat
    Allgemeines 2.89
    Arbeitsabläufe 2.94–2.95
    Aufgaben 2.90–2.92
    Kunden 2.99
    Rechtschreibung 2.97
    Schreibweisenliste 2.96
    Textarten 2.98
    Zeitaufwand 2.93
Werbung *siehe* Marketing und Werbung
Werkverträge, vs. Dienstverträge 3.107–3.109
Wertschätzung, für Kunden 2.72
Wikipedia 2.193
Wikis 4.41–4.43, 4.49–4.50

WISO EÜR & Kasse (Software) 4.19
Wissenschaftliche Publikationen 2.110–2.111, 2.114
Wissenschaftslektorat
    Allgemeines 2.103
    Anforderungen 2.116
    Eingriffe in Text 2.109, 2.118
    Erfahrungsbericht 2.119–2.122
    Honorare 2.113
    Kunden 2.120
    Literaturhinweise A.14
    Plagiate 2.121
    Projekte 2.104–2.105, 2.115
    Publikationsarten 2.110
    studentische Abschlussarbeiten 2.106–2.107
    Textprobe 2.108, 2.117
    Vielfalt 2.111–2.112, 2.119
    Voraussetzungen 1.6
Word 2.43, 2.95, A.21
Workflow *siehe* Arbeitsabläufe
Workshops *siehe* Fort- und Weiterbildung

XHTML 2.62
Xing 3.24
XML 2.230
XML-Schule 5.31

Zahlungsverzug 3.70–3.73
Zehn-Tage-Regel 3.85
Zeichenanzahl 2.40
Zeichensetzung 2.13
Zeitaufwand 2.93, 3.49, 3.65, 4.26, 4.28
Zeiterfassung 4.20–4.22
Zeitplanung 2.24, 2.32, 2.37, 2.85, 3.145
Zeitschriften 2.134–2.136, A.12
Zeitschriftenredaktion 2.33–2.37
Zielgruppe, von Texten 2.199
Zu- und Abflussprinzip 3.82–3.85
Zusammenarbeit *siehe* Kooperation

Impressum

Bildnachweis
Seite 8 und 12: Katja Kollig, Koblenz; Seite 96 und 176: Mihrican Özdem, Landau; Seite 169: Sibylle Strobel, Berlin; Seite 196: Alexandra Link, Heusweiler; Seite 214: Henning Aubel, Dortmund.

Die in diesem Fachbuch angebotenen Informationen sind allgemeiner Art, sie stellen keine Steuer- oder Rechtsberatung dar. Eine Haftung der Autorinnen und Autoren oder des Herausgebers für die Richtigkeit, Vollständigkeit und Aktualität der Angaben ist ausgeschlossen. Für die Inhalte und die Verfügbarkeit der angegebenen externen Quellen sind die jeweiligen Anbieter verantwortlich.

Das Werk ist urheberrechtlich geschützt. Nachdruck, Übersetzung, Entnahme von Abbildungen, Wiedergabe auf fototechnischem oder ähnlichem Weg, Speicherung in DV-Systemen oder auf elektronischen Datenträgern sowie die Bereitstellung der Inhalte im Internet oder in anderen Kommunikationsdiensten – auch nur auszugsweise – ist ohne vorherige schriftliche Genehmigung des Herausgebers unzulässig.

Für VFLL-Mitglieder steht Bonusmaterial zu den Themen des Buches im Mitgliederbereich der VFLL-Website zum Download zur Verfügung.

© 2014 Verband der Freien Lektorinnen und Lektoren e.V. (VFLL), Frankfurt/Main

Autorinnen und Autoren: siehe Verzeichnis im Anhang
Konzeption und Projektleitung: Dr. Birgit Scholz, Berlin, und Bernadette Goebel, Lindau

Lektorat: Traudl Kupfer, Berlin, und Dr. Hildegard Mannheims, Bonn
Grafiken: Sylvia Jakuscheit, Berka/Werra
Register: Jochen Fassbender, Indexetera, Bremen
Gestaltung, Satz, Umschlag: Lisa Janina Uder, Uder Corporation, Mettlach
Herstellung: Marina Burwitz, München
Verwendete Schriften: Baramond/Simple
Papier: MultiArt Silk (FSC-zertifiziert) von Papyrus Deutschland, Ettlingen
Druck und Bindung: AZ Druck und Datentechnik GmbH, Kempten

10., völlig neu bearbeitete und erweiterte Auflage

ISBN: 978-3-9808876-3-2
Printed in Germany